배우를 위한 라반 워크북:
무대 예술을 하는 모든 사람을 위한 탐험서

배우를 위한 라반 워크북

무대 예술을 하는 모든 사람을 위한 탐험서

The Laban Workbook for Actors
A Practical Training Guide with Video

Katya Bloom, Barbara Adrian, Tom Casciero,
Jennifer Mizenko, and Claire Porter 지음
이호영, 문혜인 옮김

도서출판 ▍동인

| 차례 |

감사의 말

이 책은 극예술 워크북 시리즈Theatre Arts Workbooks Series의 편집자 데이비드, 레베카 캐리 부부께서 로열 연극 아카데미RADA 시절 '라반 레이디'로 불렸던 저에게 라반 워크북을 만들어보지 않겠냐고 제안해주셔서 시작되었습니다. 이 책을 준비하면서 라반의 작업이 연기에 적용될 수 있는 다양한 방법과 관점들을 독자들에게 보여주고 싶었습니다. 그런 이유에서 저는 동료들과 함께 공동 집필을 하기로 결심했습니다. 집필을 제안해주시고, 공동 집필이라는 의견을 지지해주신 캐리 부부께 감사드립니다. 또한 고국인 미국에 돌아와 있는 상황이었기에, 미국에 있는 동료들과 공동 집필을 하게 된 것에 동의하고 추천해준 블룸즈버리 출판사에 감사합니다.

누구보다 각 장 안에서 자신이 쌓아온 전문적인 경험과 지식을 나눠주고, 책을 같이 쓰고 서로의 극을 펴진하는 과정에서 서식함과 과대함, 유쾌함을 보여준 너무나 멋지고 창의적인 공동 저자들—바바라 아드리안, 톰 캐시에로, 제니퍼 미젠코, 클레어 포터에게 감사합니다. 당신들을 알게 되고, 직접 만나서 또는 스카이프나 이메일을 통해 작업하는 것이 저에게 큰 즐거움이었습니다.

우리가 이 책을 만드는 과정에서 변함없이 큰 지지를 보내준 블룸즈버리 출판사의 편집자 존 오도노반께도 특별한 감사를 전하고 싶습니다.

카탸 블룸

들어가는 글

"발을 구르세요!"

뭐라고요?

"바닥을 발로 구르세요." 그녀는 바지 자락을 휙 끌어올린 뒤 마치 스튜디오 바닥이 진흙으로 되어 있고, 발을 굴려 진흙을 빚으려는 듯이 작은 맨발로 바닥을 굴러 빠르게 움직여 나갔다. 그녀가 이끄는 대로 우리가 발 구르기를 시작했을 때, 기적 같은 일이 일어났다. 내 온 존재 안에서 역할 전복이 일어난 것이다. 모든 것을 결정해왔던 머리 안에서 처음으로 시끄러운 소리들이 잦아들었고, 불안해하는 수많은 목소리들이 사라졌으며, 그 대신 자유롭고 쿵쿵거리고 본능적인 두 발이 그 자리를 차지했다.

로열 연극 아카데미RADA에서 흥미로운 것들을 많이 배웠지만, 의심의 여지없이 내가 가장 좋아했던 수업은 라반 수업이었다.

아카데미에 처음 왔을 때, 많은 선생님들이 내게 말씀하셨듯이 나는 '머릿속에 뭐가 너무 많'았다.

"머릿속에 뭐가 너무 많다는 게 무슨 뜻이죠?" 하고 투덜거리며 되물었다. 나는 종종 그 말에 대해 생각해보곤 했다. 옥스포드 대학교에서 3년간 영문학을 전공하면서 나는 텍스트를 분석하고 문학에 대한 글을 썼고, 인물이 어디에서 출발하는지에 관해서 이성적으로 작업하는 방식에 엄청나게 길들여져 있었다. 줄리엣이나 마샤에 대해서 논문을 쓸 수 있을 정도였고, 레이디 맥베스에 대해 똑똑한 아이디어들을 떠올렸지만, 그들이 숨 쉬는 방식이나, 어떤 속도로 걷고, 칼자루를 어떻게 쥐고 있는지에 대해서는 한 번도 접근해 본 적이 없었다.

라반 수업을 들으면서 비로소 나는 머리를 분리해서 교실 밖 어딘가에 두고 있다는 느낌을 받았다. 그리고 그것은 내가 상상할 수 있는 가장 커다란 안도감을 주었다. 어린 시절 이후 처음으로, 다시금 내가 몸속에 있는 감각으로 되돌아간 것처럼 느껴졌다. 어떻게 몸이 우리에게 '말하는 지', 우리의 생각과 감정을 이끌어가는지를 배웠다. 어쩌면 잊어버렸다고 생각했던 것을 다시 배운 것인지 모르겠다. 어린아이가 그렇듯이, 나는 다시금 신체적인 세계를 우선시하게 되었다.

로열 연극 아카데미RADA의 1학년 과정에서는 현장에서 익숙하게 접해왔던 스타니슬라브스키 방법론과 '안에서 밖으로'의 접근 방식을 집중적으로 다뤘다. 하지만 이후에 라반 수업을 하면서는 '안에서 밖으로'와 '밖에서 안으로' 두 가지를 다 사용했는데, 보통은 먼저 움직이고 그런 다음 느낌을 인지하는 방식이었다. 나는 그때 처음으로 '밖에서 안으로'의 접근 방식을 발견하게 되었다. 마치 전구에 불이 켜지는 것 같았다. 이성의 통제를 내려놓자 엄청난 자유를 경험하게 된 것이다. 이전의 나는 이성이 앞장서서 이끌어가고 계획하는 것에 익숙했지만, 이제 이성은 그저 몸의 움직임을 지켜보는 목격자 역할을 하게 된 것이다.

내가 국립극장에서 <세 자매>의 마샤를 연기했을 때, 연출가와 함께 엄청난 양의 철저한 테이블 작업을 했고, 또 대본에 나와 있지 않은 장면들에 대해서 즉흥 상황극을 했다. 하지만 어쩐지 잘 풀리지 않는다는 느낌을 받았다. 어느 날 아침에, 문득 라반 수업에서 다뤘던 *시간, 무게, 흐름*이 떠올랐고 "속도를 늦추고, 무겁게 해볼까?"라고 몸이 말해오는 것 같았다. 연습실에서 나는 완전히 새로운 에너지로 걸어가 보았고, 연출가는 곧 "좋아요, 바로 그거예요, 그렇게 갑시다"라고 말했다. 나는 몸의 상태가 정신과 감정적인 상태에 강하게 영향을 주고 그것을 변화시키는 과정이 정말 좋다. 라반을 배우면서 나는 배우로서뿐 아니라, 삶 전반에서 말로 다 표현할 수 없을 만큼 큰 도움을 받았다.

이성과 지성이 주도하는 사회에서는 아주 기본적인 사실이 자주 간과되곤 한다. 몸은 눈에 보이지 않는 방식, 그리고 생각으로 발견할 수 없는 방식으로 우리를 자연에 연결시켜주며, 결국 언제나 가장 잘 알고 있는 것은 우리의 몸이다.

로열 연극 아카데미RADA 3학년 때, 어느 날 나는 어떤 일로 인해서 마음이 어수선하고 혼란스러워서 잔뜩 웅크린 채, 화가 나서 길바닥을 쏘아보며 런던 거리를 쿵쿵거리며 걸어 다녔다. 그러자 어수선하고 혼란스러운 생각이 점점 더 심해지는 게 느껴졌다. 그런데 그 순간 갑자기, 카탸의 목소리가 들렸다. "고개를 들어요!" 나는 그대로 했다. 바로 그때, 내 모든 것이 달라졌다. 생각은 바뀌지 않았고, 단지 신체적으로 작은 변화를 줬을 뿐이다. 그런데 곧 기적처럼 온 존재가 완전히 달라지는 것을 느꼈다. 몸에 주의를 기울이는 것만으로, 말 그대로 정신이 바뀌었다.

이브 베스트
로런스 올리비에 상 수상(2005년), 드라마 데스크 상 수상(2007년),
토니 어워드 후보(2007년, 2015년)

서문

INTRODUCTION

『배우를 위한 라반 워크북』은 움직임 이론가이자 선구자인 루돌프 라반의 움직임 이론에 영감을 받아서 만들어진 트레이닝 가이드이다. 이 워크북은 라반 시스템을 기반으로 하며, 연기와 공연 예술의 창작 과정을 풍성하게 해주는 다양한 방법들을 제시한다.

실용적인 워크북인 이 책에는 배우와 연출가, 움직임 및 음성, 연기 강사, 코치 모두의 창조적인 작업에서 라반 움직임 분석Laban Movement Analysis, LMA을 즉시 활용할 수 있는 방법들이 담겨있다. 대본을 가지고 하는 작업이든 새로운 창작을 위한 작업이든 관계없다. 라반 시스템은 훈련법에 세부적인 항목들을 즉흥적이고 자유롭게 결합함으로써 배우 훈련의 다양한 가능성을 제공한다.

　　라반 움직임 분석LMA이 아름다운 이유는 절대로 권위적이지 않다는 데에 있다. 라반의 시스템과 언어는 아주 명확하고 구체적이지만, 라반은 자신의 원리와 세부 개념을 적용하는 방법이나 기술을 따로 규격화하거나 명시하지 않았다. 그렇기 때문에 라반 움직임 분석LMA은 배우의 창의성을 자극하는 무수한 시작점을 제공하면서도, 배우들이 더 과감하고 더 정교한 선택을 하고, 표현 가능성을 확장하고 개성을 발전시킬 수 있게 도와준다.

루돌프 라반은 누구인가?

루돌프 라반Rudolf Laban, 1879-1958은 일생에 걸쳐서 인간의 움직임을 연구하고 그 구성 요소들을 설명하는 작업을 했다. 라반은 1920년대 독일 표현주의 무용/연극계의 핵심 인물이었다. 그는 수년간 무용과 연극, 오페라의 세계적인 순회공연과, 교육 및 안무 연출을 담당한 이력을 바탕으로 1930년에 베를린 주립 극장의 움직임 감독으로 임명되었다.

　　제2차 세계대전 시기에 라반은 영국으로 이주했고, 그곳에서 그의 영향력은 신체 교육과 산업에 전해진다. 라반은 영국에 있는 동안 저명한 연극계 인사들과 작업했다. 그는 조앤 리틀우드와 그녀의 실험적인 연극 워크샵에 큰 영향을 주었으며, 얏 맘그렌, 제럴닌 스티븐슨, 상 뉴러브는 영국의 연극계와 연기 훈련에 라반의 시스템을 적용했다. 오늘날에도 라반의 시스템은 대부분의 영국 연극 학교에서 가장 기초적인 교수법으로 사용된다. 미국 대학의 연극 학과들에서도 라반 움직임 분석LMA에 기반한 트레이닝이 점점 더 중요하게 다뤄지고 있다.

라반 이론의 움직임 원리들

라반은 인간 움직임의 기본 원리들을 밝히고, 무대 안팎에서 이뤄지는 움직임들을 설명하는 구체적인 언어를 제시했다. 특히 그는 몸과 몸의 역동적인 표현 범주, 공간에 대한 몸의 관계 인식을 발전시키는 수단으로서 움직임의 *과정*에 집중했다.

　최근에는 라반의 이론 중에서 네 가지 기본 요소인 몸(Body), 에포트(Effort), 모양(Shape), 공간(Space)의 첫 이니셜을 따서 '베스'(BESS)라는 신조어가 만들어졌다. 이 네 가지 기본 요소들은 서로 연관되어 있고 분리하기 어렵지만, 각 요소들은 움직임을 탐험하는 다른 관점을 제공한다.

　몸Body 요소는 몸에 대한 인식과 신체적인 표현력 확장에 집중하며, 여기에는 호흡, 그라운딩, 신체의 연결과 구성이 포함된다. **에포트**Effort는 움직임의 에너지와 역동성을 나타내며, 정신이 드러나는 창이 된다. **모양**Shape은 우리가 자기 자신과 다른 사람들, 주변 환경과 끊임없이 관계하면서 일어나는 몸의 형태 변화를 설명한다. **공간**Space 요소는 우리를 둘러싼 3차원적 공간에 대한 인식과 연결성을 강화한다.

　몸Body 요소는 몸이 정확히 *무엇*을 하는가에 관계되며, 에포트Effort는 움직임이 어떤 심리적, 감정적인 성질들에 의해서 *어떻게* 작동하는지와 관련되고, 공간Space은 움직임이 외부 세계와의 관계 속에서 *어디로* 흘러가는지에 관한 것이며, 모양Shape은 *왜* 누군가를 향해서 특정한 신체 형태로 행동하는지에 대해 단서를 준다고 생각해도 좋다. 물론 이것은 굉장히 단순화된 설명이다. 이 네 가지 베스BESS 요소들은 이 책의 각 장에서 고유하고 개별적인 방식으로 해석되고 확장될 것이다.

이 책에는 또한 세 개의 부록이 포함되어 있다. 첫 번째 부록에서는 베스BESS 용어를 개괄적으로 설명하며, 두 번째 부록에서는 베스BESS의 각 요소를 도표를 사용해서 시각적으로 정리해두었다. 세 번째 부록에서는 특히 1장과 관련해서 신체에 대한 이해를 도울 수 있는 몸과 뼈 해부도를 첨부했다. 독자들에게 유용한 참고 자료가 되길 바란다.

라반은 자신의 저서 *The Mastery of Movement on Stage*에서 생각과 감정, 갈등 등 인간의 내면에서 벌어지는 작용들을 표출하는 움직임의 힘을 언급했다. 라반이 자신의 이론을 적용할 때 가장 중요하게 여겼던 것은 공연 예술을 통한 "인간 행동의 예술적인 향상"이었다.[1]

라반 움직임 분석LMA의 심리-신체적인 작업은 배우 훈련에 사용되었을 때 배우의 자아에 대한 감각을 발전시키고, 개인의 표현 가능성을 확장시킨다. 배우는 움직임을 통해서 개인의 내부 세계와 외부 세계, 타인과의 관계 안에서 풍부하게 연결될 수 있다. 이는 배우 자신뿐만 아니라 배우가 연기하는 인물의 관점에서도 마찬가지이다.

장 요약

『배우를 위한 라반 워크북』은 5명의 저자가 함께 만든 책이며, 우리는 모두 뉴욕에 있는 라반/바르테니에프 움직임 연구소Laban/Bartenieff Institute of Movement Studies, LIMS의 공인 움직임 분석가Certified Movement Analyst, CMA들이다. 우리는 배우들을 가르치고 코칭하거나, 연출이나 창작을 하면서 광범위하게 라반 움직임 분석LMA을 창의적인 재료로 사용해왔다. 저자들은 자신만의 고유한 관점을 바탕으로 특정 관심사와 주제를 발전시켜서 글을 완성했다. 따라서 이 책은 교육자와 공연자 모두 자신의 창작 과정에서 라반의 시스템을 적용하고 영감을 얻을 수 있는 다양한 방법들을 제공한다. 라반 움직임 분석LMA 용어는 당신을 자극하는 다양한 종류의 탐험을 위한 출발점이 된다.

『배우를 위한 라반 워크북』의 각 장에는 전체적인 맥락에 대한 짧은 개요가 소개되며, 통찰력이 담긴 탐험들이 수록되어 있다. 장에 따라서 탐험의 과정에서 배우들이 이해하는 데 도움이 될 만한 동영상 링크가 포함되어 있다. 각 장의 배치는 특정한 연속성을 고려해서 순서를 정했지만, 독자들마다 어떤 부분은 정독하고 어떤 부분은 넘기면서 자신에게 지금 가장 필요하다고 느껴지는 부분을 골라서 읽어도 좋을 것이다.

이 책의 첫 장은 톰 캐시에로의 「배우를 위한 신체 기본 훈련」이다. 이 장에서는 바르테니에프 기초 원리Bartenieff Fundamentals를 통해서 움직임의 기본 개념과 원리를 소개하고 탐험해볼 것이다. 엄가르트 바르테니에프는 라반의 이론을 미국에 가져가서 바르테니에프의 기초 원리를 발전시켰는데, 이는 라반의 시스템 중에서 몸 레벨Body Level 요소에 기반을 둔 훈련법이다. 신체의 재훈련을 위한 바르테니에프 기초 원리는 당신을 이완된 상태로 인도하여 몸속 깊은 곳의 소리를 듣고 반응하게 함으로써 신체적인 인식과 힘, 표현력을 강화한다.

이어지는 장은 카탸 블룸의 「배역으로 들어가기」다. 이 장에서는 인물의 신체뿐만 아니라 인물의 동기와 행동, 관계 등 복합적인 심리와 감정을 다루는 탐험들이 풍부하게 제시되어 있다. 이 장은 크게 두 부분으로 나뉜다. 전반부 탐험의 목표는 움직임을 섬세하게 탐구해서 당신의 신체를 조율된 상태로 만드는 것이다. 후반부의 탐험은 당신의 신체가 배역으로 변형되어 가는 것을 돕는다. 대부분의 탐험에서 움직임의 역동성과 관계되는 에포트Effort 요소가 재료로 사용된다.

다음 장인 바바라 아드리안의 「목소리의 움직임: 라반 움직임 분석LMA으로 목소리의 창조적 가능성 확장하기」에서는 라반 움직임 분석LMA에 기반한 실용적인 탐험들을 제공한다. 이를 통해서 음성적이고 신체적인 표현의 범주를 확장하고, 확장된 가능성을 대사에 적용해 볼 것이다. 이 장에 제시된 라반 움직임 분석LMA의 탐험들은 하나의 이야기를 전달하기 위해 필요한 호흡과 어조, 음역, 발음과 표현력을 발전시키는 데 도움을 줄 것이다. 또한 음성 및 신체 움직임의 힌트를 얻기 위한 대본 분석 과정에서 당신이 보다 적극적이고, 보이고 들리며 감각될 수 있는 선택을 하도록 안내해 줄 것이다.

제니퍼 미젠코의 「라반 움직임 분석LMA과 주요 연기 방법론들 연결하기」 장에서는 기존의 연기 방법론들의 맥락 안에서 라반 움직임 분석LMA을 살펴보게 될 것이다. 미젠코는 스타니슬라브스키, 체홉, 마이즈너의 주요 개념과 방법론을 라반의 주요 주제인 내부/외부Inner/Outer, 노력/회복Exertion/Recuperation, 기능/표현Function/Experssion, 안정성/이동성Stability/Mobility과의 관계 안에서 살펴보았다. 이 장의 탐험들은 배우들이 현장이나 교육 과정에서 자주 접하게 되는 주요 연기 방법론들에 라반 움직임 분석LMA의 주제들을 적용해보았다. 이러한 탐험들은 라반 움직임 분석LMA이라는 렌즈를 통해서 주요 연기 방법론을 이해하고 신체화할 수 있게 도울 것이다.

끝으로, 클레어 포터는 창작 작업을 할 때 라반 움직임 분석LMA을 사용하는 방법을 다룬다. 「움직임과 대사가 있는 공연 창작하고 구성하기」 장에서 당신은 움직임 재료들과 대사를 창작하게 될 것이며, 아이디어를 다양한 방법으로 탐험하고 실험하면서 공연을 위한 작품으로 발전시키는 자기만의 방법을 갖게 될 것이다.

배우 훈련에 라반 움직임 분석LMA이 갖는 중요성

> *무대 위에서 행해지는 움직임 예술에는 말하기, 연기, 마임, 춤을 포함한 모든 신체 표현이 포함된다.*
>
> (라반, 1950, p. 4)

『배우를 위한 라반 워크북』에 실린 탐험들을 통해서 당신은 움직임을 통해 자기 자신을 더 잘 이해하게 될 것이다. 자신의 몸을 온전히 이해하고 신체 표현이 심화되면 당신이 무대 위에서 드러내는 내적 진실이 더욱 선명해지고 더욱 진정성 있게 표현될 수 있다. 따라서 당신의 목소리와 몸이 배역의 생각과 감정, 동기와 의도를 더 선명하게 드러내게 될 것이다.

당신은 즐겁게 연습하고 탐험하는 과정에서 자신만의 움직임 습관과 강점을 인식하게 될 것이다. 이와 동시에, 움직임과 표현력의 범위를 확장하고, 움직임을 설명하고 표현하는 구체적인 언어를 익히게 될 것이다. 이로써 당신은 효율적으로 자신이 이미 잘하고 선호하는 움직임을 사용하는 쪽을 선택할지, 아니면 인물의 배경과 상황에 더 진실한 새로운 움직임 패턴을 찾는 쪽을 선택할지 의식적으로 결정할 수 있게 된다.

라반 움직임 분석LMA은 신체 정렬과 긴장의 이완, 깊은 호흡을 도와

줌으로써 움직임에는 힘과 우아함을, 목소리에는 강함과 유연함을 부여해 준다. 또한 그라운딩을 안정되게 해주며, 몸을 신체 중심에 연결해주며, 신체 감각을 예민하게 깨워준다. 이는 무대 위의 창의적인 작업을 위한 자산이 된다. 즉, 당신은 자신의 상상력과 작가의 의도를 표현할 수 있는 더 많은 신체적인 도구를 갖게 되는 것이다.

우리는 배우 훈련과 관련해서 '안에서 밖으로' 또는 '밖에서 안으로' 접근하는 연기 방식을 종종 구분해서 말한다. 라반의 관점에서 보면, 사실 상 이 두 가지는 분리되어 있지 않다. 우리가 외적으로 보고 듣고 행동하는 것은 내적으로 심리 및 감정적인 부분에 영향을 준다. 이와 비슷하게, 우리가 내적으로 감각하고 느끼는 것들은 우리가 외적으로 움직이고, 외부 세계를 인식하고 상호작용하는 방식에 영향을 준다. 라반 움직임 분석LMA을 이용한 연기 접근법의 좋은 점 중 하나는 당신이 '밖에서 안으로'와 '안에서 밖으로'의 두 가지 접근법을 동시에 연습할 수 있다는 것이다.

『배우를 위한 라반 워크북』에 나와있는 재료들은 연기와 실제 삶에 필요한 여러 가지 기술들을 향상시켜줄 것이다. 라반 움직임 분석LMA은 신체와 음성을 단련할 뿐만 아니라 관찰력, 심리적이고 창의적인 자유, 감정의 깊이를 발전시킨다. 이것은 당신이 맺는 모든 관계를 풍요롭게 해줄 것이다. 끝으로 중요한 것은 마지막으로, 당신은 무한하게 열려 있는 무한한 가능성 안에서 부딪히고 놀아보면서 자신의 영역을 확장시켜 갈 텐데, 그 과정에서 당신은 실수를 통해서 배우는 능력을 발전시키게 될 것이다.

우리의 바람이 있다면 그것은 이 책이 단순히 새롭고 흥미로운 아이디어를 모은 것에 그치지 않고, 독자들이 자신의 작업과 교육에서 실제로 적용할 수 있는 자기만의 라반 움직임 분석LMA 사용법을 발견하게 되는 것이다.

주석

1   Ullman, L. (1960), Preface to the 2nd Edition of *The Mastery of Movement*, vivi. Boston: Plays, Inc.

1

배우를 위한 신체 기본 훈련

A PHYSICAL FOUNDATION FOR THE ACTOR

톰 캐시에로 Tom Casciero

인간의 움직임은 신체적, 정서적, 정신적인 의미를 모두 담고 있기에
역동적인 무대 예술의 공통분모가 된다.
― 라반, 1980, p. 7

들어가며

이번 장에서는 연습실과 무대에서 배우의 훈련을 돕는 움직임의 기본 원리들을 소개하고 탐험할 것이다. 움직임의 기본 원리들은 인간 움직임의 본질에 나가가고사 했던 루돌프 라반 이론의 핵심이라고 볼 수 있다. 라반은 특히 연극과 무용 장르와 관련해서 분명하고 믿을 수 있는 움직임 이론을 만들기 위해서 인간 움직임의 본질을 분석하고 정의하려고 노력했다. 라반의 이론 중에서 몸 레벨Body Level[1]과 관련하여 신체적인 기반을

---

1) 역주: 우리가 사용할 수 있는 총 공간은 높은 레벨―중간 레벨―낮은 레벨 세 가지

구축한 사람은 엄가르트 바르테니에프Irmgard Bartenieff였다. 바르테니에프는 라반과 함께 연구한 후에, 1930년대에 라반의 이론과 훈련법을 미국으로 가져가서 그것을 토대로 바르테니에프 기초 원리Bartenieff Fundamentals: BF를 발전시켰다. 바르테니에프 기초 원리BF는 움직임의 기본 원리들을 활용하고 강화하기 위해 신체를 재훈련하는 연습 방법이다.

바르테니에프 기초 원리BF는 "인체의 기능적이고 표현적인 능력들을 훈련 또는 재훈련하기 위한 움직임 시퀀스"(우드러프, 1989, p. 8)이다. 바르테니에프 기초 원리BF는 바르테니에프가 뉴욕에서 소아마비 환자 재활 운동에 라반의 이론을 적용하면서 알려졌고, 이후에 바르테니에프와 도리스 루이스Doris Lewis가 그때 가르쳤던 기초 움직임들을 다양하게 변주하는 과정에서 그 핵심이 다져졌다. 바르테니에프 기초 원리BF는 발달 운동과 재활 치료에 뿌리를 두고 있으며, 배우들이 신체 구조와 움직임 능력을 발전시키고 균형을 되찾을 수 있게 도와준다. "바르테니에프 기초 원리BF의 목적은 학생들이 자주 사용하지 않거나 불충분하게 또는 잘못 사용하는 근육과 관절에 대한 인식을 일깨우는 것이며, 그렇게 함으로써 학생들은 움직임의 에너지와 표현성과 관련된 가능성들을 확장시킬 수 있다"(바르테니에프, 1980, p. 230).

바르테니에프 기초 원리BF는 라반 이론의 몸 레벨과 관련되며, 신체적인 기초를 다질 수 있는 분명하고 구체적인 훈련법과 (뒤에서 설명하게 될) 움직임의 원리들을 제공한다. "바르테니에프 기초 원리BF는 직접적인 기술 향상이 아니라, 기술의 기능적인 구성 요소들을 안내해준다"(우드리프, 1989, p. 9). 바르테니에프 기초 원리BF는 움직임 및 움직임 패턴을 보다 복합적으로 다룬다. 테니스를 예로 들면, 서브 동작 그 자체가 아니

레벨로 구성되며, 이 레벨들을 사용해서 우리는 3차원적으로 움직이게 된다.

라 땅을 안정적으로 딛고 있는 능력, 동작을 *시작하고 보조하기* 위한 호흡의 사용, 그리고 정확하게 서브를 넣기 위해 공간적 *의지*를 가지고 신체를 *구성*하는 것이라고 볼 수 있다.

바르테니에프 기초 원리BF의 움직임들이 처음에는 인물 구축, 창작, 독백 또는 장면연기를 발전시키는 데 필요한 기술과는 직접적인 관련이 없다고 느껴질 수도 있다. 하지만, 바르테니에프 기초 원리BF는 앞서 예로 들었던 테니스 서브 동작에서처럼, 필요한 기술과 관련된 기능적인 재료들을 제공한다. 훈련을 통해 움직임의 기초를 강화하고, 궁극적으로는 다른 기술들을 구축해갈 수 있는 토대를 만들어준다. 그렇기 때문에, 바르테니에프 기초 원리BF는 신체적인 인물 구축을 포함해서, 움직임과 소리를 풍부하게 만드는 과정에서 큰 가치를 갖는다.

바르테니에프 기초 원리BF는 배우들의 신체 인식과 힘, 표현력, 움직임의 범위 확장을 지향하며 이러한 부분들을 상당한 수준으로 강화해준다. 또한, 배우들이 자신의 비효율적인 움직임 습관을 인식하게 하며, 이를 제거하거나 새로운 패턴을 만들 수 있게 돕는다. 그리고 배우들이 이완된 상태로 몸의 아주 깊은 곳에서 나오는 소리를 듣고 반응하게 인도해준다.

배우들은 바르테니에프 기초 원리BF를 탐험하는 과정에서 자신만의 신체 형태를 찾아감으로써 자신의 존재감을 느끼게 되고, 바로 그 순간에 손재하게 될 것이다. 이것은 배우늘에게 있어서 가상 난순하고노 가상 숭요한 기술이라고 볼 수 있다. 배우들은 자신의 내부 세계에 대해서, 자신의 내부와 외부 세계와의 관계에 대해서 보다 섬세하게 인식하고 받아들이게 될 것이다. 또한 움직임을 통해서 자신을 이해하게 되면서, 자신이 연기하는 인물의 생각, 감정, 가치관을 이해하고, 그에게 생명을 불어넣을 수 있게 될 것이다. 아주 바람직한 과정이라고 볼 수 있다.

이 장은 다음과 같이 구성되어 있다:

먼저, 우리는 몸의 긴장을 풀어줄 것이다. 그러면 다음에 이어지는 탐험들을 더욱 쉽고 효율적으로 할 수 있게 된다.

다음으로, 나선형 움직임으로 신체를 탐험해 볼 것이다. 그 이유는, 3차원적인 나선형 움직임은 수많은 움직임의 기본 원리들과 연결되어 있기 때문이다. 또한, 나선형 움직임은 큰 근육을 풀어주고 유연성을 키워준다. 이어서 우리는 움직임의 기본 원리들을 정의하고, 각각의 구성 요소들이 어떤 방식으로 작용해서 나선형 움직임을 가능하게 하는지 확인해볼 것이다.

그런 다음, 우리는 바르테니에프가 설명한 **여섯 가지 기초 움직임**Basic Six과 그녀에게 영감을 받아서 만들어진 다양한 탐험들을 경험하게 될 것이다. 바르테니에프의 기초 움직임 속에서 움직임의 기본 원리Foundational Principles of Movement들이 어떻게 작동하는지 확인해보고, 이것을 사용해서 움직임에 대한 자기 인식을 강화하고, 움직임의 범위를 확장해 볼 것이다. 그런 다음 다시 나선형 움직임으로 돌아가서, 움직임의 기초 원리BF와 이를 이루는 움직임의 기본 원리들이 더해졌을 때 무엇이 발생하는지 지켜보자.

이 장은 놀이하듯이 접근하지 않으면 절대로 완성되지 않는다. 따라서 우리는 움직임의 기본 원리들과 몸으로 했던 모든 것들을 끌어모아서 인물의 신체를 만들어볼 것이다. 그리고 당신이 만든 인물의 신체를 장면에 적용해보고 어떤 것들이 새롭게 발생하는지 관찰해보자. 그런 다음에는 자신이 만든 인물 중 하나가 되어서 자신이 가장 좋아하는 독백 대사를 말하게 될 것이다. 자, 이제 시작해보자. ☺

긴장과 이완

"두 가지 종류의 장애물이 있을 수 있다. 그것은 바로 몸과 정신의 긴장이다..."

(라반, 1980, p. 120)

배우가 연기를 하는 동안 신체에 긴장이 생기게 되면 표현이 약해지고, 생각과 감정의 흐름이 방해를 받아서 관객과 동료 배우들에게 충분히 전달되지 못할 수 있다. 또한 긴장은 배우의 신체적이고 감정적인 자기 인식을 방해하고, 인간으로서 깊고 폭넓은 경험을 하기 어렵게 만든다. 긴장은 정보를 가로막아서, 상대방의 말을 온전히 듣고 반응하기 어려워지기도 한다. 따라서 배우가 무대에서, 그리고 자신의 실제 삶에서 충분히 효율적으로 존재하기 위해서는 불필요한 긴장을 인식하고 이를 완화시켜야 한다.

몸의 긴장을 이완하기 위해서는 긴장의 본질을 이해하는 것이 중요하다. 평소와 다르게 불편한 자세로 자고 일어났을 때 생긴 일시적인 긴장은 강렬하지만 쉽게 풀어진다. 그러나 오랜 시간에 걸쳐서 쌓여 온 습관적인 행동이나, 상처의 후유증으로 생긴 만성적인 긴장은 신체의 표현력을 약화시키거나 감소시킨다. 몸이 긴장하게 되는 원인은 무수히 많다. 집안 내력에서 비롯된 행동이나 자세, 정서적인 기억, 가치관의 갈등, 신체적인 구조, 또한 문화적 차이, 과거와 미래에 대한 걱정, 기대에 대한 압박, 피곤한 일정, 부족한 수면 등이 긴장을 만들어낸다. 일단 긴장이 생기는 원인을 인지하고 자신의 내적인 삶을 다스릴 수 있게 되면, 몸의 긴장이 풀어지고 자유로운 움직임에 다가갈 수 있다.

다음의 긴장 완화를 위한 탐험들은 자유로운 움직임을 되찾는 데 도움을 줄 것이다. 다음에 오는 탐험들 중 일부는 바르테니에프 기초 원리 BF를 위한 준비 운동이고, 내가 직접 고안한 탐험들과 다른 선생님들의 방식을 차용한 탐험들도 포함되어 있다.

탐험 1: 발뒤꿈치 흔들기를 사용하여 긴장한 위치 찾기

발뒤꿈치 흔들기는 바르테니에프 기초 원리BF의 준비 운동이다. 바르테니에프는 **발뒤꿈치 흔들기를 마구 흔들기**라고 부른다. **흔들기**라는 동작은 몸에서 긴장한 부분의 위치를 찾아내고 그 부분의 긴장을 부드럽게 완화하는 도구가 된다. 골격이 흔들릴 때 우리는 근육이 뼈를 붙잡고 있는 패턴을 파악할 수 있게 된다. 만약에 움직임이 몸을 따라서 순차적으로 진행되지 않는다면, 이는 정렬이 어긋나 있거나 근육이 경직된 패턴을 갖고 있기 때문이다. 파트너와 함께 맨발로 해보자.

1. **파트너 A**가 위를 보고 바닥에 눕는다. **파트너 B**가 **파트너 A**의 발 쪽에 무릎을 꿇거나 편하게 앉아서 양 발목의 복숭아뼈 바로 아랫부분을 한 손씩 감싸 쥔다. 그러면 엄지손가락은 발목의 한쪽에 다른 손가락들은 반대쪽에 위치하게 될 것이다. 이 탐험을 하는 동안 **파트너 B**도 신체적으로 잘 정렬된 상태로 바닥에 안정되게 그라운딩 되어 있어야 한다.

2. **파트너 B**가 **파트너 A**의 발뒤꿈치가 바닥에 그라운딩 될 수 있도록 발목을 조심스럽게 아래로 눌러준다. 발목을 누르면서 두 손을 자기 쪽으로 잡아당기면 **파트너 A**의 발이 살짝 **포인트**가 될 것이다. **파트**

너 A의 발뒤꿈치가 바닥에 그라운딩 된 상태에서, **파트너 B**가 이번에는 두 손으로 밀면 **파트너 A**의 발이 살짝 **플렉스**가 될 것이다. 이러한 움직임을 계속해서 반복하면 몸 전체의 골격이 앞뒤로 **흔들리는** 상태가 된다. **파트너 B**의 손목은 유연하게 움직여야 하고 **파트너 A**의 발은 위/아래로 왔다 갔다 움직여야 한다.

3. 1분 동안 **흔들기**를 해보자. 잠시 멈추고, **파트너 A**와 **파트너 B** 둘 다 몇 차례 숨을 들이쉬고 내쉬어보자.

4. 1분 동안 다시 **흔들기**를 해보자.

5. **흔들기**를 하는 동안 **파트너 A**는 긴장이 느껴졌던 부위에 대해서 말하고, **파트너 B**는 자신이 잡고 있던 부위에서 보고 느낀 것을 말한다.

6. **파트너 A**와 **파트너 B**가 역할을 바꿔서 진행해보자.

긴장을 발견하는 팁들:

1. 가슴이 열린 상태로 이완되어 있고, 호흡이 자유롭게 흘러가는가? 그렇지 않다면 턱이 닫혀 있지 않은지, 가슴이나 어깨/어깨뼈에 긴장이 들어가 있지 않은지 확인해보자.

2. 머리가 자연스럽게 흔들리는가? 그렇지 않다면 척추의 정렬이 어긋나 있거나 목이 긴장된 상태일 수도 있다.

3. 만약에 골반이 위/아래로 흔들리지 않는다면, 허리에 긴장이 들어가 있는지 확인해보자.

4. 허벅지가 긴장되어 있는가? 무릎이 과하게 펴져 있을 수 있다. 수건

을 말아서 무릎 밑에 놓아보자.

5. 다음에 이어지는 긴장 완화 탐험을 사용해서 발견한 문제들을 해결해보자.

파트너와 몇 차례 해보고, 혼자서도 해보자. 반드시 발목부터 시작해서 몸을 풀어주고 확장시켜 보자.

탐험 2: 흔들어 털기

1. 등을 바닥에 대고 누운 상태에서 무릎을 세우고 발바닥을 바닥에 편하게 둔다.

2. 발을 들어 올려서 흔들어 준다. 두 발을 천장을 향하도록 들어 올려서, 하체(골반 포함) 부위가 전부 흔들릴 때까지 양발을 흔들어준다. 10초 동안 흔들어서 털어주고 두 나리를 천천히 내려놓사.

3. 세 번 반복하자. 처음에는 부드럽게 흔들어서 털어주고 서서히 점점 더 격렬하게 해보자.

4. 팔과 손도 같이 해보자. 손과 발을 같이 흔들어서 털어보고, 팔다리도 흔들어서 털어 보자. 이 움직임이 어깨와 골반에도 영향을 주게 해보자. 10초 동안 흔들어 턴 다음 두 다리를 천천히 내려놓자.

5. 세 번 반복해보자. 치음에는 부드럽게 하다가 서서히 점점 디 격렬하게 흔들어 털어 보자.

탐험 3: 소매틱[2] 구르기 – 밖으로부터 인식하기

1. 등을 바닥에 대고 눕는다. 바닥 위로 굴러보자. 몸이 바닥에 닿을 때 몸 표면에서 느껴지는 감각에 집중해보자. 구르는 동안 몸의 표면에서 변화가 일어날 것이다. 먼저 몸의 옆부분, 그다음으로 배, 반대쪽 옆부분 등을 관찰해보자. 긴장이 들어가는 부분을 인식해보고, 거기에 숨을 보내보자. 숨을 내쉬면 긴장이 이완될 것이다.

2. 공간의 반대편에 도착하면 구르기를 멈추고 일어서서 다른 사람들이 구르는 것을 지켜보자.

3. 모두가 구르기를 끝내면, 다시 그 자리에 누워서 반대쪽으로 구르기 시작해보자.

4. 구르기를 멈췄을 때, 자신의 감각을 인식해보고, 자신과 환경이 이루는 조화를 느껴보자.

탐험 4: 소매틱 구르기 – 안으로부터 인식하기

1. 등을 바닥에 대고 눕는다.

2. 바닥 위로 굴러보자. 이번에는 신체 내부의 장기들에 집중해보자. 뇌와 심장, 폐, 위장 등이 중력의 영향으로 바닥 쪽으로 쏠리는 움직임을 느껴보자. 장기들은 계속해서 바닥 쪽으로 움직이겠지만, 몸 안에서 움직이는 방향은 매번 다를 것이다. 앞쪽으로 움직이기도 하고, 옆으로 움직이거나 뒤로 움직이기도 할 것이다.

---

[2] 역주: 안에서 출발해서 밖으로, 내가 나 자신을 느끼고 이해해가는 과정 – 토마스 한나.

3. 매번 구를 때마다, 몸속에서 장기들의 무게가 이동할 때 몸속이 가득 차 있는 느낌을 인식해보자.

4. 모두가 구르기를 끝내면, 다시 그 자리에 누워서 반대 방향으로 굴러보자.

5. 모두가 반대 방향으로 구르기를 끝내면, 일어서서 공간을 걸어보자.

6. 세상을 보는 시각이 구르기 전과 달라졌다고 느끼는가? 이전보다 예민하게 인식하게 되었는가? 지금, 여기에 존재하고 있는가? 안정적으로 그라운딩 되어 있는가? 만약 그렇다면 어떤 방식으로? 이러한 상태가 배우에게 도움이 될까? 자신이 관찰한 것들을 다른 사람들과 공유해보자.

탐험 5: 어깨뼈(견갑골) 이완하기

어깨뼈(견갑골)와 쇄골은 팔의 기능적이고 표현적인 움직임을 도와준다. 이 부위들에 제한이 생기게 되면 팔의 운동성은 저하되고, 쉽게 피로해질 것이다.

1. 바닥에 누워서 무릎을 세우고 발을 편하게 둔 상태에서, 두 팔을 몸통에서 수직이 되게 양옆으로 벌린다. 손바닥이 바닥을 향하게 두고, 엄지손가락이 몸의 아랫부분, 즉 발 쪽을 향하게 한다.

2. 두 손과 두 팔을 회전하는데, 회전이 어깨뼈(견갑골)에서부터 시작하게 하자. 손을 회전하면, 손바닥이 위를 향할 것이고, 엄지손가락의 방향은 이제 몸의 윗부분, 머리 쪽을 향하게 될 것이다.

3. 한 번 더 *같은 방향*으로 회전을 계속해보자. 그러면 엄지손가락은 다시 발 쪽을 가리키고 두 팔은 상당히 비틀리게 될 것이다.

4. 20초 동안 이 자세를 유지하자. 이때, 견갑골 사이의 등 부분으로 숨을 들이쉬었다가, 숨을 내쉴 때 이완되게 해보자. 한 번 더 숨을 쉬는데, 이번에는 갈비뼈가 넓어지고 이완되는 것을 느껴보자. 세 번째로 호흡할 때, 두 팔이 원래 자세로 돌아가게 해보자. 견갑골과 바닥의 관계를 인식해보자.

5. 세 번 반복해보자. 긴장이 충분히 이완될 때까지 반복해도 좋다.

탐험 6: 공을 사용해서 흔들기―골반/허리 이완하기

이 움직임은 허리 아랫부분과 천골sacrum의 긴장을 풀어줄 것이다. 이 부분에는 신경계 섬유 다발과 이를 둘러싼 근육 조직이 자리하고 있다. 이 탐험은 마사지하듯이 긴장된 근육은 풀어주고 신경계를 자극한다. 또한, 척추가 이완되어 상체와 하체가 다시 연결되고 하체의 안정적인 그라운딩을 회복시킨다.

1. 부드러운 고무공이나 폼 공, 테니스 공 아니면 돌돌 만 양말 뭉치를 사용한다.

2. 등을 바닥에 대고 누워서 무릎을 세우고 발을 바닥에 편하게 두자.

3. 두 발로 바닥을 눌러서 골반을 들어 올린다. 엉덩이뼈 뒤쪽에 튀어나온 뼈(좌골) 두 개와 꼬리뼈(천골)가 이루는 삼각형 위치에 공/양말을 놓는다.

4. 공/양말의 위치를 조정해서 골반이 그 위에 떠 있게 해보고, 좌/우로 위/아래로 흔들흔들 움직여보자. 천천히 호흡하면서 척추가 길어지게 해보자. 2분 뒤에 골반을 들어 올리고 공/양말을 빼고 골반을 바닥에 내린다. 골반과 바닥의 관계를 인식해보자.

5. 천천히 돌아서 무릎을 꿇고 일어서서 걸어보자. 서 있거나 걸을 때 자신에게 익숙한 습관으로 돌아가지 않게 주의해보자. 달라진 점을 인식해보고, 자신이 발견한 것을 공유해보자.

공간을 가로지르는 나선형 움직임

나선형은 자연에서 가장 아름다운 형태 중 하나다. 공간을 가로지르는 나선형의 3차원적인 곡선에는 시각적인 아름다움뿐 아니라 수학적인 아름다움도 내제되어 있다. 나선형의 경로는 피보니치 수열과 황금비(1.618033)와 같은 수학적 절대성을 가지고 외부로 발산된다.

　이 장에서 소개하는 모든 움직임의 기본 원리들과 당신이 경험하게 될 모든 것이 나선형과 관계된다. 공간을 가르며 나선형 경로를 따라가는 것은 신체의 안정적인 지지, 3차원적인 모양 변화, 공간과의 관계 및 공간에 대한 주의 집중이 복합적으로 결합되어야 한다. 자, 지금부터 시작해보자. 파이팅!

동영상 1. 나선형 움직임
https://vimeo.com/channels/thelabanworkbook/199987581

탐험 1: 내려가는 나선형 움직임 - 오른손에서 왼발까지

오른손에서 출발해서 오른손이 리드하게 해보자. 오른손은 몸 주위로 나선형을 그리면서 내려가서 목적지인 발끝에 닿게 된다. 충분히 유연하지 않은 사람들은 목적지의 위치를 조정해보자. 보다 정확한 동작을 위해서 동영상 예시를 참고하길 바란다.

1. 서 있는 상태에서 팔다리를 벌려서 X자 모양을 만들어 보자. 나선형 움직임을 시작할 때, 오른손에서 시작된 곡선이 앞으로 지나가서 몸을 가로질러서 왼쪽 아래로 내려가게 해보자.

2. 움직임을 하는 동안 계속해서 숨을 내쉬자. 몸속에 공기가 줄어들면 몸이 더 많이 압축될 것이고, 따라서 몸이 비틀리는 정도가 더 깊고 강해질 것이다.

3. 공간적 의지 - 공간 사이로 나선형을 그리며 지나가는 손의 경로를 시선으로 따라가보자. 그러면 머리와 척추가 관여하게 되고, 움직임을 진행하는 데 도움을 준다.

4. 몸이 회전할 때 발도 살짝 회전될 수 있게 열어두고, 몸이 내려갈 때 무릎도 더 깊게 내려가보자.

5. 가능하다면 오른쪽 무릎을 왼쪽 무릎 밑으로 살짝 집어넣어 보자. 그러면 몸통이 좀 더 내려가고 비틀림이 더 깊어질 것이다.

6. 발끝에 도착하게 되면, 고개는 숙이고 시선은 오른손과 오른쪽 발끝을 보고 있는 상태가 될 것이다.

탐험 2: 올라가는 나선형 움직임 – 오른손/다시 일어선 상태로

하체에서부터 움직임을 시작해보자. 이 움직임은 꼬리뼈부터 시작되며, 호흡의 도움을 받아 이뤄진다. 골반, 배, 가슴, 어깨뼈를 지나 팔과 손 순서로 뻗어나가며 진행된다.

1. 다소 뒤틀려 있는 자세로 움직임을 시작하기 때문에 몸통 속에 폐로 호흡할 수 있는 공간이 제한되어 있다. 그렇기 때문에, 움직이면서 숨을 들이쉬게 되면 폐가 확장되고 몸통의 모양이 변하면서 일어서는 동작과 비틀린 몸이 풀리는 것을 도와줄 것이다.

2. 꼬리뼈에서 시작해보자. 두 다리로 바닥을 눌러서 골반을 들어 올리고, 꼬리뼈는 아래로 집어넣는다.

3. 숨을 들이쉬면서 폐의 윗부분이 차오르게 한다. 그러면 몸통이 넓어지고 길어지면서 일어서는 동작을 도와준다.

4. 일어서면서 점차 꼬여있는 몸이 풀릴 텐데, 이때 몸통을 따라서 어깨, 팔, 손이 위로 움직이게 된다.

5. 팔은 바깥쪽으로 돌아가고, 손은 내려올 때와 같은 경로를 따라서 이동하게 된다. 시선으로 손의 움직임이 만들어내는 나선형 경로를 따라가보자.

6. 두 발의 앞꿈치를 회전축으로 몸이 돌아가게 하자.

7. 꼬여있던 몸통이 완전히 풀리고 정면을 향하게 되면 몸통의 확장은 끝나고, 어깨뼈(견갑골)가 제자리로 돌아와서 다음 움직임을 위한 시작점이 된다.

8. 팔이 계속해서 나선형 경로를 따라서 올라갈 때, 팔꿈치와 손목 순으로 팔이 펴진다. 그러면 다시 몸이 X자 모양 자세로 돌아오게 된다.

탐험 3: 내려갔다 올라오는 나선형 움직임 반복 – 오른손

1. 나선형으로 내려갔다 올라오는 **탐험 1, 2**의 과정을 5번 반복해보자.
2. 몸의 균형과 정렬을 유지하기 위해서 필요한 만큼 동작을 조정해보자.

탐험 4: 내려가는 나선형 움직임 – 왼손에서 오른발까지

서 있는 상태에서 팔다리를 벌려서 X자 모양을 만들어 보자. 이번에는 왼손에서 출발해서 나선형을 그리며 내려가서 오른쪽 아래에 도착한다.

1. **탐험 1**에서 설명했던 것과 같은 진행과정을 반복하는데, 오른쪽과 왼쪽만 바꿔서 해보자.

탐험 5: 올라가는 나선형 움직임 – 왼손/다시 일어선 상태로

1. 하체에서 시작해보자. 이 움직임은 꼬리뼈부터 시작되며, 호흡의 도움을 받아 이뤄진다. 골반, 배, 가슴, 어깨뼈를 지나 팔과 손 순서로 뻗어나가며 진행된다. **탐험 2**를 참고하되, 오른쪽과 왼쪽만 바꿔서 해보자.

탐험 6: 내려갔다 올라오는 나선형 움직임 반복－왼손

1. 나선형으로 내려갔다 올라오는 **탐험 4, 5**의 과정을 5번 반복해보자.
2. 몸의 균형과 정렬을 유지하기 위해서 필요한 만큼 동작을 조정해보자. 시선을 사용해서 공간적 의지가 관여하게 해보자. 이전 탐험에서 오른쪽과 왼쪽만 바꿔서 해보자.

나선형 움직임의 기본 원리

이 부분에서는 구체적인 **움직임의 기본 원리**를 소개하고, 움직임의 기본 원리들이 나선형 운동의 어떤 부분에서 어떻게 작용하는지와, 어떤 방식으로 움직임의 진행을 도와주는지 설명해 볼 것이다. 움직임의 기본 원리들은 다음과 같다.

호흡 지지|Breath Support

호흡이 움직임의 역동성을 발생시키고 보조하는 방식이다. 호흡은 움직이는 사람의 내적인 심리와 감정, 몸 상태 및 외부 세계의 모든 것에 대해서 영향을 주거나 영향을 받는다. 따라서 호흡이 방해를 받으면 움직임, 감정, 생각에도 제한이 생긴다.

나선형 움직임: 호흡은 몸통의 모양을 변화시킨다. 날숨이 시작되면서 폐가 비워지고, 갈비뼈가 좁아지고, 배의 공간을 만들기 위해 횡격막이 올라

가면 몸통이 내려가게 된다. 일어서기 위해서는 먼저 들숨이 시작되고 폐의 아랫부분이 차오른다. 숨을 더 많이 들이마시면 폐는 3차원적으로 확장되고 몸통의 위쪽이 길어지고 넓어진다. 이러한 작용은 몸이 올라오고 비틀린 몸이 풀리는 것을 도와준다.

시작점Initiation

시작점은 움직임이 발생하는 근원지이다. 아래의 용어들은 움직임이 시작될 수 있는 다양한 신체의 부분들을 정의하고 있지만, 사실 움직임은 몸의 어디서든 시작될 수 있다.

- 중심부Core － 몸통
- 중심부 쪽Proximal － 어깨와 고관절
- 중간 부위Mid-limb － 팔꿈치, 손목, 무릎, 발목
- 말단부Distal － 손, 손가락, 발, 발가락, 머리
- 상체Upper Body － 몸통, 팔, 머리
- 하체Lower Body － 골반, 다리, 발, 발가락

나선형 움직임: 내려가는 움직임은 말단부(손)에서 시작된다. 올라가는 움직임은 중심부에서 시작해서 꼬리뼈를 아래로 누르면서 올라온다.

진행 과정Sequencing

몸을 통해서 움직임이 변화해가는 방식이다. 진행 과정이 잘 이뤄지지 않는 것은 대체로 경직된 신체 습관과 몸에 대한 인식의 부족에서 비롯된다. 이 장의 목적에 따라 아래의 용어들을 사용할 것이다.

- 연속적 진행 과정Successive − 인접한 신체 부위가 차례대로 움직인다. (손가락이 먼저 접히고, 이어서 손, 손목이 접힌다.)
- 동시적 진행 과정Simultaneous − 사용되는 신체 부위들이 동시에 움직인다.

나선형 움직임: 내려가는 움직임의 진행 과정은 손부터 발까지 몸을 따라서 연속적으로 이뤄진다. 손에서 출발해서, 시선이 따라가고, 척추가 구부러진다. 몸의 중심선을 지나가게 되면, 고관절이 사용되고, 고관절이 돌아갈 때 두 다리도 따라서 돌아가고 발 앞꿈치까지 회전한다. 다시 일어설 때는 꼬리뼈에서부터 출발한다. 위로 올라가는 움직임의 진행 과정에서는 대퇴 사두근이 사용되고, 무릎과 발목이 펴지고, 두 발이 회전한다. 이와 동시에, 고관절을 통해 움직임이 진행되며, 위로 올라가면서 몸통, 어깨를 지나 팔과 손 순서로 뻗어간다.

그라운딩Grounding

그라운딩Grounding은 안정성을 만들어 내기 위해서 신체가 지면과 맺는 관계를 의미한다. 그라운딩의 정도는 아주 안정적으로 뿌리내린 상태, 안정적인 상태, 일정함을 유지하는 상태, 일시적으로 안정된 상태, 불안정한 상태로 구분될 수 있다. 그라운딩은 무게 중심 및 중력의 중심과 관계된 다(아래의 내용을 참고해보자).

나선형 움직임: 몸은 발을 통해서 지면에 그라운딩 된다. 앞꿈치로 몸을 지탱할 때도 마찬가지다. 나선형 경로를 따라서 몸이 비틀리면서 아래로 내려갈 때와, 내려갔다 다시 올라올 때 움직임이 안정성을 유지하기 위해서 무게 중심은 발 바로 위에 있어야 한다.

동적인 신체 정렬과 연결Dynamic Alignment and Connection

뼈의 구조가 역동적으로 정렬되고 연결되는 것을 의미한다. 이는 단순히 (다리뼈 등과 같이) 뼈의 구조 그 자체를 말하는 것이 아니다. 신체의 무게를 감당하고, 효율적으로 움직이고, 움직임의 의도를 충족시키기 위해서 뼈의 구조가 어떻게 연결되고 상호적으로 작동하는지에 관한 것이다. 중요하게 다뤄볼 연결은 다음과 같다.

- 머리부터 꼬리뼈까지의 연결(척추): 상체와 하체를 연결한다. 이것은 신체 정렬과 몸속에 있는 수직축에 대한 감각을 갖게 해준다. 이 연결에 문제가 생기면 호흡 지지를 방해하고 불필요한 긴장을 만들어낼 수 있다. 머리가 앞으로 빠져 있게 되면 중립적인 상태가 아니라 이성이 주도한다거나 동의를 구한다는 의미가 생긴다.

- 어깨뼈(견갑골)에서 손가락까지의 연결: 중심부와 말단부를 연결한다 (몸통부터 손까지). 이 연결을 통해서 주위 환경으로의 확장이 가능

해진다. 발달 단계에서 보면, 유아가 두 손을 인식하고 사용하게 될 때 몸통과 두 손을 구별해서 인식하기 시작한다. 몸은 "이것"이 되고, 손은 "저것"이 된다. 이러한 구별은 나(여기)와 손(저기)을 구별하는 감각으로 이어지고, 나중에는 나와 너를 구별하는 감각으로 발전된다.

- 좌골에서 발뒤꿈치까지의 연결: 골반을 지면과 연결해준다. 이 연결은 이동성을 탐험할 때 꼭 필요한 안정성을 강화해준다. 또한 강인함을 갖게 하고, 세계를 탐험하기 위한 신체적인 기초가 된다. 지면과의 관계는 사람의 심리를 반영하기도 한다. "제자리에 가만히 있을 수가 없어." 또는 "누가 내 영역을 침범했어."

나선형 움직임: 나선형 움직임에서 뼈의 구조적인 연결은 아주 중요한 역할을 한다. 발뒤꿈치-좌골 연결은 지면에 설 수 있게 해주며, 내려가고 올라가는 움직임의 지렛대 역할을 한다. 무릎과 고관절이 굽혀져 있는 동안에도, 발뒤꿈치와 좌골 사이의 연결은 유지된다. 머리-꼬리뼈 연결(척추)은 시선으로 손의 움직임을 따라갈 때 사용된다. 머리의 움직임은 척추의 움직임으로 이어진다. 동적인 신체 정렬은 이런 방식으로 이루어진다. 척추는 회전하면서 연결성과 순차적인 진행과정을 유지한다. 그리고 어깨뼈(견갑골)와 손의 연결은 몸을 공간에 연결해주는 다리 역할을 한다.

신체 구성Body Organization

이것은 움직임을 준비하거나 수행할 때 사용될 수 있는 신체의 다양한 구성 방식을 의미한다.

- 호흡Breath－호흡을 신체의 안으로부터 경험하게 하는 소매틱 요소로 사용하여 몸을 전체로서 감각하고 구성하게 한다.

- 척추Spinal－동적인 머리-꼬리뼈 연결을 통해서 몸을 구성하는 방식이다.

- 상체/하체Upper/Lower－상체와 하체의 관계를 이용해서 몸을 구성하는 방식이다. 상체와 하체는 서로 연결되어 있지만 다른 특징을 갖는다. 상체는 공간으로의 접근, 하체는 무게 이동에 초점이 맞춰져 있다.

- 몸의 반쪽Body Half－몸을 좌우 양쪽으로 다르게 사용할 수 있도록 구성하는 방식이다. 몸의 한쪽은 움직이고 다른 한쪽은 안정적인 상태를 유지할 수 있다. 몸의 오른쪽 반쪽과 왼쪽 반쪽의 움직임이 분리될 때, 몸의 중심선 부분은 확실하게 안정되어 있어야 한다.

- 십자형Cross Lateral－한쪽 팔에서부터 몸통을 가로질러 반대쪽 다리까지 이어지는 대각선을 사용해서 몸을 구성하는 방식이다. 몸의 중심선을 넘나들 때, 보다 다양한 종류의 움직임이 가능해지고 움직임 영역이 훨씬 확장될 수 있다. 발달 단계에서 보면, 뇌의 오른쪽과 왼쪽 피질 사이에서 교차가 일어나는 것과 유사하다고 볼 수 있다. 두 경우에서 모두, 결과적으로 더 많은 기술과 선택이 가능해진다.

나선형 움직임. 나선형 움직임은 기본적으로 3차원이다. 그렇기 때문에 몸이 나선형을 따라서 움직이기 위해서는 보다 복합적인 신체 구성 방식이 사용되어야 한다. 여기서는 가장 복잡한 신체 구성인 십자형 신체 구성을 비롯해서, 호흡과 척추 신체 구성까지도 포괄적으로 사용된다.

무게 중심Center of Weight

무게 중심은 배 아랫부분에 위치하며, 똑바로 서 있는 자세의 균형을 유지할 때 중력의 중심이 사용된다. 중력의 중심은 우리가 움직일 때마다 이동한다. 무게 중심과 중력의 중심은 모두 균형, 안정성, 이동성과 관계된다. 이 두 가지 중심은 호흡과 발성을 도와주는 중요한 요소이기도 하다. 문화권에 따라서는 이곳을 생명력의 근원으로 받아들이기도 한다.

나선형 움직임: 나선형으로 움직이기 위해서는 중력의 중심이 몸을 지탱하는 신체 구조(다리와 발) 위에서 유지되어야 한다. 심지어 몸이 돌아가고, 접히고, 내려가는 동안에도 마찬가지다. 그렇지 않으면 앞의 연습들에서 경험했듯이, 무게가 어느 한쪽으로 치우치게 되고, 결과적으로 균형과 안정성을 잃게 된다.

무게 이동Weight Shift

무게 이동은 몸을 지탱하는 신체 부위들 사이에서 무게가 옮겨가게 되는 것을 의미한다. 펜싱에서 찌르기는 기능적인 무게 이동이다. 한편, 왼발과 오른발을 계속 왔다 갔다 하면서 무게를 옮기는 움직임은 긴장감을 드러내는 표현적인 움직임이다.

나선형 움직임: 무게 중심을 한쪽 발에 살짝 실어주면, 나머지 발이 앞꿈치를 축으로 회전할 수 있게 된다.

공간적 의지|Spatial Intent

바르테니에프는 소아마비 환자들이 공간적 의지를 가지고 있으며, 단순히 반복적인 움직임보다 공간적 의지를 가지고 하는 움직임이 회복에 훨씬 더 효과적이라는 사실을 발견했다. 실제 삶과 무대 위에서 신체적 행위는 욕구, 동기, 가치 추구를 위해서 발생한다. 따라서 신체적 의지는 신체 행위의 초점을 더욱 명확하게 만들어 준다. 가령, 내가 목이 마르면, 나는 갈증을 해소하기 위해서 컵을 들려고 하는 의지를 갖게 될 것이다. 그 의지가 내 몸에서 필요한 능력을 끌어내고 구성해서, '컵이 있는 공간으로 손을 뻗는다'는 목적을 수행하게 할 것이다.

나선형 움직임: 나선형 움직임에는 경로와 목적지가 있다. 이 움직임의 목표는 목적지(발)에 도착하는 것이고, 공간적 의지는 나선형의 경로를 따라서 발로 가는 것이다. 시선은 나선형 경로를 따라서 이동하는 손에 집중하게 된다. 이때, 머리, 척추, 팔, 엉덩이, 다리, 발은 목적지에 도착하기 위해서, 그리고 경로를 따라가기 위해서 필요한 방식으로 구성된다. 나선형의 맨 아래쪽에서 움직임을 멈췄을 때는, 안정성을 갖추기 위해서 앞서 말한 신체 부위의 구성이 그대로 유지되어야 한다. 다시 일어서기 위해서는 동일한 과정을 바깥쪽으로/위로 진행해야 한다. 단, 다시 올라가기 위해서는 비닥을 밀디워야 한다.

움직임의 기본 원리와 인물의 전사 및 특징

대본과 대사를 분석해서 배역에 관한 정보를 모아보고, 여기에 움직임의 기본 원리들이 어떤 방식으로 연결될 수 있는지 예를 들어서 살펴보자.

오셀로: 오셀로는 나라와 군대를 이끄는 지도자로서, 힘을 갖고 있고 실제로 힘을 발휘한다. 이를 위해서는 신체적으로 강한 *호흡 지지Breath Support*와 *그라운딩Grounding*, *동적인 연결Dynamic Connections*이 필요할 것이다. *중심부 지지Core Support*에서 시작된 움직임은 안정성*Stability*과 강인함을 만든다. *동시적 진행 과정Simultaneous Sequencing*은 그를 즉각적이고 실행력 있게 만든다. *상체/하체Upper/Lower* 신체 구성은 안정성과 이동성 두 가지를 모두 발생시킨다. *십자형Cross-Lateral* 신체 구성을 사용한 움직임은 무기를 다룰 때, 특히 검을 다룰 때 두드러진다.

이아고: 이아고의 위선적이고, 거짓으로 복종하며, 비열한 특징은 오셀로와 상당히 다르게 표현된다. 이아고의 신체는 *양면적으로Bilaterally* 구성되며, 몸의 반쪽은 오셀로에 대한 거짓된 충성심을 드러내고, 돌려서 숨기고 있는 몸의 다른 반쪽은 자신이 감추고 있는 기만적인 모습과 거짓을 표현한다. *무게 이동Weight Shift*을 자주 사용하게 되면 그의 속내는 더욱 알아채거나 밝히기 어려워진다. *연속적 진행 과정Successive Sequencing*을 사용해서 뱀과 같은 움직임과 리듬을 슬쩍 가미해 볼 수도 있다. 그는 오셀로와 함께 있을 때는 약하고 얕은 *호흡 지지Breath Support*로 그에게 복종을 표하지만, 방백으로 관객들에게 자신의 본 모습과 계획을 드러낼 때는 강한 *호흡 지지Breath Support*로 바뀌게 된다.

바르테니에프 기초 원리BF

바르테니에프는 다음과 같이 설명했다. "6가지 기초 움직임이 있다. ... 이 6가지 기초 움직임들을 '기초'라고 부를 수 있는 이유는 이 움직임들이 모든 행동에 적용될 수 있기 때문이다. 이 움직임들은 직립에 필요한 신체의 내적인 지지와 관계된다. 그런 점에서, 6가지 기초 움직임은 중심 잡기Centering와도 관계된다. 이것은 균형을 유지하기 위해서 움직일 때조차도 힘의 근원에 연결될 수 있음을 의미한다"(바르테니에프, 1980, p. 20).

이 부분에서는 "6가지 기초 움직임"을 설명할 것이다. 때로는 내가 고안하거나 다른 사람들이 고안한 연습을 사용해서 필요한 부분들을 보충할 것이다. 각각의 움직임들은 바르테니에프 기초 원리BF에 내재되어 있는 움직임의 기본 원리들을 강화해줄 것이다.

6가지 기초 움직임

1. 허벅지 들어 올리기
2. 골반 앞으로 이동하기
3. 골반 옆으로 이동하기
4. 몸의 반쪽 움직이기
5. 대각선으로 무릎 내리기
6. 팔 돌리기/일어나 앉기

바르테니에프 기초 원리BF에 포함된 움직임의 기본 원리들은 앞서 **나선형 움직임의 기본 원리** 부분에서 언급했다. 탐험을 직접 해보는 과정에서, 움직임의 기본 원리들을 스스로 발견하고 인식해보자.

바르테니에프 기초 원리BF: 허벅지 들어 올리기

허벅지 들어 올리기는 누워서 무릎을 세우고 발을 바닥에 편하게 내려놓은 상태에서, 굽힌 다리를 들어 올리는 단순한 움직임이다. 이 움직임은 장요근과 관계된다. 장요근은 몸속 깊숙한 곳에 자리한 자세를 지탱하는 근육이며, 엉덩이 굴근 중에서 가장 강하다. 장요근은 요추의 앞부분과 연결되어 있으며 앞쪽으로 깊숙이 고관절을 지나서 대퇴골의 맨 윗부분과 앞부분에 연결된다. 장요근은 이렇게 상체와 하체, 몸의 앞부분과 뒷부분을 연결해준다. 또한 이동하기 위해서 필요한 중심부의 안정성을 크게 확보해주며, 엉덩이가 다양한 방향으로 움직일 수 있게 도와준다.

개인적인 의견으로는, 배우들이 중심부의 운동감각이 발달되어 있을 때 발성과 인물구축과 관련해서 더 구체적으로 신체를 경험을 할 수 있다고 생각한다. 그러면 3차원적인 호흡과 낮은 소리 공명을 개념적으로 아는 것이 아니라 본능적으로 경험할 수 있게 된다. 또한 배우가 신체 감각을 기억하고 있으면 인물의 신체 중심이 어디인지 직관적으로 알 수 있다. 단전을 예로 들 수 있다.

허벅지 들어 올리기 움직임을 보조하는 힘은 장요근이 있는 중심부 깊은 곳에서 시작해서 바깥쪽으로 흘러간다. 허벅지를 들어 올리는 과정에 대퇴사두근도 사용된다. 대퇴사두근은 시작점은 아니며, 진행을 도울 뿐이다. 근육 조직에 불필요한 긴장이 생기면 이러한 진행이 방해받을 수 있다. 그런 경우에는 앞서 경험했던 긴장 이완 연습을 다시 해보고 **허벅지 들어 올리기**로 돌아오자.

동영상 2. 허벅지 들어 올리기
http://vimeo.com/channels/thelabanworkbook/199996287

탐험 1: 허벅지 들어 올리기

허벅지 들어 올리기를 진행할 때, 진행 과정을 구간별로 이름을 붙여두면 유용하다. 각 구간이 완전히 분리된다기보다는 겹치거나 맞물리기도 하지만, 이름을 붙였을 때의 장점이 있다. 먼저, 전체 구간을 구분함으로써 복합적인 움직임을 단순하게 설명할 수 있게 된다. 또한, 구간별로 연습한 다음에 전체 과정을 합쳐볼 수 있다.

1. *출발* – 바닥에 누워서 무릎을 세우고 발을 편하게 둔다.
2. *호흡* – 코로 숨을 들이쉰다. 편안하게 몸속에 숨이 차오르게 한다.
3. *이완* – 입으로 숨을 내쉰다. 천천히 한숨을 쉬는 것처럼 숨을 뱉어서 완전히 이완해본다. 그러면 가슴이 유연해져서 바닥 쪽으로 내려간다.
4. *움푹 늘어감* – 이완의 과성은 목무에서 이어진다. 숨을 내쉬면 횡격막이 올라가고 배의 아랫부분이 바닥 쪽으로 내려가고, 복부가 움푹 들어가는 것이 느껴진다.
5. *길어짐* – 숨을 완전히 다 내쉬면 배가 움푹 들어가고, 장요근이 길어지면서 척추가 길어진다. 허리 근육이 이완되고 길어지면, 천골이

바닥 쪽으로 이완되어 내려가고, 꼬리뼈 끝이 살짝 올라간다. 길어짐은 머리 방향으로도 진행되지만, 여기서는 발 방향으로 진행되는 것에 집중해보자.

6. *들어 올림 시작* — 요근(허리 양쪽의 근육)이 다리를 들어 올리기 시작하고, 그런 다음 대퇴사두근도 같이 다리를 들어 올린다. 무릎은 굽힌 상태를 유지하고, 발은 위쪽으로 포물선을 그리면서 움직인다. 종아리가 바닥과 평행을 이룰 때 숨을 들이마시자.

7. *다리 내림* — 숨을 내쉬면서 척추를 길게 이완하고 천천히 다리를 내린다.

8. *손으로 강화하기* — 같은 과정을 반복하는데, 이번에는 두 손으로 진행 경로를 따라 가보자. 두 손을 가슴에 올린 상태로 시작해서 숨을 내쉬고 가슴이 유연해지면 손을 움직여서 갈비뼈를 지나 배 쪽으로 미끄러지게 한다. 배가 움푹해질 때, 양손이 계속해서 고관절의 패인 홈까지 미끄러져 내려간다. 끝으로 허리의 양쪽에 있는 요근의 움직임을 따라서 이동해본다.

이와 같이 손을 사용해서 **허벅지 들어 올리기** 움직임을 따라 가보면 순서를 익히는 데 도움이 된다. 손을 몸에 대고 *호흡—이완—움푹 들어감—길어짐—들어 올림 시작*을 순서대로 따라서 연습하면, 기계적 감각 수용기 mechanoreceptor를 자극하게 된다. 기계적 감각 수용기는 특정 신체부위의 감각을 신호로 만들어서 뇌로 보내는 역할을 한다. 뇌는 입력된 신호를 바탕으로 일종의 가상 신체라고 할 수 있는 신체 지도를 만든다. 따라서 기계적 감각 수용기를 자극할수록, 신체 지도는 더욱 구체화되고, 몸을 더욱 효율적으로 움직일 수 있게 된다.

바르테니에프 기초 원리BF: 골반 앞으로 이동하기

골반 앞으로 이동하기는 바닥에 누운 상태에서 진행된다. 이 움직임은 공간의 측면에서 보면 골반이 위로 움직인다고도 볼 수 있지만, 몸을 기준으로 보면 앞으로 움직이는 것이기 때문에 **앞으로 이동하기**라고 한다.

(캐시에로, 1998, p. 114)

호흡-이완-움푹 들어감-길어짐-들어 올림 시작의 *진행과정으로 움직여보자.*

1. *출발* – 바닥에 누워서 무릎을 세우고 발을 바닥에 편하게 둔다.

2. *호흡* – 코로 숨을 들이쉰다. 편안하게 몸속에 숨이 차오르게 한다.

3. *이완* – 입으로 숨을 내쉰다. 편안하게 한숨을 쉬듯이 천천히 숨을 내뱉어서 가슴을 완전히 이완되게 한다. 그러면 가슴이 유연해져서 바닥 쪽으로 내려간다.

4. *길어짐* – 숨을 완전히 다 내뱉고 나면 배가 움푹 들어가고, 장요근이 길어지면서 척추가 길어진다. 척추를 따라서 위아래로 길어짐이 진행되는 것이 느껴진다. 허리 근육이 이완되고 길어지면, 천골이 바닥 쪽으로 이완되어 내려가고, 꼬리뼈 끝이 살짝 올라간다.

5. *들어 올림 시작* – 숨을 내쉬면서 두 발로 단단히 지면을 누르고, 장요근이 길어지고, 꼬리뼈 끝이 살짝 위로 올라가는 움직임에 연결해서 골반을 들어 올린다.

6. 어깨와 무릎이 일직선이 될 때까지 골반을 들어 올리고 무게 중심을

앞으로 이동시킨다. 이때, 머리-꼬리뼈 연결과 좌골-발뒤꿈치의 연결이 사용된다. 두 발은 그라운딩 된 상태로 무게를 지지한다.

7. 골반을 들어 올린 자세에서, 편하게 호흡한다. 근육에 불필요한 긴장이 들어가 있다면 호흡을 보내서 풀어보자.

8. 고관절을 집중적으로 깊게 누르면서 골반을 내려놓는다.

9. 전체 진행 과정을 5번 반복해보자.

응용 탐험: C 곡선으로 웅크리기

아서 레삭Arthur Lessac의 **C 곡선으로 웅크리기** 움직임에는 **골반 앞으로 이동하기**가 포함된다. 서서 시작하는 움직임이지만 **골반 앞으로 이동하기**에서와 동일한 움직임 원리들이 다수 사용된다.

동영상 3. C 곡선으로 웅크리기
https://vimeo.com/channels/thelabanworkbook/199987680

탐험 1: 일어선 상태에서 웅크리기

1. *호흡−이완−움푹 들어감−길어짐−시작*의 진행과정으로 움직여보자.

2. 서 있는 자세에서 양팔을 옆으로 벌리고, 발은 적당히 벌려서 균형을 잡는다. 코로 숨을 들이쉰다.

3. 움직이는 동안에 계속해서 *입으로 숨을 내쉰다.*

4. 내려가기 *시작할* 때, 꼬리뼈를 살짝 앞으로 기울이고, 꼬리뼈를 따라서 골반을 앞으로/아래로 움직여서 웅크린 자세를 만든다. 척추 전체

가 연속적 진행 과정Successive Sequence으로 곡선 모양으로 움직이고, 가장 아래에 내려갔을 때 **C 곡선**이 된다(레삭, 1978, p. 176). 척추 는 곡선 형태이지만, 꼬리뼈부터 머리까지 민감하게 정렬되어 있다. 두 발이 다 바닥에 닿는 것이 이상적이다. 하지만 사람들의 몸은 전 부 다르기 때문에 어떤 사람들은 발 앞꿈치만 닿을 수도 있다.

5. 호흡을 내보내면 몸속에 공간이 더 많이 생겨서 몸의 모양이 바뀌게 되고, 몸을 더 잘 웅크릴 수 있게 된다. 이때, 고관절을 유연하고 깊 게 움직이는 것이 중요하다.

탐험 2: 웅크린 상태에서 일어서기

1. 일어서기 위해서 먼저 숨을 들이쉬고, 호흡이 꼬리뼈에서 출발해서 척추의 앞쪽을 따라서 올라간다고 상상해보자. 시작과 동시에 발과 다리로는 땅을 누르고, 몸속 깊숙한 곳에 자리한 근육들을 사용해서 몸을 지탱해보자. 발, 다리, 근육들을 전체적으로 사용해서 몸을 들 어 올린다. 몸은 C 곡선 형태로 시작해서 일어서면서 점차 펴지게 된다.

2. 웅크리기와 일어서기의 진행 과정을 5번 반복하자.

3. 공간을 걸어보고 자신의 걸음, 리듬, 인식에 어떠한 변화가 생겼는지 발견해보자.

탐험 3: 일어선 상태에서 웅크리기 - 팔 움직임 더하기

1. 움직이기 전에, 양쪽 팔꿈치를 옆구리에 대고 손바닥을 위로 하고 두

팔을 직각으로 굽힌다.

2. 숨을 들이쉴 때, 팔꿈치를 뒤로 쭉 잡아당겨서 손이 갈비뼈에 가까워지게 한다.

3. 숨을 내쉴 때, 팔을 앞쪽으로/아래쪽으로 출발해서 곡선을 그리며 손을 들어 올리자. 이 동작은 꼬리뼈가 아래로/앞으로 움직이는 동작과 동시에 진행된다. 두 팔은 꼬리뼈와 비슷한 곡선 경로를 따라서 움직이며, 마지막에 C자 모양이 된다.

4. 웅크린 자세에 도착하면, 몸이 C자 모양의 곡선이 된다. 척추는 머리에서 꼬리뼈까지 구부러진다. 척추가 그리는 전체적인 곡선에 머리/목 부분도 포함되므로, 이 부분이 따로 젖혀지지 않게 주의한다.

탐험 4: 웅크린 상태에서 일어서기—팔 움직임 더하기

1. 숨을 *내쉬면서* 팔꿈치를 뒤로 잡아당겨 보자.

2. 일어서기 위해서 먼저 숨을 *들이쉬고*, 호흡이 *꼬리뼈*에서 출발해서 척추의 앞쪽을 따라서 올라간다고 상상해보자.

3. 이와 동시에 발과 다리로 땅을 누르면서 신체를 지탱하는 깊은 근육을 사용한다. 몸의 모양은 **C 곡선** 형태로 시작해서 일어서면서 점차 펴지게 된다.

4. 숨을 *들이쉬면서* 양손을 배꼽 주변에 모으고, 위로 차오르는 숨에 따라서 두 손도 몸의 중심선을 따라 위로 이동하게 한다. 양손이 맨 위에 도착하면 고래가 물을 뿜듯이 머리 위로 포물선을 그렸다가 옆으로 떨어지게 한다.

5. 공간을 걸어보고 자신의 걸음, 리듬, 인식에 어떤 변화가 생겼는지 발견해보자.

탐험 5: 일어선 상태에서 허벅지 들어 올리기

1. 바닥에서 하는 **허벅지 들어 올리기**를 양쪽 다리에 5번씩 반복해보자. 호흡―이완―움푹 들어감―길어짐―시작의 진행과정으로 움직여보자.

2. 일어서서 두 발을 살짝 벌려보자. 한쪽 무릎을 들어 올리고 반대쪽 다리로 균형을 잡아보자. 반대로 해보자. 미묘한 *무게 이동*을 인식해 보자.

3. 이제 일어선 상태에서 **허벅지 들어 올리기**를 해보자. 이 움직임은 중력을 잘 다뤄야 하기 때문에 진행 과정이 특히 중요한 역할을 한다.

4. 움푹 들어가는 움직임을 통해 호흡하면서 내려가고, 웅크리기를 시작할 때처럼 꼬리뼈를 앞으로 내밀면서 시작한다. 여기에 연결해서 무릎을 들어 올리고, 몸통을 앞으로 조금 움직여서 살짝 C 곡선이 되게 한다. 천천히 다리를 내리면서 척추를 바로 세우고 길어지게 한다.

5. 좌우로 3번씩 반복하자. 일어선 상태에서 허벅지를 들어 올리면 골반이 옆으로 미묘하게 이동하는 것을 주목해보자. 그 이유는 다음 바르테니에프 기초 원리BF에서 이야기해보자!!

바르테니에프 기초 원리BF: 골반 옆으로 이동하기

이 바르테니에프 기초 원리BF는 바닥에 누워있는 상태에서 골반을 좌우

옆으로만 이동하는 움직임이다. 이 움직임의 목적은 골반 기저근을 사용하는 것이다. 이 움직임은 앞 방향 무게 이동, 걷기, 허벅지 회전에 사용된다. 또한 안정적인 이동과 방향 전환을 위해서 사용되기도 한다. 뿐만 아니라 이 움직임은 중심부 지지를 강화해주기 때문에 표면에 있는 근육을 덜 쓰게 되고, 결과적으로 긴장이 완화된다. 다시 말해, 더 자유롭게 호흡하고, 더 자유롭게 움직이고, 더 자유롭게 소리 낼 수 있게 된다.

탐험 1: 골반 들어 올려서 이동하기

1. 출발 – 바닥에 누워서 무릎을 세우고 발을 편하게 둔다.

2. 호흡 – 숨을 들이쉬면서 편안하게 몸속에 숨이 차오르게 한다.

3. *이완, 움푹 들어감, 길어짐* – 숨을 내쉬면서 몸을 완전히 이완한다. 움푹 들어가는 움직임과 길어지는 움직임이 가슴에 이어서 배 부분까지 순차적으로 진행되게 하다.

4. 들어 올림 *시작* – 꼬리뼈 끝부분을 살짝 올린 다음 이어서 골반을 들어 올린다. 이때, 두 발로 바닥을 밀어준다.

5. 골반을 오른쪽으로 직선으로 *이동한다.* 대퇴골 윗부분에 튀어나온 부분이 먼저 움직인다. 이동하는 동안 골반의 높이를 일정하게 유지한다. 골반을 내려놓는다.

6. 앞의 진행 과정을 반복해서 꼬리뼈에서 *시작해서* 골반을 들어 올린다. 골반을 다시 가운데로 *이동하는데,* 이때 큰 엉덩이뼈를 먼저 움직인다. 그런 다음 골반을 바닥에 내려놓는다.

7. 반대쪽으로도 해본다.

8. 골반을 들어 올려서 오른쪽으로 이동한 다음 내려놓는다. 골반을 다시 들어 올려서 가운데로 돌아와서 내려놓는다. 골반을 들어 올려서 왼쪽으로 이동해서 내려놓는다. 다시 골반을 들어 올려서 가운데로 돌아와서 내려놓는다. 5번 정도 반복해보자.

바르테니에프 기초 원리BF:
몸의 반쪽 움직이기―같은 측면homo-lateral 움직임

몸의 반쪽 움직이기는 몸 가운데를 중심선으로 설정하고, 몸의 좌우 측면을 따로 움직이는 것이다. 이를테면, 오른쪽 몸통과 오른쪽 팔다리가 같이 움직이는 것을 예로 들 수 있다(같은 측면 움직임). 이 움직임은 보통 팔꿈치와 무릎에서 시작된다(*몸 중간 부위 시작*). 이 움직임을 변형한 *몸 중심부*에서 *시작*하는 탐험(탐험 2)을 제시해두었다. 두 가지를 해보면서 몸의 *중심부 시작*과 몸의 *중간 부위 시작*의 차이점을 경험할 수 있게 될 것이다.

*호흡 지지와 머리-꼬리 연결, 발뒤꿈치-엉덩이뼈 연결, 어깨뼈(견갑골)-손 연결*을 인식해보자.

탐험 1: 몸의 반쪽 움직이기―몸 중간 부위 시작

1. 바닥에 등을 대고 누워서 팔다리로 X자 모양 자세를 만든다. 진행 과정에서 몸을 최대한 평평한 상태로 유지한다.

2. *숨을 내쉬면서* 동시에 오른쪽 팔꿈치와 무릎(*몸 중간 부위 시작*)을 바닥을 지나 허리 중간 높이까지 같이 끌어당긴다. 그러면 척추(*머리

-*꼬리 연결*)가 오른쪽으로 구부러지고, 오른쪽 공간이 좁아질 것이다. 머리도 같은 방향으로 굴러가게 하자.

3. 몸의 오른쪽 절반이 움직일 때, 왼쪽 절반은 바닥에 고정되어 있게 한다. 다시 말해, 오른쪽이 *이동성*을 갖고 있는 동안 왼쪽은 *안정성*을 갖고 *그라운딩* 되어 있어야 한다는 것이다. 만약에 왼쪽 엉덩이가 바닥에서 떨어진다면, 오른쪽 팔꿈치와 무릎이 덜 가까워지게 해보자.

4. *숨을 들이쉬면서* 동시에 *몸 중간 부위*에서 움직임을 *시작*해서 팔다리를 뻗어서 원래대로 X자 모양 자세로 돌아온다. 호흡은 몸통의 모양을 변화시키고 움직임을 도와준다.

5. 오른쪽과 왼쪽을 5번씩 반복하자.

탐험 2: 몸의 반쪽 움직이기 변형-몸 중심부 시작

1. 바닥에 누워서 팔다리로 X자 모양 자세를 만든다. 진행 과정에서 몸을 최대한 평평한 상태로 유지한다.

2. *숨을 내쉴 때*, *중심부*에서 *시작*해서, 갈비뼈와 오른쪽 고관절의 윗부분을 끌어당겨서 오른쪽 옆구리로 가져간다.

3. 그렇게 되면 척추가 오른쪽으로 구부러지고, 팔꿈치와 무릎이 가까워진다. 동작이 완성될 때까지 팔다리를 계속해서 움직여보자.

4. 몸의 오른쪽 절반이 움직일 때, 왼쪽 절반은 바닥에 고정시킨다. 다시 말해, 오른쪽이 *이동성*을 갖고 있는 동안 왼쪽은 *안정성*을 갖고 *그라운딩* 되어 *있어야 한다.*

5. 숨을 들이쉬면서 몸통 오른쪽에 숨이 충분히 차오르게 하고, 갈비뼈와 엉덩이뼈의 튀어나온 부분 사이의 공간을 열어주자. 이러한 과정을 거쳐 다시 X자 모양 자세로 돌아오자.

6. 오른쪽과 왼쪽을 5번씩 반복하자.

탐험 3: 태아 자세로 웅크리기

앞선 2개의 탐험으로 몸의 반쪽 움직이기를 경험해 보았다. 여기서는 움직임을 더 확장해보고, 몸의 반대쪽도 같이 사용하고, 상체/하체를 연결해서 태아 자세 웅크리기를 할 것이다. 등을 대고 누워서 팔다리를 벌려서 X자 모양 자세로 시작해보자.

- 자신이 마치 레오나르도 다빈치의 "비트루비우스적 인간"처럼 원 안에서 팔다리를 벌리고 있다고 상상해보자.

- 탐험 1을 반복해보자. 숨을 *내쉬면서* 오른쪽 팔꿈치와 무릎을 가까워지게 해서 몸의 왼쪽을 열고 오른쪽을 수축해보자. 몸의 한쪽이 수축되면, 반대쪽은 열린다.

- 왼손으로 오른쪽/위로 원을 그리면서 열려있는 왼쪽 몸통의 옆면을 최대한 늘려서 움직임을 확장시킨다. 왼발로는 오른쪽/아래로 원을 그리면서 움직인다. 왼손과 왼발이 계속 바닥에서 떨어지지 않게 주의하자.

- 몸통의 근육을 사용해서 상체/하체를 연결하려면, 팔이 쭉 펴져 있어야 하고, 다리 전체도 고관절에서부터 쭉 편 상태를 유지해야 한다. 그러기 위해서는 중심부에 힘과 안정성이 확보되어야 한다.

- 팔은 10시 방향, 발은 8시 방향을 가리킬 때까지 움직여서 몸이 태아 자세로 포개지게 해보자.

- 다시 몸을 펴기 위해서 숨을 들이쉬면 몸통이 변화한다. 팔다리가 쭉 펴지고, 몸통을 바로 하고, 바닥에 등이 닿을 때까지 왼손을 위로, 왼발은 아래로 미끄러지듯이 움직인다.

- 팔다리를 조정해서 다시 X자 모양 자세로 돌아온다.

- 양쪽 다 5번씩 반복하자.

- 이번에는 파트너와 함께 해보자. 파트너는 움직이는 사람이 제대로 된 형태와 경로를 인식할 수 있도록 손으로 안내해주자.

탐험 4: 책-몸의 양쪽 접기

이 탐험은 몸의 중심선을 더 명확하게 인식하는 데 도움이 된다. 이 탐험에 "책"이라고 이름 붙인 이유는 몸의 움직임이 실제로 책을 펼치고 덮는 것과 비슷하기 때문이다.

1. 오른쪽으로 웅크린 태아 자세에서 출발한다.

2. 자기 몸이 책이라고 상상해보자. 왼쪽 팔꿈치와 왼쪽 무릎이 같은 면에 있고, 오른쪽 팔꿈치와 오른쪽 무릎이 같은 면에 있다. 각 면이 책의 앞뒷면 표지라고 생각해보자.

3. 책의 표지를 펼치듯이 몸의 왼쪽 면을 열어보자. 책을 펼치는 움직임을 진행하기 위해서 등으로 몸을 지탱해야 하고, 오른쪽 팔꿈치와 오른쪽 무릎(표지 뒷면)이 바닥에서 점점 떨어지게 된다. 마지막 자세

는 등만 바닥에 닿아있고, 양쪽 팔과 다리가 V자 모양이 된다.

4. 이제 책의 표지를 덮어보자. 몸의 왼쪽 측면(팔꿈치/무릎)이 바닥으로 내려오고 몸의 오른쪽(팔꿈치/무릎)을 그 위로 포개어보자. 그러면 이번에는 왼쪽으로 웅크린 태아 자세가 된다.

5. 이 과정을 오른쪽 면을 사용해서 반대로 해보자.

6. 왼쪽/오른쪽을 5번씩 반복해보자.

7. 일어서서 자신의 신체를 인식해보자. 무언가를 고치려고 하지 말고 있는 그대로를 인식해보자. 걸어보고, 다시 자신의 느낌과 움직임을 인식해보자.

바르테니에프 기초 원리BF:
대각선으로 무릎 내리기 — 대측Contralateral 연결

대측 움직임은 몸의 중심선을 가로질러서 다리를 뻗을 때 일어나고, 3차원적인 움직임을 만들어 낸다. 이것은 몸의 대각선을 사용해서 움직임을 구성하는 방식이기도 하다. 이러한 교차는 발달단계에서 좌뇌와 우뇌 사이에서 일어나는 교차와 흡사하다. 둘 다 새로운 시각과 능력을 얻을 수 있게 해준다. 탐험 1은 앞에서 소개했던 "발뒤꿈치 흔들기"를 응용한 것이다. 탐험 2는 라반 자격승 과정에서 자수 사용되는 연습 방식이다. 이 탐험들은 대각선 움직임과 대측 움직임을 효과적으로 경험하게 해줄 것이다.

준비 탐험 1: 대각선으로 발뒤꿈치 흔들기

대각선으로 발뒤꿈치 흔들기는 몸의 *대각선*을 사용한 소매틱 경험을 하게 해준다. 이것은 호흡 *지지, 그라운딩, 움직임의 진행 과정, 골격 간의 연결*과 관계되며, 몸의 대각선 부분에 자리한 습관적인 근육 패턴을 파악하게 해준다.

1. 워밍업으로, 파트너와 함께 긴장 완화하기 부분의 **발뒤꿈치 흔들기**를 다시 해보자. 의식적으로 들숨과 날숨을 사용해서 몸을 이완하고, 뒤꿈치 흔들기의 진행 과정을 따라 하면서 흔들림이 발뒤꿈치부터 머리까지 흘러가게 하자. **파트너 A**는 바닥에 눕고, **파트너 B**는 옆에서 보조한다.

2. 이제 **발뒤꿈치 흔들기**의 대각선 버전을 시작해보자.

3. **파트너 A**는 팔다리를 벌려서 X자 모양 자세를 만들자.

4. **파트너 B**는 **파트너 A**의 오른팔 끝에 앉아서, 오른팔부터 몸통을 지나 왼쪽 다리로 이어지는 대각선을 바라보자. **파트너 B**는 **파트너 A**의 몸이 최대한 대각선을 이룰 수 있게 팔과 다리를 조정해준다.

5. **파트너 B**는 자신의 오른손으로 **파트너 A**의 오른쪽 손목을 잡고 엄지와 검지를 사용해서 손목 주위를 팔찌처럼 감싼다. 왼손으로는 **파트너 A**의 오른팔 윗부분을 잡는다.

6. **파트너 B**는 잡고 있는 부위를 부드럽게 잡아당겨서 **파트너 A**가 오른쪽 손목부터 왼쪽 발까지 대각선을 이룰 수 있게 한다(**파트너 B**는 몸이 들리지 않게 주의하자). 쭉 펴진 자세를 20초 동안 유지하다가 풀어주자. 반복해보자.

7. **파트너 A**는 오른발만 사용해서 뒤꿈치 흔들기를 시작하는데, 흔들림이 오른발부터 왼손까지 대각선을 따라서 위로 진행되게 해보자. 잠시 쉬어보자.

8. **파트너 B**는 앞에서처럼 **파트너 A**의 오른쪽 손목을 잡고 **파트너 A**의 흔들기 타이밍에 맞춰서 골격이 흔들릴 수 있게 충분히 잡아당긴다. 부드럽게 잡아당겼다가 풀어주기를 반복한다.

9. 반대쪽도 해보자.

10. 파트너를 바꿔서 반복해보자.

탐험 2: 대각선으로 무릎 내리기

이 움직임은 *호흡, 시작점, 움직임의 진행 과정, 그라운딩, 십자형 구성*과 관계된다.

1. 등을 대고 누워서 무릎을 세우고 발을 바닥에 편하게 둔다. **대각선으로 발뒤꿈치 흔들기**와 마찬가지로, 바닥을 따라 왼팔을 미끄러지듯이 움직여서 X자 모양 자세의 팔모양이 되게 한다. 그러면 무릎부터 시작된 움직임이 대각선을 따라 순차적으로 진행될 것이다.

2. 숨을 내쉬면서 무릎이 오른쪽으로 내려가게 두자. *머리 끼리 연결(척추)*의 정렬을 유지한 상태로 몸통이 비틀리게 두자. 이 동작이 오른쪽 무릎부터 몸통을 지나 왼쪽 어깨까지 *순차적으로 진행*되게 하자. 머리도 왼쪽으로 굴러가게 하자.

3. 다리가 원래대로 돌아올 때는 허리 양쪽 근육을 사용하고, *중심 지지*와 호흡 *지지*를 사용한다. 빨대로 빨아들이는 것처럼 숨을 들이쉬어

보자. 몸통에 숨이 가득 차게 하자. 숨이 차오를수록 *꼬리뼈*가 바닥을 눌러서 다리가 제자리로 돌아오는 것을 상상해보자.

4. 오른쪽/왼쪽으로 각각 5번씩 반복해보자.

탐험 3: 응용 – 앉은 자세에서 무릎 내리기

앉은 자세에서 무릎 내리기를 통해서 몸의 대각선을 사용한 소매틱 경험을 해보자. 무릎부터 어깨까지 이어지는 *진행 과정*에서 상체와 하체가 반대로 비틀리게 되고, 호흡 *지지와 동적인 머리-꼬리(척추)* 연결을 사용한다.

1. 앉은 자세에서 양 무릎을 세우고 발을 바닥에 편하게 둔다.
2. 숨을 내쉬면서 양 무릎이 오른쪽으로 내려가게 두자. 몸통이 비틀릴 때도 *머리-꼬리(척추)* 연결이 정렬되게 하자. 이 움직임이 무릎, 몸통, 어깨, 머리 순으로 순차적으로 *진행*되게 해보자.
3. 이번에는 천골이 움직임의 *시작점*이 되고, 허리 양쪽 근육(요근)을 써서 무릎이 올라오게 한다. 몸통을 숨으로 가득 채우자. 숨이 차오르면 꼬리뼈가 바닥을 누르면서 다리가 올라오는 이미지를 그려보자. 무릎이 올라올 때, 고관절을 부드럽고 깊게 사용해보자.
4. 오른쪽/왼쪽으로 각각 5번 이상 반복해보자.
5. 변형 1: 소리 더하기

    5-1. 호흡을 깊게 들이마시고 고관절을 깊게 사용하면 깊이 있는 소매틱 경험을 할 수 있다. 그러면서 우리는 호흡과 소리를 깊은

원천에 연결시킬 수 있게 된다.

5-2. 무릎을 내린다. 빨대로 빨아들이듯이 숨을 마시면서 제자리로 돌아온다.

5-3. 무릎을 세워서 앉은 자세로 돌아오면 폐가 꽉 차게 될 것이다. 깊은 원천에서 소리를 내보자. 골반 바닥에서부터 "자기"라고 말해보자. "ㅈ"에 놓여 있는 혀의 긴장을 풀어주고 넓은 모음 "ㅏ"를 소리 내보자.

5-4. 오른쪽/왼쪽을 바꿔서 각각 3번씩 반복해보자.

5-5. 같은 자세로 "아", "이", "우", "오"와 같은 소리를 탐험해봐도 좋다. 좋은 발음과 공명을 위해서 모음의 모양을 정확하게 만들어 보자.

바르테니에프 기초 원리BF:
팔로 원 그리기와 팔로 원 그리면서 앉기

준비 탐험 1: 어깨뼈(견갑골)의 연결과 이완

가슴과 등의 긴장은 흔하게 일어나고, 호흡 지지, 움직임의 진행과정, 그리고 긍정부의 인강상에 영향을 준다. 이이시는 두 시시 팀임은 사늠 누위를 이완시켜서 좁히고 등을 열어서 어깨뼈(견갑골)를 움직이고, 인식을 강화하며, 몸통, 목, 그리고 어깨 관절의 긴장을 풀어준다. **팔로 원 그리기/팔로 원 그리면서 앉기**에는 앞에서 말한 모든 움직임 원리들이 사용된다. 이완된 몸은 인물의 내적인 삶을 표현할 때, 신체적으로나 음성적으로 더 풍부한 뉘앙스를 표현할 수 있는 보다 큰 잠재력을 갖는다.

1. 왼쪽 옆으로 누워보자. 두 팔을 어깨 높이로 나란히 뻗어서 몸통과 직각을 이루게 한다. 손바닥은 서로 마주 보게 한다. 안정성을 위해서 무릎은 태아 자세와 같이 굽혀서 끌어당기고, 허벅지는 서로 포갠다.

2. 팔꿈치는 펴고 오른팔을 멀리 뻗어보자. 오른 손목이 왼손 끝에 닿을 때까지 쭉 뻗어보자. 이번에는 오른팔을 반대로 움직여서 오른손 손끝이 왼손 손목에 닿게 해보자. (손 씻는 동작과 비슷하다고 생각하면 된다!)

3. 이 움직임을 반복해보자. 몇 분 동안 해보고, 다시 몸을 굴려서 바닥에 등을 대고 누워서 쉬어보자.

4. 같은 동작을 오른쪽으로 누워서 해보자. 잠시 쉬어보자.

5. 몸을 천천히 굴려서 무릎으로 일어서보자. 걸어보자. 자세를 바꾸거나 습관적으로 걷고 서지 않게 주의하자.

6. 호흡과 가슴, 고관절 등 달라진 부분이 있는지 인식해보자.

준비 탐험 2: 가슴과 갈비뼈 유연하게 만들기

이 탐험에서는 호흡이 중요하게 사용되고, 몸의 감각에 집중해볼 것이다. 이 움직임은 어깨뼈(견갑골), 어깨 관절, 척추, 골반을 이완해주고 이 부분들의 감각을 깨워준다. **팔로 원 그리면서 앉기**를 할 때 앞서 말한 모든 부분들이 유기적으로 사용된다.

1. 왼쪽부터 시작해보자. 자신이 시계라고 상상하고 두 팔이 3시를 가리키게 하자. **탐험 1**을 반복해보자.

2. 이제 오른팔을 5시 방향으로 내려보자. 팔을 쭉 뻗었다가 다시 살짝 수축해보자. 가슴이 유연해지고 갈비뼈는 내려가는 것을 느껴보자. 몇 분 동안 해보고, 몸을 굴려서 등을 대고 쉬어보자.

3. 다시 왼쪽으로 누워서 자세를 잡아보자. 오른팔이 8시를 가리킬 때까지 뒤로 움직이자. 팔을 쭉 뻗었다가 다시 살짝 수축해보자. 어깨가 앞뒤로 약간씩 돌아갈 것이다. 몸통이 넓어지는 것과 필요한 호흡의 양을 인식해보자. 몇 분 동안 해보고, 다시 돌아와서 등을 대고 누워서 쉬어보자.

4. 다시 왼쪽으로 누워서 자세를 잡아보자. 오른팔이 12시 방향을 가리킬 때까지 위로 움직여보자. 팔을 쭉 뻗어보고 다시 수축해보자.

5. 오른팔을 쭉 뻗으면 갈비뼈와 골반은 서로 멀어지고, 팔이 제자리로 돌아오면 다시 가까워진다(**몸의 반쪽 움직이기** 부분에서 이 동작을 해보았다. 탐험 2: **몸의 반쪽 움직이기**—몸 중심부 시작).

6. 몇 분 동안 해보고, 몸을 굴려서 바닥에 등을 대고 쉬어보자.

7. 다시 왼쪽으로 누워서 자세를 잡아보자. 3시, 5시, 8시, 12시 방향 순으로 세 번씩 반복해보자.

8. 위의 4가지 자세로 팔을 쭉 뻗었다가 수축해보자.

바르테니에프 기초 원리BF:
팔로 원 그리기와 팔로 원 그리면서 앉기

동영상 4. 팔로 원 그리기와 팔로 원 그리면서 앉기
https://vimeo.com/channels/thelabanworkbook/199987606

탐험 1: 팔로 원 그리기

1. 등을 대고 누워서 무릎을 세우고 바닥에 발을 편하게 둔 상태로 무릎을 들어 올린다.

2. 양 무릎을 왼쪽으로 내리면서 골반이 자연스럽게 따라오게 한다. 오른팔을 쭉 뻗어서 왼쪽 골반의 대각선 방향으로 사선을 만든다. 머리도 자연스럽게 오른쪽을 향한다.

3. 자신의 몸이 시계라고 상상해보자. 오른팔이 원을 그리면서 시계 방향으로 움직이게 해보자. 머리와 무릎 방향을 지나 원을 완성해보자.

4. 12시(정수리)를 지나서 6시(발 쪽)로 갈 때는 숨을 내쉬고, 6시를 지나서 12시로 갈 때는 숨을 들이쉬어 보자.

5. 시선은 원을 그리는 손을 따라간다. 시선은 나선형 움직임에서처럼 *공간적 의지Spatial Intent*를 가지고 몸을 *구성Organization*하고 동작을 진행시키는 것을 도울 것이다. *시선*으로 손을 따라가면 머리와 척추가 따라서 움직이고, 팔이 3시를 지나서 9시로 갈 때는 머리가 살짝 들리면서, 중심을 잡아준다. 양쪽 어깨는 바닥에서 살짝 떨어지게 된다.

6. **준비 탐험 2**에서 경험했던 것처럼, 팔이 12시에서 6시로 이동할 때는 몸통이 좁아지면서 가라앉고, 6시에서 12시로 이동할 때는 몸통이 넓어지고 길어지는 것을 느껴보자.

7. 5번 반복하자. 잠시 쉬어보자.

탐험 2: 팔 돌리면서 앉기

1. 다시 오른손으로 시작해보자. 팔로 원을 3번 그려보자. 시선으로 손

을 따라가 보자. 팔이 머리 위에 오면 숨을 내쉬면서 4번째 원을 그려보자. 척추를 길게 유지하면서 팔을 왼쪽으로 최대한 쭉 뻗어보자. 팔은 쭉 뻗어야 올라올 수 있다.

2. 팔로 원을 그리면서 계속해서 팔을 바깥쪽으로 쭉 뻗어보자. 시선으로 팔을 따라가면 머리와 몸통이 따라온다. 5시 방향에서 몸통이 무릎을 지나고 원이 살짝 올라가면서 *나선형*이 된다. 이제 숨을 들이쉬고 가슴에 숨을 충분히 채워서 올라오는 움직임에 도움을 받아보자.

3. 6시에서 7시 방향으로 계속 올라가는 동안 오른쪽 다리가 살짝 펴지면서 오른쪽으로 이동한다.

4. 9시 방향으로 갈 때, 시선이 계속해서 손을 따라가면서 몸통이 올라가기 시작한다. 이때 앉은 자세에 이르게 될 것이다.

5. 동작들이 하나씩 효과적으로 이뤄지면, 앉은 자세에 "도착했다"는 느낌이 들 것이다.

6. 왼손으로 반복하기: **탐험 1, 2**를 왼손으로 해보자. 이번에는 무릎을 오른쪽을 내리고 왼팔로 원을 그려보자.

7. 주목해보자!: **팔로 원을 그리면서 앉기**를 계속 진행하면 **올라가는 나선형 움직임**으로 연결된다. 또, **내려오는 나선형 움직임**은 바닥에서 하는 **팔로 원 그리기**로 연결될 수도 있다.

탐험 3: 반대로 하기

1. 다시 등을 대고 누워보자. 오른손이 바깥쪽으로 나선형을 그리면서 왼쪽 아래로 내려갔다가 다시 시작점으로 돌아올 때까지 시선으로

따라가 보자.

2. 나선형으로 매끄럽게 잘 움직이고 몸통이 바닥에 툭 떨어지지 않기 위해서는 (그러면 아플 테니 조심!) 바깥쪽으로 팔을 쭉 뻗어야 한다. 팔을 쭉 뻗으면 몸통이 접히고 지면에 가까워지면서 왼쪽 어깨가 바닥 위로 구를 수 있게 된다(이러면 안 아플 것이다!).

팔로 원 그리면서 앉기에 사용된 움직임의 기본 원리 찾아보기

팔로 원 그리면서 앉기가 작동하는 원리를 탐구해보자. 당신이 이 장에서 계속해서 접했던 바르테니에프 기초 원리BF들과 움직임의 기본 원리들이 **팔로 원 그리면서 앉기**에 어떻게 사용되는지 파악해보자. 자신이 직접 몸으로 경험했던 움직임의 원리들이나 다른 사람들의 움직임에서 관찰했던 원리들을 떠올려보면 각각의 원리를 구별할 수 있을 것이다. 앞서 이 장의 시작 부분에서 **나선형 움직임**에 적용된 움직임의 기본 원리를 찾는 과정을 소개했었다. 같은 과정을 사용해서, 이제부터는 당신이 직접 찾아보자.

움직임의 기본 원리들

- **호흡 지지**Breath support
- **시작점**Initiation

  ―중심부Core   ―중간 부위Mid-limb   ―말단부Distal

- **움직임 진행과정**Sequencing

  −연속적Successive   −동시적Simultaneous

- **동적인 신체 정렬/연관성**Dynamic alignment/connections

  −머리-꼬리뼈Head-tail

  −어깨뼈(견갑골)-손Scapular-hand

  −엉덩이뼈-뒤꿈치Sit bones-heel

- **몸의 구성**Body organization

  −상체/하체Upper/Lower

  −몸의 양쪽/반쪽Bilateral/Body Half

  −십자형/대각선Contralateral/Diagonal

- **그라운딩**Grounding

- **무게 이동**Weight Shifts

- **공간적 의지**Spatial Intent

마지막 놀이: 나선형을 타고 여행하기!

나선형 움직임으로 돌아가서 한 번 더 반복해보자. 나선형을 따라 내려가고 올라오는 움직임에 적용된 각각의 원리들을 인식해보자. 나선형 움직임을 처음 했을 때와 지금을 비교했을 때 달라진 점이 있다면 거기에 주목해보자. 새로운 발견을 일지에 구체적으로 적거나, 동료들과 이야기해보자.

움직임의 기본 원리들을 사용한 인물의 신체적 특징 만들기

탐험 1: 인물의 신체적 특징 만들기

1. 위에 나열한 움직임의 기본 원리들을 사용해서 신체적인 특징을 만들어 보자. 필요하다면 앞서 나선형 움직임 부분에 정리해둔 움직임의 기본 원리들의 정의를 찾아보자.

   - 중심부 시작점/ 강한 호흡 지지/ 상체 및 하체 신체 구성
   - 말단부 시작점(손)/ 무게 이동이 많음/ 약한 그라운딩
   - 십자형 신체 구성/ 연속적인 움직임 진행 과정/ 동적인 자세
   - 양쪽 신체 구성/ 동시적인 움직임 진행 과정/ 중간 부위 시작점 (팔꿈치, 무릎)
   - 머리-꼬리뼈의 연결이 망가지고(머리가 앞쪽으로 나와 있고), 상체로만 표현함.

2. 위의 선택에 기반해서 인물을 불러와 보자. 움직임 원리들을 하나씩 탐험해보고, 각각의 신체적 특성이 자신의 몸속에서 무엇을 발생시키는지 인식해보자.

3. 이제는 개념/원리들을 통합해보고, 이러한 변화가 인물의 리듬, 속도, 사고방식, 선택에 어떤 변화를 가져오는지 관찰해보자. 시너지가 발생하는가? 모양이나 리듬이 강화되는가? 나이와 인생관을 제시해주는가? 특별히 자극받는 기분이나 정서가 있는가? 특정한 사람이나 장소, 사건이 떠오르는가?

4. 처음, 중간, 끝이 있는 행동을 골라보자. 이를테면 공간의 반대편으

로 걸어가서 앉는 것일 수도 있다. 선택한 신체적인 특징을 가진 인물이 되어서 이 행동을 해보자. 같은 인물로 두 가지 행동을 더 정해서 해보자.

5. 그 인물이 세상을 어떻게 바라보고, 세상과 어떤 방식으로 관계하는지에 대해서 무엇을 발견했는가? 인물의 신체적 특성에서 어떤 "세계관"이 만들어지는가?

탐험 2: 인물의 신체적 특징을 가지고 즉흥 하기

계속해서 탐험 1에서 만든 인물로 움직여보자.

1. 3~5인 그룹을 만들어보자. 그룹마다 아래에 설명한 상황 중 하나를 골라보자.

   - 세 사람이 강아지와 산책을 한다. 강아지, 목줄, 사람들이 뒤엉킨다.

   - 다섯 사람이 비를 피하기 위해서 공간에 있는 사물들을 자유롭게 사용해서 피신처를 만든다.

   - 두 사람이 무덤을 판다.

   - 세 사람이 은행 강도가 되어서 은행을 털 계획을 세운다.

   - 필요한 만큼 상황을 더 만들어보자.

   다른 인물들과 소통할 때 자신의 인물이 가진 신체적 특성의 본질을 유지하도록 노력하자. 이 탐험의 핵심은 그 인물의 세계관을 가지고 반응하는 것이다. 인물의 세계관은 당신이 움직임 원리들과 개념을 탐험하는 과정에서 발전되어 왔다.

2. 인물의 신체적 특성이 다른 인물들과 관계 맺는 방식에 어떻게 영향을 주는가? 즉흥으로 다른 인물들과 교류할 때 자신의 인물이 어떤 움직임을 선호하는지 발견했는가?

탐험 3: 장면에 적용하기

1. 파트너를 한 명 정해서 다음에 나오는 장면 중 하나를 선택해보자.

2. 앞의 탐험들을 통해 자신이 발전시켜온 인물이 되어서 해보자.

3. 장면을 연습하고 발표해보자.

4. 변형 1: 우리가 잘 알고 있는 인물을 한 명 골라보자(대통령, 영화배우 등). 그 인물이 자주 사용하는 움직임의 기본 개념/원리를 발견해보자. 이 인물에게서 찾아낸 움직임의 기본 원리를 가지고 새로운 인물을 만들어보자.

5. 변형 2: 동료들 중 한 명을 골라보자. 그 사람이 자주 사용하는 움직임의 기본 개념/원리를 며칠 동안 연구하고 연습해보자. 그 사람이 되어서 다음 장면을 발표해보자.

장면

장면 1	장면 2
A. 안녕.	A. 또?
B. 안녕.	B. 응.
A. 오래 기다렸어?	A. 왜?
B. 아니, 별로.	B. 거기가 그리워.
A. 늦어서 미안해.	A. 또 시작이네.

B. 괜찮아. A. 정말? B. 그럼. 가자. A. 그래.	B. 나도 내가 이럴 줄 몰랐어. A. 그래? B. 꿈에서 봤어. A. 꿈은 아무 의미 없어. B. 이건 의미 있어.
장면 3 A. 내가 도와줄게. B. 괜찮아. A. 도와준다니까. B. 필요 없어. A. 이거 가져 갈게. B. 안 돼. 저건 안 돼. A. 왜 안 돼? B. 이거는 하나밖에 없어. A. 알았어. B. 고마워.	**장면 3A (변형)** A. 내가 도와줄게. B. 괜찮아. A. 도와준다니까. B. 내가 괜찮다고 했잖아. A. 나한테 이렇게까지 할 거야? B. 꺼지라고. A. 그렇게 못하겠는데. B. 경고하는 거야. A. 그러지마. 제발 … B. 내가 말했지 … 이제 늦었어.
장면 4 A. 들어가도 돼? B. 누구세요? A. 나야. B. 어 … 어 … 그렇구나. A. 그럼 또 누가 있겠어? B. 없지 … 잠시만. A. 다른 사람인 줄 알았어? B. 내가 왜 다른 사람이라고 생각했겠어? A. 그냥 좀 이상해보여서 … B. 나 의심해? A. 아니. 그냥 … 미안해.	**장면 4A (변형)** A. 들어가도 돼? B. 누구세요? A. 나야. B. 어 … 어 … 그렇구나. A. 그럼 또 누가 있겠어? B. 없지 … 잠시만. A. 다른 사람인 줄 알았어? B. 내가 왜 다른 사람이라고 생각했겠어? A. 그냥 좀 이상해보여서 … B. 내가 왜? A. 시간이 오래 걸렸잖아. B. 무슨 뜻이야? A. 뭔가 잘못된 것 같아. B. 나 의심해? A. 응 … 아니야. 미안해.

탐험 4: 독백에 적용하기

1. 자신이 좋아하는 짧은 독백을 발표해보자.

2. **탐험 1**에서 발전시킨 인물의 신체적 특징을 사용해서 같은 독백을 발표해보자.

3. 그렇게 했을 때 독백을 전달하는 방식이 어떻게 달라지는가? 세계관이 어떻게 변화되는가? 새로운 전략을 사용하게 되는가?

4. **탐험 3**에서 발전시킨 인물의 신체적 특징을 가지고 다른 독백을 발표해보자.

5. 이어지는 수업이나 연습에서는 움직임의 기본 원리들을 다른 방식으로 조합해서 새로운 인물을 창조해보자. 그런 다음 그 인물의 신체적 특징을 사용해서 독백을 발표해보자. 이렇게 실험해보면 대본 분석을 바탕으로 연기했을 때 했던 선택들을 점검해볼 수 있게 된다. 자신의 선택이 적합했는지 재확인하거나 새롭게 이해할 수도 있고, 확실히 잘못된 선택이 무엇인지도 발견할 수 있다.

이제부터는 마음껏 해보자

기본 움직임 원리들을 바르테니에프 기초 원리BF나 다른 연습들에 적용할 때, 움직임이 강화되고 이 원리들이 아주 유용하게 사용되는 것을 확인할 수 있다. 이 원리들을 재료로 사용하다 보면 시간이 거듭될수록 자신의 인식과 능력이 변화하는 것을 느끼게 될 것이다. 우리는 각자 예술가로서 무대 위에서와 삶에서 자신의 목적을 이루기 위해 조금씩 다른 방식으로 행동한다. 그러므로 원리들과 개념들, 탐험들을 자기만의 방식으로 자유롭게 받아들여서 자기 자신과 다른 사람이 잘 사용할 수 있도록 변형하고 발전시켜보자. 모든 것을 즐겨라! 파이팅!

정리

바르테니에프 기초 원리BF들은 무대 위에서 표현하는 모든 창작자들이 자신의 몸을 인식하고 존재감을 키우기 위한 도구로 사용할 수 있다. 이 원리들을 통해 인물 구축과 신체 행동에 있어서 새로운 기술, 더 많은 선택과 구체성, 분명함을 얻게 된다. 또한, 바르테니에프 기초 원리BF는 내적인 삶(인물의 심리)과 그것이 밖으로 표현하는 방식의 관계를 통찰하게 한다.

라반의 움직임 훈련과 바르테니에프 기초 원리BF는 배우 자신과 인물이 어떤 움직임을 선호하는지 인식하게 한다. 먼저, 배우들은 움직임의 기본 원리들과 용어를 자신에게 적용해봄으로써 자신의 움직임 습관이나 성향, 선호하는 움직임을 인식하는 법을 배운다. 우리는 모두 자신이 어떻게 살아왔고, 어떤 가치관을 갖고 있는가에 따라 습관적인 방식으로 자신을 표현한다. 특별히 의식하지 않아도 우리는 그렇게 행동한다. 그 모습 그대로가 바로 '그냥 우리'인 것이다.

바르테니에프 기초 원리BF를 가지고 작업했을 때 배우들은 효과적으로 자기 인식을 발전시킬 수 있게 된다. 바르테니에프 기초 원리BF를 적용하기 위해서는 호흡과 몸, 움직임에 대한 주의 집중이 필요하다. 내적으로 집중하게 되면서 자연히 신체 감각과 느낌이 강해진다. 의식의 에너지를 몸 안에 불어넣음으로써, 우리는 "구체화된다."

배우의 신체와 행위가 조화를 이룰 때, 배우는 자신이 *어떻게* 행동하는지 인식하고, 자신의 움직임 습관을 자각하게 된다. 그리고 *왜* 그런 방식으로 행동하고 움직이는지를 이해하게 되고, 그러면서 움직임과 관계된 자신의 가치관과 심리 과정을 이해하게 된다. 이러한 자기 인식은 자신의 심리와 그것이 신체적인 행동으로 어떻게 드러나는지에 대한 통찰력을 준다. 더욱 중요한 것은, 인물의 심리를 이해하게 되고 그것을 움직임으로 표현할 수 있게 된다.

바르테니에프 기초 원리BF는 배우가 어떤 움직임을 선호하는지를 알게 할 뿐만 아니라, 표현력을 깊고 넓게 확장시켜준다. 바르테니에프 기초 원리BF에도 사용되는 지각-운동 패턴들Perceptual-Motor Patterns[3]은 습관적인 생각과 정서적 패턴들과 관계되며, 여기에는 배우에게 불리하게 작용하는 습관도 포함된다. 리즈 쉬프먼Liz Shipman은 이렇게 말했다. "배우들이 실제 삶에서 경험하는 자신의 장점과 한계가 작품에 반영된다"(쉬프먼, 1985, p. 191). 바르테니에프 기초 원리BF와 같이 안으로부터 신체를 경험하게 하는 과정(소매틱 과정)은 긴장을 이완시키며, 새로운 움직임 패턴과 반응 방식을 안내해준다. 이것은 배우들이 제한적인 패턴을 벗어나게 해주며, 배우는 새롭게 감각하고, 느끼고, 행동할 수 있게 된다.

배우는 움직임과 표현의 가능성을 확장하기 위해서, 그리고 움직임을 설명하고 재현하는 구체적인 언어를 발전시키기 위해서 끊임없이 연구한다. 충분히 탐구했다면, 배우는 이제 선택할 수 있다. 자신에게 익숙하고 선호하는 움직임을 사용할지, 아니면 주어진 상황과 인물의 역사에 더 진실되다고 느껴지는 움직임을 찾아갈지. 어떤 쪽을 선택하든, 배우는 자신

---

3) 역주: 지각 정보와 운동 능력을 연합하는 능력

의 상상력과 희곡의 의도를 표현하기 위한 보다 많은 도구를 갖게 된 것이다.

배우에게든, 작가에게든, 다른 종류의 창작자에게도 상당히 좋은 토대가 될 것이라고 믿는다.

감사의 말

이렇게 멋진 예술가-교육자들과 함께 작업할 수 있게 나를 저자로 초대해주고, 이 장에 대해 아낌없이 조언해준 카탸 블룸에게 감사를 전한다. 힘든 시간에 도움을 준 바바라 아드리안, 많은 질문과 함께 유머를 전해준 클레어 포터, 중요한 예시들을 제공해준 제니퍼 미젠코에게 감사한다. 내가 속해있는 NW 그룹의 모든 사람들에게도 감사를 전한다. 그리고 누구보다도, 변함없는 지지를 보내준 아내 멜리스에게 감사하다고 말하고 싶다.

더 읽어볼 자료들

- Bartenieff, lrmgard, with Dori Lewis (1980). *Body Movement: Copying with the Environment*. New York: Gordon and Breach, Appendix B.
- Goldman, Elen (1994). *As Others See Us: Body Movement and the Art of Successful Communication*. Luassnne, Switzerland: Gordon and Breach.
- Goldman, Elen (1994). "Perceiving Movement," in *As Others See Us: Body Movement and the Art of Successful Communication*. Luassnne,

Switzerland: Gordon and Breach, 1-3.

- Goldman, Elen (1994). "Reflections," in *As Others See Us: Body Movement and the Art of Successful Communication*. Luassnne, Switzerland: Gordon and Breach, 169-70.

- Goldman, Elen (1994). "The Evolution of Our Movement," in *As Others See Us: Body Movement and the Art of Successful Communication*. Luassnne, Switzerland: Gordon and Breach, 127-9.

- Hodgson, John and Valerie Preston Dunlop (1990). *Rudolf Laban: An Introduction to his Work and Influence*. Plymouth: Norcote House Publishers Ltd.

- Hodgson, John and Valerie Preston Dunlop (1990). "His Approach to the Training the Actor," in *Rudolf Laban: An Introduction to his Work and Influence*. Plymouth: Norcote House Publishers Ltd, 39-43.

- Hodgson, John and Valerie Preston Dunlop (1990). "His Innovations in the Theatre," in *Rudolf Laban: An Introduction to his Work and Influence*. Plymouth: Norcote House Publishers Ltd, 25-30.

- Hodgson, John and Valerie Preston Dunlop (1990). "Laban's Ideas on Movement," in *Rudolf Laban: An Introduction to his Work and Influence*. Plymouth: Norcote House Publishers Ltd, 15-20.

- Laban, Rudolf (1980). *The Mastery of Movement*. London: Macdonald and Evans Ltd. 신상미 역(루돌프 폰 라반), 『동작분석과 표현』, 서울: 금광, 2013.

- Laban, Rudolf (1980). "Introduction," in *The Mastery of Movement*. London: Macdonald and Evans Ltd, 1-7.

- Laban, Rudolf (1980). "The Significance of Movement," in *The Mastery of Movement*. London: Macdonald and Evans Ltd, 88-93.

- Laban, Rudolf (1980). "The Study of Movement Expression," in *The Mastery of Movement*. London: Macdonald and Evans Ltd, 141-3.

Note

2

배역으로 들어가기

MOVING INTO CHARACTER

카탸 블룸Katya Bloom

하나의 신체 움직임이 인물의 완전한 정체성을 불러올 수도 있다.
— 로버트 드 니로, 『뉴욕 타임즈』(2012. 11. 18)

배우가 역할에 대한 작업을 할 때, 구체적이고 믿을 수 있으며 역동적인 몸을 가진—정말로 '살아있는' 인물은 어떻게 창조할 수 있을까? 몸과 정신은 따로 떼어 놓을 수 없으며, 몸이 항상 무언가를 말하고 있다는 사실을 생각해보면, 자신이 가진 최고의 창작 재료인 움직임에 집중해볼 필요가 있나.

연기는 배우에게 도전을 요구한다. 배우는 자신의 성향과 자신에게 익숙한 영역인 컴포트 존comfort zone에서 벗어나야 하는 순간들을 맞게 된다. 때로는 의식적으로 자신의 표현력을 확장해야 하며, 새로운 배역을 만날 때마다 지금까지와는 다른 새로운 방식으로 세상을 경험해야 한다.

이 장에서는 배우가 자신의 영역을 확장하는 과정을 도울 수 있는 라반 움직임 분석LMA의 다양한 방법들을 소개하려 한다. 라반 움직임 분석LMA은 신체와 심리, 상상의 영역을 동시에 탐험하고 표현할 수 있는 도구를 제시하며, 이 도구들은 배우들이 자신의 습관을 넘어서게 도와줄 것이다. 이로써 배우들은 늘 하던 대로 비슷한 인물을 연기하거나, 자기 복제적인 연기에서 벗어날 수 있게 된다.

움직임을 사용해서 배역을 탐구해보면, 당신은 그 인물이 가진 다층적인 존재 방식을 한 겹씩 이해하게 될 것이다. 또한 배역에 대한 완전히 새로운 관점을 얻게 될 것이며, 몸이 아닌 이성으로 접근했다면 절대로 생각해내지 못했을 다양한 가능성들을 발견하게 될 것이다. 몸을 사용하게 되면 인물 구축을 위한 선택들 또한 한층 더 깊고 구체적인 차원에서 이뤄진다.

배우가 자신의 몸과 움직임을 훨씬 더 예민하게 감각할 때 배우는 자신이 놓여 있는 시공간 속에서 '지금, 여기'에 존재할 수 있다. 어려운 장면들을 해결해주는 열쇠가 되어 주는 것도 바로 신체적인 접근법이다. ☺

루돌프 라반은 이 주제에 대해서 상당히 확고한 관점을 갖고 있었다.

대부분의 배우들은 관객들이 무의식적으로 움직임을 분석해서 그들의 연기를 받아들인다는 사실을 쉽게 인정하려 하지 않는다. 하지만 관객은 배우의 움직임을 보고 자신의 경험을 불러오게 된다. ... 의미는 움직임을 통해 전달된다.

(라반, 1950, p. 97)

이 장에서는 라반 움직임 분석LMA 중에서도 움직임의 역동성과 관련된 에포트 이론Effort Theory을 자세히 다룰 것이며, 다양한 심리적/감정적인 상태들States가 드라이브들Drives을 신체화할 수 있는 체계적인 방법을 제공할 것이다. 이 방법들은 개인이 가진 평상시의 반응 패턴을 확장시켜줄 것이다. 배우들이 에포트Effort에 기반한 움직임을 경험하는 과정에서, 원초적인 감정이 천천히 조심스럽게 되살아날 수 있다. 또한, 순간순간 선택이 이뤄지면서 하나의 상태State에서 다른 상태State로 옮겨갈 때는 분명한 전환이 느껴질 것이다.

이 장은 **조율하기**Tuning와 **변형하기**Transforming 두 부분으로 구성된다. 모든 탐험은 즉흥으로 이루어진다. 이 장의 탐험들이 자기만의 움직임 어휘를 찾아내고 발전시키는 창의적인 노트라고 생각하자. 탐험은 당신의 관찰력, 표현력, 놀이의 감각을 키워 줄 것이다.

조율하기Tuning는 몸이라는 신체 악기에 연결되는 것을 의미하며, 이 부분에는 몸과 감각을 깨울 수 있는 탐험들이 제시되어 있다. 이 장의 두 번째 부분인 **변형하기**Transforming는 조금 더 중요하게 다뤄질 텐데, 여기서는 라반의 에포트 이론Effort Theory 개념들을 구체적으로 정리해보고, 라반의 용어와 체계를 사용해서 입체적이고 풍부한 인물을 만드는 탐험을 해 볼 것이다.

신체 조율하기

우타 하겐은 다음과 같이 적었다:

배우로서, 배역의 가장 깊은 차원에서 중요한 것이 무엇인지를 드러내고 관객과 소통하기 위해서, 즉 최상의 표현을 하기 위해서 나는 실제 삶에서보다 자신을 훨씬 더 연약한 상태로 만들어야 한다. 완전히 연약한 상태에서 배우가 드러내는 무언가와 보여주는 행동은, 우리가 일상에서 그렇듯이 절대 상처받지 않는 것이 목적이 될 때와는 완전히 달라진다.

(하겐, 1973, p. 214)

우타 하겐이 언급한 완전한 연약함을 찾기 위해서, 아기들이나 어린이들이 하는 것처럼 일상적인 움직임을 탐구하면서 영감을 얻어보자. 아이들은 움직임을 가지고 놀면서 움직임을 발견하고 움직임을 통해서 세계를 발견한다. 조율하기 부분에서 눕기, 구르기, 앉기, 무릎 꿇기, 기어가기, 걷기, 점프하기 등 우리에게 익숙한 모든 행동을 새롭게 발견하면서 움직임의 레퍼토리를 발전시켜보자. 몸과 감각을 조율하면서 우리는 더 정교해지고 더 열린 상태가 될 것이다.

조율하기 탐험을 통해서 당신은 자신의 내면과 외부 세계로 향하는 안테나를 동시에 열어두는 연습을 하게 될 것이다. 그러면서 환경이 변화하는 흐름을 완전히 신체화할 준비를 하게 될 것이다.

조율하기를 하는 과정에서, 몸과 움직임의 기본 성질을 라반의 정의대로 *수용적receptive*으로 받아들이는 것이 중요하다. *적극적active*인 표현을 하기 위한 준비라고 볼 수 있다. 에포트Effort의 네 가지 성질은 다음과 같다.

1. 몸의 **무게**Weight가 만드는 감각과 활동성, 중력과의 관계를 탐구함.

2. **공간**Space이라는 외부 세계와 맺는 관계, 결과적으로 정신을 인식하게 됨.

3. **시간**Time과 맺는 관계, 당신의 내적인 충동과 리듬들.

4. 느낌의 **흐름**Flow, 에너지 흐름의 시작과 끝.

조율하기는 다음과 같은 부분들에 도움이 된다.

- 3차원적인 존재감을 발전시키고 유지한다.
- 몸의 운동-감각적인 언어와 관계를 맺는다.
- 자신의 한계를 만들어내는 개인적인 습관을 인식한다.
- 자신과 다른 사람, 주위 환경을 동시에 인식하는 방법을 익힌다.
- 심리적인 상태를 유연하게 바꿀 수 있게 된다.
- 몸의 정교한 표현과 새로운 움직임 어휘들을 발전시킨다.
- 공명하는 신체적인 형태와 이미지들을 발견한다.
- 움직임을 드러내는 방법을 보다 예민하게 선택하게 된다.
- 신체적인 충동과 생각의 관계를 인식한다.
- (수용적인 상태로) 움직여지는 것에 더 열린 상태가 된다.

조율하기 탐험에서 당신은 자신의 경험과 환경을 인식하고 반응하는 것을 연습하게 될 것이다. 라반의 용어들을 개념적으로 이해하는 것과 신체화해서 사용하는 것은 완전히 다른 문제다. 이 탐험의 목적은 이성적인 이해와 해석으로부터 신체적인 모양/이미지/형태/위치/방향/단위를 이용한 소리 및 감정의 구축으로 강조점을 옮겨가는 것이다. 모든 탐험에서 라반의 용어를 집중적으로 다루는 것을 아니지만 거기에는 항상 무게Weight, 공간Space, 시간Time, 흐름Flow 이 네 가지 에포트 성질들이 내포된다.

배우들과 작업을 시작하기 전에 나는 항상 배우들에게 자신의 몸의 위치를 인식해보고, 거기서 주위를 둘러보라고 말한다. 그러면 곧 그들은 모든 몸들이 '말하고' 있으며, '중립적인' 모든 몸이 무언가를 표현하고 있다는 사실을 깨닫게 된다.

조율하기 탐험들

1. 신체 워밍업

- 걸어보자. 발에 집중해보자. 충분한 시간을 갖고 양쪽 발바닥의 느낌을 인식해보자. 그런 다음 발꿈치로, 발바닥 안쪽으로, 발바닥 앞부분으로, 발끝으로 집중을 옮겨 가보자... 발로 땅을 구르거나 발목을 돌릴 수도 있다. 감각들을 깨우면서 발이 표현하는 것들을 인식해보자. 발이 하는 결정, 망설임, 의도, 방향, 속도 등.

- 발 안에서 일어나는 일들을 관찰했다면 이번에는 양쪽 발목에 집중해보고, 발목 관절의 움직임과 감각을 탐구해보자. 무릎으로 옮겨 가보자... 그런 다음 고관절로... 관절들을 하나하나 인식하기 위해서는 정말로 많은 시간이 필요하다. 그런 다음, 다리의 모든 관절들을 동시에 감각하면서, 다리를 전체적으로 인식해보자... 양쪽 다리가 다르게 느껴지는가? 그렇다면 그 차이를 잠시 동안 과장해서 경험해보자.

- 그런 다음 골반에 집중해보자. 골반의 리드에 따라 바닥으로 내려가

서 천천히 둥글게 굴러보자. 모든 골반 뼈들과 공간들, 바닥에 닿는 꼬리뼈, 좌골, 치골을 느껴보자.

- 계속해서 바닥을 구르면서 갈비뼈로 주의를 옮겨 가보자... 상체의 입체적인 공간을 천천히 열어보자. 이번에는 구르면서 몸의 부피감을 느껴보자... 두개골이 바닥에 닿을 때 두개골의 감각을 느껴보자. 자유롭게 충분히 호흡해보자.

- 잠시 멈추고, 두 발과 두 다리, 상체, 머리의 감각을 *다시 기억해보자*.

- 이제 양손과 손가락으로 옮겨 가보자. 움직이면서 손의 작은 관절들을 모두 감각해보자.

- 손을 인식하면서, 손을 발과 연결시켜보자. 집중력을 분산해서 두 손과 두 발의 움직임을 동시에 주의해보자. 두 발을 다시 인식하기 위해서 두 발을 바닥에 내려놓고 일어선 자세로 돌아오면 도움이 될 것이다. 이 과정에서 자신만의 유기적인 방식을 찾아보자.

- 계속해서 두 손목으로 옮겨 가보자. 그런 다음 두 발목과의 연결을 느껴보자. 다음은 두 팔꿈치로 가보자. 어떻게 움직이는가? 시간을 가져보자... 팔꿈치들은 무릎들과 어떻게 관계 맺는가? 이제 어깨로 옮겨 가보자... 그런 다음 고관절들을 동시에 생각해보자. 둘 다 척추에 가장 가까이 있는 관절들이다.

- 모든 신체 부위에 집중해보았다면, 계속해서 움직여보자. 그러면서 몸의 부분들을 옮겨 다니면서 집중해보자. 각각의 부분들이 서로 만나게 하자. 몸의 부분들이 '말하면', 목소리도 참여하고 싶을지도 모른다!

- 잠시 멈추게 되는 순간들을 찾아보자. 멈추고, 숨을 쉬고, 자세가 주는 느낌을 인식하기 위해서 시간을 충분히 가져보자... 리더가 '멈추세요'라고 중간중간 신호를 줘서 움직임의 흐름을 잠시 멈출 수도 있다. 그때 몸의 자세, 호흡, 감정, 상상력, 또는 인물과 관련된 감각을 인식하고 표현해보자. 취하고 있는 자세에서 다른 것도 발견해보자.

- 만약에 작업 중인 인물이 있다면 그 인물을 떠올려보자. 계속 즉흥적으로 움직이면서 자유롭게 움직임을 선택해보자. 움직이면서 생각과 감정이 떠올랐다가 사라지게 해보자. 자신이 어디에 있고, 누구와 함께 있는지, 무엇을 이루고 싶고 원하는지 상상해 볼 수도 있다. 또는 그냥 대사가 떠오를 수도 있다.

2. 움직이는 조각상

- 편안한 자세로 앉거나 누워서 시작해보자. 편안하게 멈춰서, 자신이 살아있는 조각상이라고 생각하면서 몸이 가진 3차원적인 형태를 느껴보자. 크고 작은 비대칭을 인식해보고, 과장해보자. 자세에서 느껴지는 제스처와 표현을 인식해보자. 두 발의 감각을 느껴보자... 다음은 배... 다음은 등... 옆구리... 얼굴 등등. (그룹 안에서 누군가 이 탐험을 리드하고 있다면, 리더가 움직이는 사람들에게 신체 부위를 차례로 말해주자.)

- 천천히 몸의 모양을 바꿔보자. 반복해보자. 한 '조각상'에서 다른 '조각상'으로 넘어갈 때, 자연스러운 중간 경로를 찾아보자. 매번 멈춰서 새로운 조각상의 형태를 완전히 신체화해보자.

- 움직이면서 높이와 각도를 새롭게 발견해보고, 그에 따라 당신이 공간을 보는 시각이 어떻게 달라지는지 인지해보자.

- 모든 조각상의 형태를 느껴보자. 새로운 '이야기'나 '인물'로 바뀔 때, 멈추는 지점이 새로운 시작점이 되게 해보자.

- 혼자서 시작했지만, 그룹으로 탐험하고 있다면 공간을 움직이면서 점점 다른 사람들을 인식해보자. 바라보고, 보이는 대상이 되기도 해보자.

- 그런 다음, 눈을 마주친 사람과 파트너가 되어서, 정해진 파트너(또는 작은 그룹)와 움직임 '대화'를 나눠보자. 대화를 하기 위해 눈을 계속 맞추고 있을 필요는 없다. 가능성을 탐험해보자. 움직임으로 대화하는 과정에서 몸이 관계성과 이야기를 발견하게 해보자.

- 이제 소리를 추가해보자. 먼저, 발이나 숨으로 소리를 낼 수도 있다. 그런 다음 움직임에 모음 소리를 실어보거나, 사이사이에 자음을 넣어보자. 움직임 지브리시를 사용해서 대화를 해보자.

- 탐험이 끝나면 자신이 경험한 것을 파트너와 이야기해보자.

3. 벽을 이용한 움직임

- 3차원적인 감각을 탐험하기 위해 벽을 이용해보자. 벽에 기대거나 벽을 누르면서 등과 양 옆구리의 감각을 느껴보고, 그런 다음 천천히 벽을 따라 흘러내려 가보자. 자신이 움직이는 부조 조각이라고 상상해보자.

- 그런 다음 벽에서 떨어져 나와보자. 벽에서 멀어졌다가 다시 벽에 기

대보자. 독립적으로 서는 것이 어떤 느낌인지 인식해보자.

- 다음으로, 공간을 지나 다른 벽으로 움직여 가보자. 벽에서 벽으로 옮겨갈 때 자신의 형상이 가진 부피감이 느껴지는가? 벽 안에서 다른 사람들과 하나의 이야기 속에 존재해보자.

4. 당신의 점Spot, 당신의 자리Place, 당신의 공간Space

- 방이 무대라고 상상해보자. 방 안에서 가장 편안하게 느껴지는 곳을 **당신의 점**spot이라고 하고 그곳에 눕고, 앉고, 서는 등 원하는 자세로 위치해보자. 그곳에서 벽, 창문, 다른 사람들과의 관계를 인식해보자. 바닥, 의자, 벽 등 무엇이든 자신의 몸에 닿아있는 것들이 주는 감각을 느껴보자. 당신의 *점*에서 천천히 다른 자세로 움직여보자. 한 *점*에서 계속해서 다양한 자세, 각도, 높이를 찾아보자. 한 자세에서 다른 자세로 옮겨갈 때 당신의 태도가 달라진다고 느끼는가?

- 이제 공간에 대한 감각을 당신의 점 주위의 영역으로 확장해보자. 가까운 반경까지가 **당신의 자리**place가 된다. 당신의 *점*에서 *자리*를 바라보고, 그 영역 안에서 움직여보자; 팔다리를 사용해서 당신의 *자리*에 익숙해지는 데 도움이 되는 제스처를 해보자. 당신의 *점*이 작은 방이라면, 당신의 *자리*는 집과 같다. 집의 '창문'을 통해서 공간의 나머지 부분들을 볼 수 있다고 상상해보자.

- *자리* 너머 있는 것은 **당신의 공간**space이다. 다른 사람들이 공간에 있을 수도 있다. 당신의 *점*과 *자리*에서 공간을 바라보자. *점*과 *자리*에서 나와서 공간으로 들어가는 순간의 감각을 느껴보자. 이러한 느낌이 *자리*와 *점*을 기억하는 데 도움이 되는가?

5. 개인의 공간Personal Space *가늠하기*

- 얼마나 많은 공간이 '내 공간'이라고 느껴지는가? 먼저 손으로 피부를 만져서 몸의 바깥 부분을 느껴보고, 그 위에 입은 옷을 두 번째 피부처럼 느껴보자. 그런 인식을 가지고 공간에서 움직여보자.

- 그런 다음 두 팔을 몸에서 한 뼘 정도 떨어뜨려 보자. 자기 주변의 공간이 작은 공기 방울이라고 상상해보자. 안전하다고 느껴지는가? 외부로부터 보호받는 느낌인가? 아니면 외부의 압박이 느껴지는가?

- 이번에는 당신 주위로 팔꿈치만큼 몸을 벌려서 더 큰 공간을 차지해보자. 방을 걸어갈 때 태도가 어떻게 달라지는가?

- 이제 두 팔을 완전히 바깥으로 벌려서 **개인의 공간**Personal Space 가장 사리인 손가락 끝과 발가락 끝이 닿는 부분을 느껴보자. 당신이 몸을 주위로 쭉 뻗었을 때 닿게 되는 이 영역을 라반은 **키네스피어**운동 반경, *kinesphere*라고 불렀다. 이 영역이 지위에 대한 감각에 영향을 주는가? 그룹 안에서 당신의 위상이 달라졌다고 느끼는가?

- 당신의 *키네스피어*가 다른 사람의 *키네스피어*와 겹쳐질 때 어떤 느낌이 드는가?

- *키네스피어*의 크기를 바꾸면서 가지고 놀아보자. 방 안에서 이동할 때, 다른 사람들에게 당신의 공간을 알려주기 위해서 양손을 사용해보자. 당신의 공간이 너무 좁아서 답답하거나 너무 넓고 개방된 느낌이 들면 그것을 인식해보고, 거기에 적응해보자. 크기마다 각각 다른 색깔을 갖고 있다고 상상해보자.

다양한 배역과 장면에 대해서 *키네스피어*의 크기가 어떻게 달라질 수 있을까?

6. 중심에 집중하기

- 자신의 **중심**, 즉 당신의 몸에서 에너지와 집중이 가장 강하게 느껴지는 곳에 두 손을 얹어보자. 걸어 다니면서 자신의 존재감이 몸속 '어느 부분'에서 출발하는지 감각해보자.

- 그런 다음 주의집중을 (아마도 당신의 손과 함께) 아랫배에 두고, 거기로 숨을 들이쉬어 보자. 거기에서 강렬한 빛이 사방으로 발산된다고 상상해보자. 이러한 감각이 당신의 존재를 구석구석 깨워주게 하자. 이제 걸으면서 배를 통해서 '본다'고 상상해보자. 자기 자신에 대한 태도와 다른 사람들을 대하는 태도를 인식해보자. 누군가와 몇 마디 말을 주고받을 수도 있다.

- 같은 과정을 반복해보는데, 이번에는 당신의 중심을 가슴, 머리, 무릎으로 차례차례 옮겨 가보자. 각 부위에서 감각과 태도, 개인의 공간에 대한 느낌이 어떻게 달라지는지 인식해보자.

- 그룹으로 탐험하고 있다면, 그룹의 반은 걷고 나머지는 이를 지켜보자. 자연스러운 상태에서 누가 가장 높은 중심을 갖고 있고, 누가 가장 낮은 중심을 갖고 있는지 관찰해보자. 그룹의 나머지 반과 역할을 바꿔보자.

- 인물이 되어 놀아보면서 인물의 중심이 배우 자신의 중심과 다른지, 다르다면 어떻게 다른지 탐험해보자.

7. 발, 발, 발

- 발은 인물의 기본적인 성질을 찾기 위한 좋은 출발점이다. 그러나 그보다 먼저, 배우는 자신의 기본적인 성질을 이해할 필요가 있다. 서서 눈을 감아보자. 몸의 무게가 두 발에 어떻게 전달되는지 인식해보자. 왼쪽과 오른쪽, 앞과 뒤의 차이를 인식해보고, 발꿈치와 발가락들, 발 안쪽과 바깥쪽도 인식해보자. 양발이 양손이라고 상상하면서 땅을 감각해보자.

- 몸의 무게를 발 앞쪽으로 가져갈 때 어떤 느낌이 드는지 관찰해보고 이를 가지고 놀아보자. 그렇게 걸어보자. 무게를 발꿈치 뒤쪽으로도 보내보고, 발 안쪽, 발 바깥쪽으로도 보내보자. 중심의 위치가 바뀜에 따라 몸이 어떻게 적응하려 하는지 인식해보자. 떠오르는 자세와 제스처를 과장해서 해보자. 어떤 인물이 어울릴지 상상해보고 표현을 극대화해보자. 과장된 표현에서 발생한 감정의 잔여물만 남기고, 표현의 크기를 점점 줄여가면서 결국에는 일상적인 인물이 되게 해보자.

8. 파트너와 조율하기: 적극적인 대화와 수용적인 대화

* 이 탐험을 가르쳐준 수프랍토 수료다모Suprapto Suryodarmo에게 감사를 전한다.[1]

이 탐험은 그룹으로 진행된다. 파트너 작업의 첫 단계로 신체 접촉을 사용한다. 이 탐험은 몸으로 듣고 비언어적으로 소통하는 기술을 발전시켜 줄 것이다. (그룹의 리더들은 이 탐험을 진행하기 전에 신체 접촉을 불편해하는 참가자가 있는지 확인해보길 권한다.)

- 파트너 A와 파트너 B가 아주 가까운 거리에서 움직여보자. 수용적인 파트너 B는 적극적인 파트너 A가 자기 몸을 터치할 때 그 부분만 움직여야 한다. 파트너 A가 터치를 할 때는 분명한 의도와 방향성이 느껴져야 한다. 파트너 A는 B의 움직임을 지켜보고, 다시 다른 부위를 터치하자. 방향을 전환시킬 수도 있고, 또는 파트너 B가 자연스럽게 다음 움직임으로 진행하는 것을 도와줄 수도 있다.

- 그룹의 리더는 수시로 '역할을 바꾸세요'라고 말할 것이다. 이 탐험에 익숙해지면 역할 바꾸기가 점점 빨라질 수 있다. 그렇게 되면 결국에는 누가 적극적인 파트너이고 수용적인 파트너인지 구별하지 않아도 주고받기 형식의 대화가 된다.

- 터치하는 역할을 맡은 적극적인 파트너의 도전 과제는 파트너에게 너무 집중한 나머지 '자신이 흔들리지 않게' 자신의 몸 전체를 인식하고, 잘 그라운딩 되어 있는 것이다. 수용적인 파트너의 도전 과제는 새로운 신호들을 받아들이면서도 반사적으로 움직이지 않고, 계속된 변화 속에서 정신적으로, 감정적으로 그 순간에 존재하는 것이다.

이 탐험에서 얻은 유연함이 계획된 행동이 만들어내는 기대와 예측을 없애주었다.

(이 탐험에 대한 로열 연극 아카데미RADA 학생의 응답)

조율하기 정리

조율하기의 기초적인 탐험들은 배우가 무대 위에서 존재감을 갖고 즉각적으로 반응하는 데 도움이 된다. 당신이 내적인 존재감을 갖게 되면, 고정된 패턴과 습관에서 과감하게 벗어날 수 있게 된다. 조율하기 단계는 변형하기 단계로 넘어가기 위한 준비 과정이었다. 당신은 이제 동료 배우들과 환경에 듣고 반응할 수 있도록 열린 상태가 되었다.

무게, 공간, 시간, 흐름이라는 라반의 에포트 성질들(이와 관련해서는 변형하기 부분에서 자세히 설명하겠다.) 안에서 존재했을 때, 당신은 자신이 누구이며 어디에 있고, 분위기가 어떤지 보다 명확하게 알게 될 것이다. 또한 끊임없이 변화하는 자신과 다른 사람들의 반응과 리듬을 더욱 쉽게 파악하게 될 것이다. 같이 즐겨보자!

변형의 기술

당신은 신체 *조율하기*를 통해서 자신의 안과 밖에서 벌어지는 일들을 균형적으로 인식하면서, 무의식적으로 네 개의 에포트 성질과 관련된 채널들을 열어두었다. 이제 움직임의 관점에서 *변형의 기술*로 넘어 가보자. 수 많은 배우들이 수업을 하거나 공연을 준비하면서 라반의 시스템에 기반한 연습을 통해서 새로운 발견과 통찰을 얻었다고 전한다.

대사를 새롭게 보게 되었다. 이성적인 작업 없이 다양한 색깔, 다양한 목소리를 찾을 수 있었다.

내적 리듬, 의도, 감정이 바뀌는 전환점들을 발견했다.

대사를 완전히 열어두었고, 단어들이 저절로 표현되었다.

희곡에 드러나지 않은 인물의 다양한 측면을 발견했다.
(로열 연극 아카데미RADA 학생들의 라반 수업에 대한 응답)

가장 중요한 첫 번째

자신의 신체, 심리, 감정적인 중심에서 벗어나는 가장 기본적이고 단순한 방법이 다음의 네 가지 탐험에 나와있다.

1. 세계를 어떻게 만날 것인가

의자에 앉거나 서서 몸을 편하게 이완한 상태로 척추의 수직축을 느껴보자. 이제 자신의 배역의 자연스러운 자세를 생각해보고, 그것이 자신의 자세와 어떻게 비슷하고 다른지 생각해보자.

몸의 자세가 드러내는 태도를 탐구하기 위해서 다음의 세 가지 선택지를 사용해볼 수 있다. **수직축**(위/아래), **수평축**(옆/옆), **시상축**(앞/뒤) 이 세 가지 축이 바로 그것이다. 그 영향은 신체적이고 감정적인 면 모두에 작용하는데, 이제 곧 알게 될 것이다.

각 선택지가 가져오는 효과를 충분히 시간을 가지고 경험해보자. 선택한 축으로 숨을 들이쉬어 보고, 그룹 작업을 하고 있다면 다른 사람들에 대한 태도와 생각이 어떻게 달라지는지 인식해보자. 다음 선택지로 옮겨가는 사이에는 '중립' 상태로 돌아오자.

- 몸을 쭉 펴서 더 넓혀보자. 상체와 자세, 표정을 더 넓어지게 해보자. 넓은 제스처들을 찾아보자. 그런 다음 몸과 얼굴을 좁게 만들어보자. 넓히기*Widening*이 좁히기*Narrowing*는 수평축과 관계된다.

- 상체가 마치 자신을 앞서 있는 것처럼 상체를 앞으로 움직여보자. 그런 다음 다시 상체가 자신의 뒤에 있는 것처럼 뒤로 물러나보자. 척추의 일부와 머리가 앞으로 나아가 있는 동시에 다른 부분들이 뒤로 물러나 있는 자세를 탐구해보자. 반대로도 해보자. *나아가기*Advancing와 *물러나기*Retreating는 시상축과 관련되어 있다.

- 위로 떠오르거나 중력 방향으로 내려가보자. 표정도 같이 바꿔보자. *떠오르기*Rising와 *가라앉기*Sinking는 수직축과 관계되어 있다.

- 앞에서 살펴본 방향들을 다양하게 조합해보면 어떻게 될까? 이를테면, 넓히기/나아가기/가라앉기를 동시에 해보자.

- 어쩌면 두 가지 신체부위가 서로 다른 방향을 가질 수도 있다. 그랬을 때 인물의 어떤 특성을 표현할 수 있을까?

- 훨씬 과장되고 강조된 버전으로 먼저 해보자. 이제 표현의 크기를 점점 줄여가면서 캐리커처화된 모습이 아닌 자연스러운 인물로서 존재하면서도 이전과 같은 효과를 유지해보자.

2. 그룹에서 다른 사람들과 만나기

이 탐험의 목표는 그룹 안에서 신체적인 태도와 자세를 탐구하는 것이다.

모든 사람들이 *떠오르기/가라앉기, 넓히기/좁히기, 나아가기/물러나기* 등 신체적 태도가 담긴 자세 여섯 가지 중에서 두 개가 적힌 종이를 받는다. 가령, '떠오르기와 넓히기' 또는 '가라앉기와 나아가기' 이런 식이 될 것이다.

- 두 가지 성질 중에서 한 가지를 먼저 신체화한 후에 두 번째 성질을 추가하는 방식으로 자세의 조합을 찾아보자. 그런 다음에 인물이 드러나게 해보자.

- 이제 당신이 만들어낸 인물을 신체화했다면 다른 사람들을 둘러보자. 누구에게 호감이 가는가? 누구에게 혐오감이나 두려움을 느끼는가?

- 누군가 상황을 제시해보자. 파티나 오디션 같은 상황도 좋다. 돌아다니면서 즉흥적으로 움직여보자. 처음에는 말 없이 움직여보고, 그런 다음 말을 사용했다가, 다시 말이 없는 상태로 돌아가보자. 음악을 틀고 파트너와 춤을 출 수도 있을 것이다.

3. 인물의 무게는 발의 어디에 실리고, "중심"은 어디에 있는가?

조율하기 단계에서 다뤘던 질문을 이번에는 변형하기와 관련해서 작업해보자.

- 인물의 자세가 발에 무게가 실리는 위치에 영향을 주는가? 반대로, 무게의 위치가 자세에 영향을 주는가? (신발에서 인물에 대한 힌트를 얻고 싶다면 신발을 신고 탐험해도 좋다.)

- 몸의 어느 부분에서 신체적, 심리적으로 당신의 존재가 시작된다고 느껴지는가? 가슴? 배? 머리? 아니면 다른 곳에서? 모든 가능성을 탐험해보자.

움직임의 성질: 라반의 에포트 이론

다음으로, 인물의 움직임의 에포트 성질들을 찾아보자. 이들은 **무게**Weight, **공간**Space, **시간**Time, **흐름**Flow과 관련된다. 인물이 가진 에포트의 특징이 당신의 개인적인 에포트 특징과 어떻게 다를까? 라반은 인물을 완전하게 신체화하는 방법이 에포트 요소들을 선택하고, 구체적으로 배열하고 그 안에서 리듬을 발견하는 것이라고 생각했다(이 맥락에서 '리듬'은 시간 요소에 국한된 것이 아니라, 인물이 사용하는 모든 에포트 요소들이 배열 되는 방식과 관련된다). 표현 방식은 다르지만, 라반은 배우 크리스토퍼 워킨Christopher Walken과 리듬에 대한 본능적인 접근과 비슷한 관점을 이야 기한다. 그들은 다음과 같이 말했다.

> 배우가 첫 직관에 따라 배역에 접근할 때, 배우는... 자신이 어떤 에 포트 성질들을 선택하고 구성하는지 의식하지 못할지도 모른다. 하지 만 인물을 구체화하고 형태를 부여하고 기억하는 과정에서 그는 움 직임의 단위, 리듬, 패턴을 의식적으로 선택한다.
>
> (라반, 1950, p. 117)

> 나는 본질적으로 리듬을 찾고 있다. 나에게 있어, 연기의 모든 것은 리듬과 관련되어 있다. 내가 무언가를 이해한다는 것은 리듬을 찾아 내는 것이다. 언제나 그렇다.
>
> (크리스토퍼 워킨과의 인터뷰, <가디언지>, 2012. 12. 2)

다음 질문에 답해보자.

- 자신의 배역이 세계와 신체적으로 관계 맺는 방식이 당신과 어떻게 다른가? 그 인물이 **무게**Weight를 사용하는 방식은 당신보다 더 강한가, 가벼운가?

- 그 인물은 당신과 다른 사고방식을 갖고 있는가? 당신은 주변의 **공간**Space을 어떻게 경험하는가? 인물의 사고방식은 당신보다 집중력이 있고, 구체적이고, 예리하고, 편협한가? 아니면 생각이 자유롭게 떠다니게 내버려두는 편인가? 큰 그림을 볼 줄 아는 사람인가?

- 인물은 당신보다 더 직관적인가, 덜 직관적인가? **시간**Time을 계속해서 확인하는 사람인가? 당신에 비해 성격이 더 급한가 아니면 느긋한가? 혹은 시간 가는 것을 의식하지 못하는 사람인가?

- 그 인물은 감정을 어떻게 다루는가? 당신보다 절제하고, 속으로 삭이거나, 신경이 곤두서있는 편인가, 아니면 더 자유롭고 편안한가? 인물의 에너지는 어떻게 **흐르는가**Flow?

당신은 이 질문들을 이성적으로 분석하고 상상해서 답할 수도 있을 것이다. 그러나 에포트 성질들과 신체적인 모양을 가지고 놀이하듯이 답을 찾아보면, 생각지도 못한 선택지를 찾게 될지도 모른다. 모든 가능성을 열어두고 시도할 때, 당신은 자신의 인물이 작품 전체에 걸쳐서 어떻게 변화하는지 발견할 수 있을 것이다.

4. 걷기를 가지고 놀아보기

이 탐험에서는 걷기라는 단순한 행동을 사용해서 라반의 에포트 성질인 무게Weight, 공간Space, 시간Time, 흐름Flow을 탐구해 볼 것이다. 누군가 밖에서 다음과 같이 지시해주면 도움이 될 것이다. 그러나 혼자서도 어렵지 않게 해볼 수 있다.

이 탐험은 조율하기 부분의 '신체 워밍업'에 이어서 해도 좋다. 그러면 몸 전체가 깨어있는 상태에서 시작할 수 있을 것이다. 한 인물을 생각하면서 이 탐험을 해보자. 또는 탐험을 하면서 여러 인물들과 희곡을 떠올리고 사라지게 해도 좋다.

- 공간을 걸어보자. 그룹으로 탐험하고 있다면 다른 사람들과의 관계를 감각해보고, 방향을 틀어서 경로를 바꿔보자.

계속해서 다음과 같이 변화를 줘보고 감정적/심리적인 변화들을 인식해보자.

- 더 큰 보폭으로 걸어보자. 그보다 훨씬 더 크게 걸어보자. 몸 전체가 더 커지게 해보자.
- 더 작은 보폭으로 걸어보자. 그보다 훨씬 더 작게 걸어보자. 몸을 걸음에 맞춰보자.
- 속도를 올려보자. 이번에는 마치 다급한 미션을 수행하는 것처럼 훨씬 빠르게 걸어보자.
- 속도를 늦춰보고, 아주 여유롭게 걸어보자. 시간을 음미하며 느긋하게 숨을 쉬어보자.
- 더 강하게 걸어보자. 걸을 때마다 쿵쿵 소리가 나게 해보자. 강한 근육질 몸을 갖고 있다고 상상해보자.

- 공기보다 가볍게, 발소리 없이 걸어보자. 몸 전체가 붕 떠오르는 느낌을 가져보자.
- 주변에 있는 사물의 가장 디테일한 부분을 관찰해보자. 집중할 때 당신이 어떻게 되는지 인식해보자.
- 이제 눈을 편하게 뜨고 넓은 시야로 공간을 훑어보자. 공간과 관계 맺는 두 가지 다른 방식을 감각해보자.
- 두 눈을 감고 움직여보자. 당신이 에너지의 흐름에 적응하는 방식을 인식해보고, 주의집중이 몸 속 어디에 머무르는지 인식해보자.
- 지금까지 한 번에 하나씩 변화를 줬다면, 이제 두세 가지 변화를 섞어보자. 이를테면, 더 크고/더 빠르게 움직여보거나, 더 작고/가벼우면서/사물의 디테일에 집중해서 움직여보자.

이 탐험들은 움직임의 성질에 따라 당신의 의식—느낌, 사고방식, 전체적인 분위기—이 어떻게 변화하는지에 대해 직관적인 감각을 갖게 한다. 이제부터 당신은 다양한 것을 경험하게 될 텐데, 자신이 경험하고 느낀 것들을 기억하기 위해서 노트에 기록해보길 바란다.

네 가지 에포트 성질들—심리적인 연결고리 만들기

라반의 에포트 개념은 움직임의 표현적이고 성질적인 측면과 관계된다. 에포트는 움직임이 *어떻게* 수행되는지를 정의하기 때문에, 형태보다 느낌과 더 밀접하게 관계된다. 따라서 움직임이 심리적/감정적 상태와 맺는 관계를 이해하는 것이 무엇보다 중요하다.

    라반은 **무게**Weight, **공간**Space, **시간**Time, **흐름**Flow을 에포트의 네 가지

성질로 규정한다. 이 네 가지 성질은 내부/외부, 의식/무의식적인 충동들에 대한 반응으로, 움직임이 만들어지기도 전에 움직임을 자극하고 촉발한다. 라반은 에포트의 성질을 분명하게 설명하기 위해서 각 성질의 스펙트럼 양쪽 끝에 이름을 붙여서 정의했다.

라반은 칼 융의 감각하기/느끼기/생각하기/직감하기(융, 1971)로 정리된 네 개의 심리 타입에 대응해서 에포트 성질 네 가지를 찾아냈다. 라반은 융의 카테고리를 도입해서 각 에포트 성질에 대한 설명을 덧붙인다. 이와 관련해서는 뒤에서 더 자세히 이야기하겠다.

이 부분에서는 먼저, 각 에포트 성질들과, 에포트 성질들의 스펙트럼의 양극단을 설명하고, 각각의 에포트 성질과 관련된 탐험을 해볼 것이다. 하나의 움직임에 하나의 에포트 성질만 있는 것은 아니다. 모든 움직임에는 네 개의 성질들이 모두 포함되며, 보통 그중 두 가지가 두드러진다. 마음의 상태State of Mind 개념을 다룰 때 더 자세히 살펴보자.

무게Weight – 몸의 의도와 감각

무게Weight 요소는 **강함**Strong과 **가벼움**Light으로 설명되며, 몸 그 자체와 피부, 근육, 신체 구성 물질, 신체 내부와 표면, 촉각과 같은 신체적인 *감각*과 관계된다. 라반은 일상 생활에서 개인이 신체적으로 무게 요소를 사용해서 무언가를 할 때 의노가 강화된다고 했다. 의도가 상대에게 받아들여지는 것과는 별개로, 무게 요소를 사용한 행위는 기본적으로 다른 사람들과 관계 속에서 이뤄진다.

강한 무게Strong Weight: 결심, 강력한, 세속적인

가벼운 무게Light Weight: 섬세한, 친절한, 이상적인

5. 무게의 다양한 감각 탐험하기

- 강하고 활동적인 스트레칭으로 몸을 깨워보자. 바닥에서 움직여보자. 근육을 적극적으로 사용해서 바닥을 세게 밀어보고, 공중으로 몸을 뻗어보자.

- 움직이면서 피부와 피부를 감싸고 있는 옷에 공기가 닿는 것을 느껴보자. 가벼움의 감각을 더 섬세하게 탐구해보자.

- 두 가지 다른 방식으로 몸을 깨웠을 때, 신체 감각이 어떻게 다른지 인식해보자.

- 강함과 가벼움은 둘 다 무게Weight를 *적극적*으로 사용하는 방식이라는 것을 인지해보자. *수용적인 무게Passive Weight*는 중력에 완전히 몸을 맡긴 상태로 움직이는 것이며, 이는 무게 에포트Weight Effort에 포함되지 않는다. 그럼에도 불구하고, 수용적인 무게 역시 표현적이다. 이어지는 두 탐험에서 이를 경험해보자.

6. 파트너와 무게 요소 탐험하기

* 이 탐험을 알려준 아담 브래드피스Adam Bradpiece에게 감사를 전한다.[2]

- 파트너와 손을 잡고 걸어보자. 한 사람은 리드를 하고, 다른 한 사람은 리더의 속도와 방향에 최대한 맞춰서 동시에 걸어보자.

- 시간이 어느 정도 지나면, 리드를 당하는 파트너가 리더에게 *적극적으로actively* 저항해보자.

- 다음으로, 리드를 당하는 파트너가 리더에게 *수용적으로passively* 저

항해보자. — 실제로 몸을 축 늘어뜨려서 끌려다녀보자.

- 위의 변화들을 시도해 본 다음에, 다시 최대한 파트너에게 맞춰서 동시에 걸어보자. 무언가 바뀐 것이 있다면 이를 인식해보자.

- 역할을 바꿔서 해보자. 그런 다음 어떤 쪽이 자신에게 편한지 이야기해보자. 리드를 할 때, 리드를 당할 때, 저항할 때 등 어떤 쪽이든 괜찮다.

7. 손과 제스처

- 두 손을 감각해보자. 천천히 해보자... 두 손이 서로 만지게 해보고, 옷을 만져보자. 손을 계속 몸 가까이에서 움직여보자. 심장을 만져보고, 얼굴을 만져보자. 제스처가 얼마나 풍부한 의미를 가질 수 있는지, 손이 어떻게 자신을 안심시켜 주는지 인식해보자. 그런 다음 공기를 만져보자. 자신이 작업하고 있는 인물들에게 어울리거나 의미 있다고 느껴지는 제스처들을 탐구해보자. 두 손이 말하게 해보자! 조금만 집중하면 어렵지 않게 새로운 제스처들을 발견하게 될 것이다.

- **강함**Strong부터 **가벼움**Light까지 제스처들을 탐구해보고, 제스처의 성질에 몸 전체가 관여하게 해보자.

- 다른 사람들의 제스처를 인식해보고, 그것에 영향을 받아서 제스처해보자.

- 두 손을 사용해서 파트너와 대화해보자. 손 '대화'를 하면서 지브리시를 추가해도 좋다.

- 무게Weight의 다양한 성질들을 가지고 일상적인 행동을 해보자. 가방

챙기기 같은 행동도 좋다. 두 손과 제스처를 감각해보자.

공간Space - 몸의 주의 집중/사고방식

공간Space 요소는 개인이 외부 세계에 대해 갖는 주의 집중 및 관점과 관계된다. 무게Weight가 신체적 경험과 관계된다면, 공간Space은 정신과 사고에 관계된다.

> **직접적인 주의 집중**Direct Focus: 정확히 한 곳을 보는, 선명한 초점, 디테일을 포착하는, 목표 지향적인
>
> **간접적인/유연한 주의 집중**Indirect/Flexible Focus: 전체를 보는 관점, 주변을 아우르는, 가능성 또는 가능한 생각들

8. 가리키기

- 손가락으로 가리키는 제스처를 사용해서 손가락이 안내하는 대로 대상을 옮겨가면서 집중해보자. 위, 아래, 뒤를 포함해서 주변 공간을 훑어보자. 시선에 따라서 몸의 높이와 모양이 변하게 해보자. 공간을 훑어보면서 천장의 얼룩, 창문 밖에 있는 자동차, 누군가의 양말 색깔 등 다양한 곳에 초점을 맞춰서 주의 집중을 더 예리하게 만들어보자. 명확하게 응시하되, 한 곳에만 머물러 있지는 말자. 집중할 대상을 바꿔가면서 손가락, 몸, 정신을 계속해서 자유롭게 움직여보자. 매 순간 깨어있자!

이 탐험이 공간에 대한 주의 집중을 강화하는 데 도움이 되었나? 배역으

로서 공간을 탐험하는 과정에서 배역의 사고방식에 대해 새로 발견하게 된 것이 있나?

9. 손 카메라

- 움직일 때, 두 손이 카메라가 되어 당신의 시선을 안내하게 해보자. 두 손을 좌우로 팬을 하듯이 움직여서 시선을 돌려보고, 줌을 해서 가깝게 들여다보고, 밖으로 빠져나오게 해보자. 두 손의 움직임에 따라 몸이 기울어져서 익숙하지 않은 시점으로 대상을 바라보게 해보자.
- 몸의 다른 부분들이 카메라라고 상상해보자. 심장, 배, 발목, 무릎으로 볼 수 있다고 상상해보자! 머리 뒤통수가 카메라라고 상상해보자.
- 자신이 연기하는 인물이 공간 및 다른 사람들과 관계 맺는 방식을 탐구해보자.

시간Time – 몸의 직관/결정

시간Time 요소는 충동, 결정, 리듬, 프레이징(움직임의 단위)과 관계된다. 시간을 경험하는 것–개인의 내부, 외부, 인간관계 안에서–은 *태생적으로 직관적이다.* 시간을 경험한다는 것은 사건과 변화의 자연스러운 순서를 인식하는 것이기 때문이다. 선택과 전환이 시간Time 요소와 관계된다.

　갑작스러운(빠른) 시간Sudden/Quick Time: 속도가 빨라지는, 다급한
　지속적인 시간Sustained Time: 속도가 느려지는, 느긋한

10. 리듬과 속도 탐험하기

- 배역을 떠올리면서 걷거나 간단한 과제를 수행하면서, 또는 자유롭게 움직이면서 시간의 범주를 탐험해보자. 최대한 느리게 움직일 때와 최대한 빠르게 움직일 때 어떤 느낌이 드는가? 그 사이에 있는 다양한 속도로 움직여봤을 때 어떤 느낌이 드는가? 속도를 본능적으로 결정해보고, 그럴 때 어떤 느낌이 드는지 살펴보자.

- 파트너와 같이 움직여보자. 비언어적인 대화를 나누고, 서로의 리듬에 맞춰서 조율해보자. 멜로디가 느껴지는 성질, 박자감이 느껴지는 성질과, 움직임 단위의 시작점과 끝점을 느껴보자. 내면에서 떠오르는 생각의 템포를 들어보자. 호흡과 심장 박동을 들어보자. 시간 속에 존재해보자.

- 소리나 지브리시를 추가해보자. 말이나 대사를 가지고 놀아봐도 좋다.

11. 몸이 내는 소리들

- 걸어보자. 발이 지면에 닿을 때 나는 소리를 들어보자. 다른 사람의 발소리도 들어보자. 소리와 시간의 세계에 존재해보자. 목소리와 몸으로 소리를 내서 움직임을 강조해보자. 몸을 두드리고, 박수 치고, 발을 구르고, 쉿-소리를 내보자.

- 그룹끼리 소리를 주고 받는 타이밍을 가지고 상호작용해보자. 당신의 리듬이 그룹과 다를 수도 있다. 어떤 때는 당신이 더 많이 '말하고', 또 어떤 때는 더 많이 '듣는'다는 것을 인식해보자.

흐름Flow − 몸의 느낌/에너지

흐름Flow 요소는 움직임의 자유롭거나 통제되는 정도와 관계되며, 호흡과 에너지, 감정의 자유롭거나 통제되는 정도와 일치한다. 에너지와 감정의 흐름이 관계 안에서 어떻게 열리거나 멀어지고 닫히는지를 살펴보면 아주 흥미롭다. 실질적으로, 흐름Flow은 움직임의 정교한 정도를 알려주기도 한다.

자유로운 흐름Free Flow: 여유로운, 무모한, 너그러운, 활기찬
통제되는 흐름Bound Flow: 조심스러운, 정교한, 억제된, 몰래 하는

12. 눈 감고 움직이기

- 눈을 감고 호흡을 인식해보자. 몸 속에 긴장이 들어가 있는 부분들을 인식해보자. 무언가를 판단하거나 의식적인 변화를 주지 말자. 자신에게 느껴지는 정서적인 영향을 서서히 받아들여 보자.

- 그런 다음 천천히 움직여보자. 공간을 걸어보자. 그룹으로 작업하고 있다면 누군가와 우연히 접촉할 수도 있다. 그러면 잠시 멈춰서 자신의 느낌과 생각, 감각에 집중해보고, 다시 움직여보자. 에너지와 느낌이 미묘하게 열리고 닫히는 감각, 통제된 느낌과 자유로움을 인식해보기.

그룹 안에서 눈을 감고 움직이는 게 무섭게 느껴질 수도 있다. 그런 사람들은 벽에 의지해서 움직여보자. 리더가 밖에서 지켜보다가 위험하다고 생각될 때 개입할 수도 있다. 하지만 대부분의 사람들은 본능적으로 자신

의 흐름을 천천히 적절하게 통제하게 된다.

13. 크기를 가지고 놀아보기

- 배역을 떠올리면서, 움직일 때 몸의 모양이 얼마나 커지고 작아질 수 있는지를 가지고 놀아보자. 위치를 옮겨가면서 잠깐씩 멈춰보고, 자신의 에너지가 언제 세계를 향해 완전히 열리고(자유로운 흐름: Free Flow), 또 언제 자기 내부로 흘러가는지(통제된 흐름: Bound Flow) 인식해보자. 언제 갑갑하고, 숨어있다는 느낌이 들거나 폐소공포증인 것처럼 느껴지는지, 언제 자신에게 익숙한 컴포트 존을 벗어나서 너무 커졌다고 느껴지는지 인식해보자.

- 익숙하지 않은 조합을 시도해보자: 작아지면서 동시에 자유로워질 수 있는가? 커지는 동시에 통제된 느낌을 가질 수 있는가?

- 특정한 배역에 꼭 맞는 크기, 편안하게 숨 쉴 수 있는 크기를 찾아보자. 0(극도로 통제됨)에서 10(극도로 자유로움)까지 수치로 크기를 나타내는 게 도움이 될 수도 있다.

- 자신이 배역에 얼마나 깊게 접근했다고 느껴지는가? 배역에 알맞은 자세나 제스처를 찾았는가? 이러한 질문들이 흐름Flow과 얼마나 관련이 있다고 생각되는가?

14. 싸우는Fighting/빠져드는Indulging 에포트 성질들

에너지에 저항하거나 에너지를 응축시키는 에포트 성질들을 **싸우는 에포트들**Fighting Efforts이라고 부른다: 강한 무게Strong Weight, 직접적인 공간

Direct Space, 갑작스러운 시간Suddent/Quick Time, 통제된 흐름Bound Flow. 에너지를 확장시키는 에포트들은 **빠져드는 에포트들**Indulging Efforts이라고 한다. 가벼운 무게Light Weight, 간접적인 공간Indirect/Flexible Space, 지속적인 시간Sustained Time, 자유로운 흐름Free Flow.

- 배역을 가지고 탐험할 때, 싸우는 에포트 성질들 또는 빠져드는 에포트 성질들을 선택해보자. 인물이 저항하는 에포트 성질들은 무엇이고, 빠져드는 에포트 성질들은 무엇인가? 한 성질에서 다른 성질로 변하도록 자극을 주는 것은 무엇인가? 인물이 한 에포트 성질과 싸우고/저항하면서 동시에 다른 에포트 성질에 빠져드는 때는 언제인가?

라반의 마음의 상태Laban's States of Mind: 두 에포트 성질들의 조합

사람들로 가득한 공간에 들어갈 때마다, 나는 사람들이 무언가를 말하면서, 말과 다른 행동을 하고, 속으로는 또 다른 무언가를 바라고 있다는 사실에 늘 깊은 인상을 받는다. 말은 부수적이고, 비밀이 근본적이다. 나에게는 이만큼 흥미로운 것이 없다.

(마이크 니콜스, 2014년 <뉴욕 타임스> 기사, 브루스 웨버 작성)

일상에서와 마찬가지로 무대 위에서도 마이크 니콜스가 말하는 것처럼 의사소통에서 가장 근본적인 것은 서브텍스트다. 이 부분에서는 마음의 상태States of Mind라고 불리는 라반의 여섯 가지 상태State들을 소개할 것이다. 라반이 '내적 태도'라고 했던 이 분위기들은 숨겨진 겹겹의 서브텍스트들을 손에 잡히게 도와줄 것이다.

다양한 마음의 상태States of Mind를 이용한 움직임 탐험을 통해서 당신은 인물에 다각적으로 접근해보고, 인물의 새로운 측면을 발견해 볼 것이다. 어쩌면 완전히 새로운 것을 연상해낼 수도 있다. 또한 인물의 기본적인 마음의 상태States of Mind가 갖는 뉘앙스들을 이해해보고, 상황에 따라 매 순간, 매 장면 달라지는 입체적인 인물을 창조해볼 것이다.

마음의 상태States of Mind를 탐험하는 과정에서 당신은 마이클 니콜스가 언급한 '비밀' 즉, 인물이 가진 갈등과 욕구, 욕망, 바람, 열정을 발견할 것이다. 인물의 의식적이거나 무의식적인 충동과 동기들 역시 이 탐험으로 보다 선명해질 것이다.

마음의 상태 State of Mind는 네 개의 에포트 성질들 중 두 가지 성질이 인물을 자극하고, 나머지 두 가지는 뒤로 물러나 있을 때 만들어진다. 다시 말해, 두 가지 적극적인 성질이 분위기와 상태를 만든다. 예를 들어, 무게Weight와 흐름Flow이 꿈꾸는 듯한 상태Dream State를 만들고, 시간Time과 공간Space은 그와 반대되는 깨어있는 상태Awake State를 만든다. 상반된 속성을 가진 마음의 상태States of Mind 조합은 세 가지가 있다. 다음 표를 참고해보자.

표 1.1 마음의 상태States of Mind

꿈꾸는 듯한(Dream)	무게(Weight)	흐름(Flow)
깨어있는(Awake)	시간(Time)	공간(Space)
가까운(Near)	무게(Weight)	시간(Time)
떨어져 있는(Remote)	공간(Space)	흐름(Flow)
움직이는(Mobile)	시간(Time)	흐름(Flow)
안정적인(Stable)	무게(Weight)	공간(Space)

마음의 상태States of Mind는 무게Weight, 공간Space, 시간Time, 흐름Flow이라는 성질들 즉, 네 개의 '근본적인 색깔' 중 두 가지를 조합해서 여섯 개의 '부수적인 색깔들'을 만든 것이다. 또한, 여섯 가지 마음의 상태States of Mind마다 네 개의 '색조'가 생긴다. 이 '색조'는 각각의 마음의 상태State of Mind를 경험하고 표현하는 다양한 방식을 제공한다. 예를 들어, 가까운 상태Near State, 리듬에서는 시간Time과 무게Weight 요소를 사용한 네 가지 조합이 나온다: *강하고 급작스러운, 강하고 지속적인, 가볍고 급작스러운, 가볍고 지속적인.*

색깔로 비유해보자. 파란색과 빨간색을 섞으면 보라색이 된다. 녹색과 노란색을 섞는다고 절대로 보라색이 될 수 없다. 가까운 상태Near State가 보라색이라고 했을 때 흐름Flow과 공간Space이 노란색과 녹색이다. 이두 요소는 뒤로 빠져 있어야 한나. 반년에 파란색과 빨간색에 해당하는 시간Time과 무게Weight 요소를 사용한다면 가까운 상태Near State 안에서 무수한 변주를 만들 수 있다.

이처럼, 몇 가지 제약이 표현의 범주를 확장시킨다. 역설적이지만, 우리는 이런 일을 자주 접하게 된다. 그 이유는 어떤 제약이 생겼을 때 익숙한 영역을 벗어나 새로운 시도를 하게 되기 때문이다.

이제 탐험을 하면서 6가지 마음의 상태States of Mind를 이해해보자. 집중하되, 자유롭게 상상력을 발휘해보자. 실제로 움직이면서 탐험을 하다보면 머리로만 이해했을 때는 절대 알 수 없는 것들을 봄으로 이해하게 될 것이다.

6가지 마음의 상태: 설명과 탐험들

이 부분에서는 6가지 마음의 상태States of Mind가 가진 성질을 설명하고, 이를 움직이면서 탐험해볼 것이다. 마음의 상태States of Mind별로 에포트 성질의 4가지 조합을 정리해두었다. 가령, 꿈꾸는 듯한 상태Dream State는 무게Weight와 흐름Flow 요소로 구성되며, 이 상태로 표현할 수 있는 4가지 방식은 강하고 자유로운/강하고 통제된/가볍고 자유로운/가볍고 통제된 상태이다. 이들은 서로 다른 속성을 갖고 있지만 전부 꿈꾸는 듯한 상태 Dream State에 포함된다. 한 가지 조합에서 다른 조합으로, 또 다른 조합으로 자연스럽게 넘어가 보자. 자연스러운 전환이 어려우면 의식적으로 전환해서 4가지 조합을 모두 경험해보자.

마음의 상태States of Mind마다 인상적이었던 것과 새롭게 연상한 것들을 적어보자. 전반적인 반응과, 배역과 관련된 구체적인 반응도 찾아보자.

탐험해보면서 다음과 같이 질문해보자.

- 극이 진행되는 동안 배역은 어떤 상태로 존재하는가?
- 극을 시작하기 전 또는 끝난 후에 어떤 상태가 될까?
- 꿈속이 아니라면, 그 인물이 절대로 표현하지 않을 것 같은 상태는 무엇일까?

각 마음의 상태들States of Mind을 제시한 순서에는 큰 의미가 없다. 다만, 꿈꾸는 듯한 상태와 깨어있는 상태Dream and Awake/먼 상태와 가까운 상태 Remote and Near/움직이는 상태와 안정적인 상태Mobile and Stable와 같이, 반대되는 성질들의 조합을 짝지어 두려 했다. 후반부에 각 상태를 경험할 때 도움이 될 수 있는 음악들을 추천해두었다.

꿈꾸는 듯한 상태Dream State: 무게Weight와 흐름Flow —감각과 느낌

신체와 감정의 내부 세계에 집중되어 있으며, 의식이 적게 작용하는 태도다. 이 상태에서 부족한 것은 공간Space에 관련된 반성적인 사고와 시간Time에 관련된 의사 결정이다. 다음과 같은 조합이 가능하다:

가볍고 통제된 상태Light and Bound / 가볍고 자유로운 상태Light and Free
강하고 통제된 상태Strong and Bound / 강하고 자유로운 상태Strong and Free

15. 꿈꾸는 듯한 상태 탐험: 불가사리

* 이 탐험은 보니 코헨Bonnie Cohen의 바디 마인드 센터링에서 차용했다.[3]

- 바닥에 누워서 두 눈을 감고, 자신이 뾰족한 6개의 다리(머리, 두 팔, 두 다리, 꼬리뼈)를 가진 불가사리가 되었다고 상상해보자. 6개의 다리는 전부 당신의 배 안에 있는 중심으로부터 뻗어 나온다. 배 위에 올린 양손으로 숨을 들이쉬어 보자. 머릿속에 있던 '조종실'은 지워버리자.

- 6개 다리를 천천히 움직이면서, 이들이 배와 연결된 이미지를 떠올려보자. 그런 다음, 그중에서 두 개가 배를 *통해서* 연결되어 있다고 상상하면서 움직여보자. *느낌*과 *감각*이 상상력을 자극하게 해보자. 바닥에서 움직여보고, 바닥에서 나와 일어섰다가 다시 바닥으로 돌아가는 움직임을 찾아보자. 그러면서도 몸의 중심은 항상 배에 있도록

주의하자. 탐험을 마치고 어떤 기분이 드는지 적어보자.

- 배역을 떠올려보자. 두 눈은 살짝만 뜨고, 그 인물이 되어 꿈꾸는 듯한 상태Dream State에서 개인적이고, 신체적이고, 감정적인 부분들을 경험해보자. 인물의 내적인 삶에 대해서 *이해할 수 있는* 힌트를 발견해보자.

깨어있는 상태Awake State: 공간Space과 시간Time ─ 생각과 직관

실용적이고 민첩한 태도다. 이 상태에 부족한 것은 무게Weight와 관련된 신체적인 감각과, 흐름Flow과 관련된 감정이다. 깨어있는 상태Awake State는 정신과 직관, 생각과 결정을 예리하게 만든다. 다음과 같은 조합이 가능하다:

직접적이고 갑작스러운 상태Direct and Sudden / 직접적이고 지속적인 상태Direct and Sustained

간접적이고 갑작스러운 상태Indirect and Sudden / 간접적이고 지속적인 상태Indirect and Sustained

16. *깨어있는 상태Awake State* 탐험 1: 파티 타임

- 그룹으로 공간을 자유롭게 걸어보자. 이곳이 떠들썩한 파티장이나 전시회의 개막식이라고 상상해보자. 은밀하게 한 사람을 정해서 그 사람이 계속해서 시야에 들어오게 해보자. ─당신은 그 사람이 어디에 있는지 끊임없이 알고 싶지만, 당신이 지켜보고 있다는 것을 들키고

싶지 않다.

- 당신에게는 피하고 싶은 사람도 있다. 그 사람을 보지 않으려고 최선을 다해 피하면서, 동시에 처음 마음에 두었던 사람이 시야에서 사라지지 않게 해보자. 이 탐험을 마치고 나서 자신의 마음의 상태를 기록해보자. (선택한 두 사람을 터치하면서 이 탐험을 마무리할 수도 있다.)

17. 깨어있는 상태Awake State 탐험 2: 공놀이

빠르고 신나는 음악을 틀고 그룹으로 공놀이를 해보자. 모두가 공간을 자유롭게 걷거나 달리면서, 공을 계속 다른 사람에게 전달해보자. 머뭇거리지 말자. (한 개 혹은 여러 개가 동시에 돌아가게 할 수도 있다.) 공을 던지는 사람은 던지기 전에, 받는 사람의 이름을 부른다. 몇 분 동안 하면서 여기에 익숙해졌으면 음악과 공을 없애보자. 공놀이에서 만들어진 분위기를 유지하면서, 배역, 대사, 관계를 탐구해보자.

멀리 떨어진 상태Remote State: 공간Space과 흐름Flow—생각과 느낌

이 상태는 추상적이고 붕 떠 있는 성질을 가진 한편으로, 깊은 생각과 감성과 관련된다. 이 상태에서 부족한 것은 무게Weight의 생동감과 시간Time의 현재성이다. 다음과 같은 조합이 가능하다:

직접적이고 자유로운 상태Direct and Free / 간접적이고 자유로운 상태 Indirect and Free

직접적이고 통제된 상태Direct and Bound / 간접적이고 통제된 상태
Indirect and Bound

18. 멀리 떨어진 상태Remote State 탐험: 보기만 하고, 만지지 않기

방 안에 당신이 갈망하는 누군가 혹은 무언가가 있다고 상상해보자. 당신
은 그/그것을 보면서 연결되어 있다고 느끼지만, 그/그것을 만질 수 없다
는 것을 알고 있다. 자신의 생각 속과 느낌, 방이라는 공간을 탐구하면서,
자신의 상태State를 인식해보자. 시간Time과 무게Weight는 당신을 전혀 자극
하지 않는다. 그룹으로 작업하고 있다면, 당신이 갈망하는 대상을 대신하
는 한 사람을 골라보자. 당신이 아는 사람에게 그 인물의 특징을 대입해
볼 수도 있을 것이다. 그 사람과의 공간적인 관계를 탐구해보자. 하지만
그를 만지지는 않는다. 자신의 내부에서 생겨나는 감정적인 끌림과 공간
속의 다른 사람들과 대상을 예민하게 인식해보자. 다른 사람들을 감정적
으로 '끌어당겨' 보자. 하지만 절대로 만지면 안 된다! (만지면 신체적인
감각이 발생하고, 그러면 당신의 상태가 바뀌게 될 것이다.)

가까운 상태Near State(일명, '리듬'):
무게Weight와 시간Time‒감각과 직관

신체적 의도와 기능을 갖는 생동감 있고 현실적인 태도다. 이 상태에서
부족한 것은 흐름Flow과 관련된 감정적인 성질과 공간Space과 관련된 생각
의 관점이다. 다음과 같은 조합이 가능하다.

강하고 갑작스러운 상태Strong and Sudden / 강하고 지속적인 상태 Strong and Sustained

가볍고 갑작스러운 상태Light and Sudden / 가볍고 지속적인 상태Light and Sustained

19. 가까운 상태Near State 탐험: 위 & 아래 바운스 댄스!

* 이 탐험에 대해 수잔카 크리스먼Susanka Christman에게 감사함을 전한다.[4]

- 한 발로 서서 몸의 균형을 잡고, 나머지 한쪽 다리를 위로 바운스해 보자. 공처럼 가볍게 바운스해보자. 마치 인형 조종사의 줄이 무릎에 달려 있다고 생각해보자. 한 다리를 몇 차례 바운스 해보고, 다리를 바꿔서 해보자.

- 그런 다음 한 다리를 두 번 바운스하고, 다리를 바꿔서 반대쪽도 두 번 바운스해보자... 이번에는 한쪽씩 번갈아가면서 해보자. 왼쪽, 오른쪽, 왼쪽, 오른쪽... 이제 몸에 익힌 바운스 리듬을 가지고 공간을 걸어보자. 몸 전체가 이 바운스 리듬을 타게 해보자. 파티에서 신나게 노는 것처럼!

- 그룹으로 작업하고 있다면, 큰 원을 만들어서 그룹의 반이 원 안에 들어가서 바운스하자. 나머지 반은 밖에서 박수를 치면서 바운스의 리듬을 만들어주자. 이번에는 바꿔서 해보자.

- 마지막에는 전부 다 같이 춤추듯이 바운스하면서 발을 구르고 팔도 힘껏 뻗어보자. 자신만의 개성 있는 리듬, 또는 엇박자 리듬을 찾아 보자. 소리도 질러보자! 이제 멈춰서, 배역을 불러와보자. 어떤 느낌

이 드는지, 무엇을 하고 싶은지 관찰해보자.

움직이는 상태Mobile State: 시간Time과 흐름Flow ― 직관과 느낌

감정적으로 유연하고, 변덕스럽고, 충동적이며, 즉흥적인 상태다. 이 상태에서 부족한 점은 무게Weight와 관련된 신체적인 의도나 공간Space과 관계된 사려성이다. 다음과 같은 조합이 가능하다:

갑작스럽고 자유로운 상태Sudden and Free / 갑작스럽고 통제된 상태 Sudden and Bound

지속적이고 자유로운 상태Sustained and Free / 지속적이고 통제된 상 태Sustained and Bound

20. 움직이는 상태Mobile State 탐험: 머리 쉬어주기

- 이 상태는 변덕스럽고, 장난기 가득하고, 충동적인 마음의 상태다. 충동에 몸을 맡기고, 시간의 흐름과 감정이 이끄는 대로 따라가 보자. 움직일 때 생겨나는 내적인 리듬과 멜로디를 따라가 보고 이를 가지고 놀아보자.

- 먼저 머리와 어깨만 움직여보자. 그런 다음, 몸 전체를 사용해서 움직임에 맞는 소리를 내보자. 아이들이 놀이하듯이 움직임에 스타카토, 레가토와 같이 강조하는 리듬을 넣어보자. 다양한 움직임과 멜로디를 가지고 지브리시를 해보자. 이성은 잠시 내려놓고, 본능적으로 움직여보자. 속도로 제멋대로 빨라졌다가 느려지게 해보자. 자신이

느끼는 감정은 얼마든지 변할 수 있고, 변하는 것이 당신의 본질이다. 이것이 바로 리듬이다. 묵직한 베이스 선율보다는 정해진 방향 없이 이리저리 날아다니는 나비와 같다. 탐험이 끝난 뒤에, 당신의 분위기가 어떤지, 이 상태에서 다른 사람들과 어떻게 관계 맺는지 인식해보자.

안정적인 상태Stable State: 무게Weight와 공간Space — 감각과 생각

지속적이고 확고한 태도다. 신체적인 존재감과 세상에 대한 인식과 관련된다. 이 상태에 부족한 점은 시간Time, 흐름Flow과 관계된 변화 가능성과 감정적 동요다. 다음과 같은 조합들이 가능하다:

직접적이고 가벼운 상태Direct and Light / 직접적이고 강한 상태Direct and Strong

간접적이고 가벼운 상태Indirect and Light / 간접적이고 강한 상태Indirect and Strong

21. 안정적인 상태Stable State 탐험: 종교의식처럼 사물 옮기기

● 공간의 한 시점에서 시작해보자. 중력의 영향을 충분히 받아보자. 몸의 3차원적인 입체감을 느껴보자. 호흡에 따라서 상체의 모양이 변화하는 것을 느껴보자.

● 이러한 신체 감각을 가지고, 사물 하나를 정해서 천천히 만지거나 다뤄보자. 가벼운 의자나 옷, 여행 가방, 찻잔 등 무엇이든 괜찮다.

- 이제 일정한 속도와 차분한 존재감을 유지한 상태로 그 사물을 들고 움직여보자. —이 행위는 시간을 초월한, 종교의식과 비슷한 성질을 갖는다. 한 위치에서 다른 위치로, 계속해서 또 다른 위치로 속도가 빨라지지 않게 주의하면서 옮겨 가보자. 몸, 정신, 공간 속에서 항상 존재감을 잃지 말자.

- 그룹으로, 집단적인 의식을 해보자. 한 번에 한 명씩 조심스럽게 자신의 물건을 내려놓고, 그것이 모여 전체적으로 하나의 설치물이나 그룹 조각상이 되게 해보자. 가령, 의자들을 사용했을 때 멋진 작품이 나올 수도 있다. 이 탐험을 끝내고 각자 마음의 상태가 어떤지 인식해보자.

기본적인 마음의 상태 찾기

- 자신의 기본적인 마음의 상태State of Mind를 알아볼 수 있는 좋은 방법은, 반대로 자신에게 어떤 상태가 가장 낯설고 어색하게 느껴지는지를 찾아보는 것이다. 보통은 그 반대가 당신이 선호하는 기본적인 상태가 된다.

- 모든 마음의 상태State of Mind를 경험해보고 나서 자신의 기본적인 마음의 상태State of Mind를 찾았는가? 당신의 배역에 대해서도 똑같이 해보자.

- 다음으로 넘어 가보자. 당신의 기본적 마음의 상태State of Mind를 이루는 에포트 성질들 두 가지 중에서 어떤 쪽을 더 선호하는가? 둘 중 어떤 요소에 더 강한 자극을 받는가? 예를 들어, 당신의 기본적인 마음의 상태State of Mind가 깨어있는 상태Awake State라면, 공간이나 시

간 요소 중에서 더 강한 자극을 주는 것은 무엇인가? 시간보다 공간 요소가 더 익숙하다고 가정해보자. 그러면 당신은 공간과 관련된 다른 마음의 상태State of Mind 즉, 멀리 떨어진 상태Remote State와 안정적인 상태Stable State에도 쉽게 접근할 수 있다. 물론, 두 가지 성질 중에서 한 가지가 더 특별히 두드러진다고 느끼지 않을 수도 있다.

- 이러한 접근법은 배역의 기본적인 마음의 상태State of Mind를 찾을 때도 유용하다. 가족에게서 물려받은 마음의 상태State of Mind도 짐작해 볼 수 있다. 이러한 선택들은 반드시 신체적인 탐험을 통해 발견해야 한다.

이 과정이 어떤 공식처럼 느껴질지도 모르겠다. 하지만 실제로 많은 학생들에게 자신과 동료들의 기본적인 마음의 상태State of Mind를 파악해보라고 했을 때, 한 사람에 대해서 보통 일치하는 결과가 나온다. 동료인 줄리엣 챔버스Juliet Chambers는 어떤 인물이나 어떤 집단을 둘러싼 *분위기*는 분명히 존재하며, 이것을 하나의 마음의 상태State of Mind로 설명할 수 있다고 말했다.5

상태의 전환을 지도로 만들기

희곡에는 한 인물이 이전과 다르게 새로운 생각을 하고, 새로운 태도를 갖기 시작하는 결정적인 순간들이 담겨있다. 이러한 전환의 순간들은 다른 인물의 행동이나 말 때문에, 아니면 더 이상 숨길 수 없는 인물 자신의 내적인 생각이나 충동에서 촉발된다. 의식적이든 무의식적이든, 이 결정적인 순간은 대체로 마음의 상태State of Mind가 바뀌는 신호가 되며, 대본을 나누는 새로운 비트가 된다. 마음의 상태State of Mind가 변하는 지점들을 표시해보자. 그러면 당신은 인물의 삶을 찾아가는 이정표를 얻게 될 것이고, 인물의 여정 전체를 이해할 수 있는 커다란 지도를 갖게 될 것이다.

- 작품을 연습하면서 하나 또는 여러 가지 마음의 상태State of Mind 안에서 즉흥으로 연기해보자. 자신이 선택한 마음의 상태State of Mind가 뭔지 동료들에게는 비밀로 하자. 종이뽑기로 정할 수도 있다. 배우들은 자신이 고른 마음의 상태State of Mind로 연기를 해보고, 연기가 끝나고 나서 배역, 장면, 작품 전체에 대해 새롭게 발견한 것을 공유해보자.

- 배역이 되어서 다양한 마음의 상태State of Mind를 경험할 때, 절대로 무의식적으로 빠져들면 안 된다.

- 작품 전체 및 특정한 장면에서, 배역의 기본적인 마음의 상태State of Mind가 무엇인지 찾아보고 이를 공유해보자.

- 한 장면 또는 작품 전체가 진행되는 동안 인물이 경험하는 여정을 마음의 상태State of Mind로 표시해보자.

작품을 준비할 때 대부분의 연출자들은 테이블 작업을 통해 대본을 지적으로 이해하는 과정을 중요하게 여긴다. 배우들이 실제로 몸을 움직이면서 놀아볼 시간은 좀처럼 주어지지 않는다. 서둘러서 장면을 만들고 런스루를 한다. ... 각 장면에는 보통 중요한 의미를 해석할 수 있는 열쇠가 포함되어 있는데, 대본만 가지고 작업할 때는 그 열쇠를 놓치는 경우가 많다. 나는 움직임 수업에서 그 열쇠들을 찾아냈다.
(로열 연극 아카데미RADA 학생의 응답)

마음의 상태를 일깨우는 음악

다양한 마음의 상태State of Mind를 일깨우는 음악을 찾아보자. 자신만의 플레이리스트를 만들어보자. 내가 오랫동안 모아온 음악을 몇 곡을 소개해두었다. 음악은 보통 구체적인 성질을 갖기 때문에, 한 상태 안에 있는 에포트 성질의 4가지 조합을 모두 포괄할 수는 없다. 탐험을 하는 과정에서 음악과 조금 어긋나더라도 네 가지 조합을 모두 시도해보자. 탐험을 리드하는 사람이 한 조합에서 다른 조합으로 넘어갈 수 있게 지시해줘도 좋을 것이다.

꿈꾸는 듯한 상태 Dream: 스테판 미쿠스Stephen Micus의 앨범 <Listen to the Rain>에는 간가저이고 간정적인 꿈꾸는 듯한 상태에 해당하는 곡들이 많이 있다. 개인적으로 'For Abai and Togshan'이라는 곡을 특히 좋아한다. 초반 8분을 지나면 시간 요소의 리듬감이 한층 풍부해진다. 에베르하르트 쇄너Eberhard Schoener의 앨범 <Meditation>도 좋아한다.

깨어있는 상태 Awake: 요한 스트라우스Johann Strauss의 'Knall und Fall op. 132' 혹은 브람스Brahms의 '헝가리 무곡Hungarian Dance 5번'은 둘 다 깨어 있는 상태Awake State의 빠르고 강렬한 성질이 강조되어 있다.

멀리 떨어진 상태 Remote: 러시아 영화의 사운드 트랙 'Ulysses's Gaze'는 멀리 떨어진 상태에 잘 어울리는 외롭고, 무중력에, 시간을 초월한 느낌을 준다.

움직이는 상태 Mobile: 오레곤Oregon의 앨범 <Crossing>에 수록된 'Pepe Linque'라는 곡은 장난기 가득한 움직이는 상태를 나타낸다.

가까운 상태 Near: 티나 터너Tina Turner의 'Show Some Respect'라는 곡을 좋아하는데, 매우 감각적인 곡이다.

안정적인 상태 Stable: 생각이 깊고, 추상적인 성질에 가까운 안정적인 상태에서는 특별히 음악을 사용하지 않는 게 좋다고 생각하기 때문에 특정한 곡을 소개하지는 않겠다. 내 의견에 동의하지 않는다면, 영원성이 느껴지는 소리를 찾아봐도 좋을 것 같다. 자연의 소리를 사용할 수도 있을 것이다.

22. 음악을 들으면서 마음의 상태 그리기

- 그림을 그릴 수 있는 재료를 준비하자. 6개의 마음의 상태State of Mind를 일깨우는 음악을 차례로 틀어보자. 참여자들은 각각의 마음의 상태State of Mind 안에서 지배적인 두 에포트 요소와, 뒤로 빠져있는 두 요소가 무엇인지 생각하면서 그림을 그려보자. 빠져있는 성질들이 끼어들지 않게 주의하자.

- 그림을 완성할 때마다 잠시 시간을 갖고, 자신의 움직임, 다른 사람과의 관계, 분위기에 남아있는 영향을 느껴보자. 전체 과정이 끝나면 경험한 것을 공유해보자. 파트너 또는 그룹과 자신이 그린 그림들에 대해서 말해보자.

- 작품을 준비하고 있다면, 배역이 되어서 위의 과정을 반복해보자. 그림을 그리고 나서 떠오른 생각을 글로 적어보거나 즉흥적으로 장면을 연기해보자.

마음의 상태 옮겨가기

일단 6개의 마음의 상태State of Mind가 만들어내는 분위기에 익숙해졌다면, 하나의 상태에서 다른 상태로 옮겨가는 것을 실험해보자. 여기에서는 두 가지 탐험을 소개할 것이다. 먼저 에포트 성질 *하나*를 그대로 두고, 다른 하나의 성질을 바꾸는 것이다. 다른 탐험은 에포트 성질 두 *개*를 다 바꿔서 상태를 옮겨가는 것이다.

23. *꿈꾸는 듯한 상태Dream에서 멀리 떨어진 상태Remote로*

이 두 가지 마음의 상태의 공통점은 둘 다 시간Time이 빠져 있고, 흐름Flow을 포함한다는 것이다. 먼저, 흐름Flow과 무게Weight를 조합해보고, 그런 다음 흐름Flow과 공간Space을 조합해보자.

- 파트너와 등을 대고 앉아서 눈을 감아보자. 서로의 등이 닿는 감각을 탐험하면서 어떤 느낌들이 자신에게 좋게 다가오는지 천천히 찾아보자. 등이 점점 더 넓게 맞닿을 수 있게 해보자. 계속 감각하면서 몸을 열고, 뻗어보자. 가슴으로 숨을 들이쉬어 보자. 이때 자신이 어떤 상태가 되는지 지켜보자... 계속 눈을 감고 접촉하면서, 꿈을 꿀 때처럼 이미지들이 떠오르게 해보자

- 멀리 떨어진 상태Remote State로 옮겨가기 위해서, 앉아서 등을 맞댄 자세로 잠시 멈춰보자. 두 눈을 뜨고, 아주 천천히 앞으로 움직여서, 파트너와 떨어져 보자. 주변 환경이 시야에 들어오게 하자. 충분히 여유를 갖고 일어나서 공간을 탐험해보자. 파트너를 인식해보고, 어떤 생각과 느낌이 떠오르는지 인식해보자. 서로에게 다가갈 수 있지

만, 접촉하지는 않는다. 아무것도 만지지 말자. 어떤 생각과 느낌이
드는지 인식해보자.

24. 존재감 탐구하기-가까운 상태에서 멀리 떨어진 상태로

'존재감'을 탐구하기 위해서, *상반되*는 두 가지 마음의 상태State of Mind를
탐험해보자.

- 가까운 상태Near State로 시작해보자. 이 상태에서는 (결정 및 감각에
  관련된) 시간과 무게 요소가 만들어낸 리듬감이 강조된다. 보다 현실
  적이고 눈에 보이는, 신체적으로 견고한 존재감을 가지려고 해보자.
- 이번에는 시간과 무게 요소를 내려놓고 멀리 떨어진 상태Remote State
  로 전환해서, (생각 및 감정에 관련된) 공간과 흐름 요소에 집중해보
  자. 신체적인 존재감을 포기한 사람처럼 눈에 띄지 않게 해보자. 그
  러나 외부 세계에 대한 관심과 자신의 느낌에는 더 집중해보자.
- 두 가지 마음의 상태를 경험해보고, 그룹의 절반은 자유롭게 존재감
  과 두 상태의 관계를 탐험해보고, 나머지 절반은 밖에서 관찰해보자.
  관찰하는 사람들이 피드백을 줄 수도 있다.

공간Space의 지향성: 축Dimension과 면Plane

변형하기 부분의 첫 탐험 '세계를 어떻게 만날 것인가'에서, 우리는 몸의
모양이 세 개의 다른 축에 어떻게 반응하는지 탐험해보았다.

수직축을 따라서 *떠오르기와 가라앉기*
수평축을 따라서 *넓히기와 좁히기*
시상축은 따라서 *나아가기와 물러서기*

여기서는 각각의 축이 하나의 에포트 성질과 관련된다는 사실을 더 살펴볼 것이다.

수직축은 중력과 관련되며, 무게 요소와 관계가 깊다.
시상축은 앞뒤로 넘나들며, 시간 요소와 관계가 깊다.
수평축은 개인의 관점을 넓히고 좁히며, 공간 요소와 관계가 깊다.

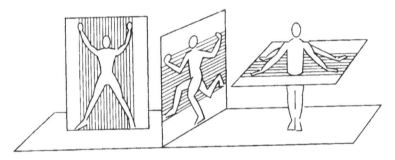

그림 2.1 공간의 지향성은 높이, 깊이, 너비를 가진 세 개의 축들과 관계되어 있다.
(출처: Maletic, 1987)[6]

이차원적인 형태인 평면들에는 별명이 붙는다.

문 모양 평면 Door Plane — 일차적인 차원은 무게와 관련된 수직축이고, 이차적인 차원은 공간과 관련된 수평축이다.

바퀴 모양 평면 Wheel Plane — 일차적인 차원은 시간과 관련된 시상축이고, 이차적인 차원은 무게와 관련된 수직축이다.

탁자 모양 평면 Tabel Plane — 일차적인 차원은 공간과 관련된 수평축이고, 이차적인 차원은 시간과 관련된 시상축이다.

각 평면과 관계된 세 가지 마음의 상태State of Mind에 흐름 요소가 빠져 있는 것을 인식해보자.

25. 흐름 요소가 빠진 마음의 상태와 평면의 관계

그림 1을 참고해서, 각 평면에서 자신의 마음의 상태State of Mind가 어떤지 느껴보자. 필요하면 이전에 했던 마음의 상태State of Mind 탐험을 참고해보자.

- **안정적인 상태**—무게와 공간, 문 모양 평면과 관계된다.
- **가까운 상태**—무게와 시간, 바퀴 모양 평면과 관계된다.
- **깨어있는 상태**—시간과 공간, 탁자 모양 평면과 관계된다.

이러한 관계성을 정리해본 이유는 세 가지 마음의 상태State of Mind에 공간의 축을 연결했을 때 도움을 받을 수 있기 때문이다. 이와 마찬가지로, 각각의 마음의 상태State of Mind에서 어떠한 축이 빠져있는지 인식해보는 것도 도움이 될 것이다.

- 세 평면과 그와 관계된 마음의 상태State of Mind를 탐험해보자. 한 가

지 마음의 상태State of Mind 안에 4가지 변주가 있다는 것을 기억하자.

- 배역을 떠올리면서 한 번 더 해보자.

- 재미 삼아 *관계없는* 상태도 탐험해보자. 예를 들어서, 깨어있는 상태를 문 평면에서 해보자. 이렇게 했을 때 어떤 영향을 받게 되는가? 발견한 것을 기록해보자.

26. 종이 뽑기

- 에포트 요소 두 가지가 적힌 종이를 한 장씩 골라보자. 가령 종이에는 '가벼운 무게와 지속적인 시간'이라고 적혀 있을 수 있다. 이 요소들을 표현해보자. 먼저 한 가지 요소를 표현해보고, 나머지 하나를 더해보자. 자신의 분위기와 태도를 느껴보고, 그와 관련된 상황을 상상해보자. 무게와 시간 두 요소의 조합이 어떤 마음의 상태State of Mind와 관계되는지 인식해보자. 이 경우에는 가까운 상태와 관계된다. 절대로 다른 요소가 당신의 움직임에 영향을 주지 *못하게* 하자. 가까운 상태라면, 공간과 흐름이 당신을 자극하지 *못하게* 해야 한다.

- 그런 다음 두 명 이상 공간 안으로 들어와 보자. 일단은 말을 하지 않고, 서로의 다양한 상태들을 느껴보자. 다른 사람의 마음의 상태State of Mind에 영향을 받아서 자신의 마음의 상태State of Mind에서 빠져나오지 않게 주의하자.

- 말을 추가해서 즉흥 상황극을 만들어보자. 그런 다음, 다시 말을 하지 않는 상태로 돌아와 보자. 단체 소개팅, 의사와 환자, 춤 배우기, 오디션 대기실, 형제자매, 집단 토론 등 관계나 상황을 먼저 정하고 시작할 수도 있다.

27. 인터뷰

위의 탐험에서처럼, 두 가지 에포트 요소가 적힌 종이를 뽑았을 때 생각
나는 배역을 몸으로 표현해보자. 그 인물에게 인터뷰를 해보자. 그룹 전체
가 인터뷰어가 되어서 돌아가면서 질문해보자. 인물이 공간 안에 들어왔
을 때, 객석에 있던 인터뷰어가 그 사람의 직업을 정해줄 수도 있다. 그러
면 인터뷰이는 자신의 마음의 상태State of Mind를 유지하고 직업에 대한 인
터뷰에 임하면 된다.

28. 마음의 상태에 머물기

- 마음의 상태State of Mind 한 가지가 적혀있는 종이를 한 장씩 골라보
  자. 각 마음의 상태State of Mind와 관련된 두 개의 에포트 요소에 집
  중해보고, 나머지 두 요소가 전면에 드러나지 않게 주의하면서, 충분
  히 여유를 갖고 자신이 고른 마음의 상태State of Mind를 신체화해보자.
  하나의 마음의 상태State of Mind 안에서 에포트 요소의 다양한 조합을
  가지고 놀아보자. 모든 사람들이 마음의 상태State of Mind에 머물고
  있다고 느껴지면, 한 명 또는 두 명이 공간 안으로 들어와서 즉흥 상
  황극을 해보자. 나머지 사람들은 그들이 고른 마음의 상태State of Mind
  를 추측해보자.

- 이 탐험은 배우들이 배역으로서 특정한 마음의 상태State of Mind에 머
  물면서 1인 장면을 발전시킬 수 있는, 보다 심화된 단계의 연습이다.

드라이브: 동시에 세 개의 에포트 성질 사용

드라이브Drive는 적극적인 세 가지 에포트 성질을 합친 것이다. 따라서 마음의 상태State of Mind보다 강력하다. 이는 대체로 개인의 행동방식이 강화된 형태로 표출된다는 의미이다. 드라이브에는 네 가지가 있으며, 서로 완전히 다른 성질을 갖는다.

한 드라이브에 세 가지 에포트 성질이 사용되는 것을 이해했다면, 거기에 빠져있는 한 가지 에포트 성질에도 주목해보자. **행동 드라이브**Action Drive에는 흐름 요소가 빠져있고, **주문 드라이브**Spell Drive에는 시간 요소가 빠져있으며, **열정 드라이브**Passion Drive에는 공간 요소가 없고, **환영 드라이브**Vision Drive에는 무게 요소가 없다.

각 드라이브마다 8가지 방식으로 에포트 요소를 조합할 수 있다.

행동 드라이브Action Drive는 흐름 요소를 포함하지 않는 것이 특징이다. 라반이 이름을 붙인 8가지 에포트 행동Effort Action은 배우들에게 너무나 유용한 도구가 된다. 나머지 세 개의 드라이브들은 행동 드라이브의 *변형 드라이브Transformation Drive*라고 불리며, 흐름 대신에 각각 무게, 공간, 시간 요소가 빠져 있다. 먼저, 행동 드라이브를 살펴보자.

행동 드라이브와 여덟 개의 에포트 행동들

행동 드라이브에는 무게, 공간, 시간이 적극적으로 사용되며, 빠져 있는 에포트 요소는 흐름이다. 라반은 8가지 에포트 행동을 다음과 같이 정리했다.

표 2.1 에포트 행동들

행동	무게	공간	시간
떠오르다(float) →	가벼운	간접적인[7]	지속적인
펀치 날리다(punch) →	강한	직접적인	갑작스러운
미끄러지듯이 움직이다(glide) →	가벼운	직접적인	지속적인
베다/후려치다(slash) →	강한	간접적인	갑작스러운
비틀다/짜다(wring) →	강한	간접적인	지속적인
가볍게 두드리다(dab) →	가벼운	직접적인	갑작스러운
털어 날리다/튕겨내다(flick) →	가벼운	간접적인	갑작스러운
누르다(press) →	강한	직접적인	지속적인

에포트 행동들은 여러 가지 면에서 유용하게 쓰인다. 특히 배우가 인물이 가진 성격의 내적/외적 갈등, 감정, 욕구, 장애물을 *본능적으로 경험하게* 돕는다. 또한 배우들이 대사가 없는 순간에도 서브텍스트를 찾아서 생생하게 전달할 수 있게 돕는다. 에포트 행동은 배역의 전반적인 성격을 큰 붓질로 밑그림을 그리고, 제스처와 행동, 말하기 방식에 구체성을 채워주기도 한다.

에포트 행동 신체화하기

각 에포트 행동을 완전히 신체화하기 위해서는, 에포트 행동의 전반적인 개념을 한 번에 익히기보다는 각 에포트 행동에 포함된 3개의 에포트 요소들을 하나씩 신체화해서, 결국에 3가지 에포트 요소를 동시에 경험할 수 있어야 한다. 에포트 행동이 완전히 신체화되고 선명해지는 순간, 느낌으로 알 수 있을 것이다.

펀치를 날리다punch를 예로 들어보자:

- 공간을 걸어보자. 평상시보다 넓은 보폭으로 걸으면서 근육을 평소보다 더 적극적으로 보자. 상체도 깨워보자. 양팔을 강하게 쭉쭉 뻗으면서 근육을 더 적극적으로 써보자. 몸 전체에 강한 무게Strong Weight의 감각이 느껴지면 다음과 같이 해보자.

- 공간 요소의 직접적인Direct 주의 집중을 추가해보자. 걸으면서 집중할 대상을 예민하게 포착해보자. 강함Strong과 직접적임Direct의 두 요소가 합쳐지는 것을 느껴보자.

- 이제, 시간 요소의 갑작스러움Quick을 추가해보자. 세 요소를 동시에 포착하기 위해서, 걸으면서 말 그대로 팔로 '펀치를 날려보자'! 이때, 반드시 하체의 지지를 받아서 움직여야 하고, 행동할 때는 정확한 초점을 가져야 한다. 잠시 멈춰서, 강렬한 감각을 느껴보자. 팔에 반동이 생기지 않게 하고, 집중력이 흐트러지지 않게 하자. 펀치를 날릴 때, '하' 소리를 낮게 내서 도움을 받아보자.

- 잠시 강렬함을 느껴보고, 계속 걸으면서 다시 펀치를 날릴 수 있게 에너지를 모아보자. 이 행동을 여러 번 반복해보자. 이제 이 행동이 당신의 호흡, 태도, 사고방식에 어떤 영향을 주는지 인식해보자.

나머지 에포트 행동에 대해서도 같은 방식으로 탐험해보자. 표 2-1을 참고해보자. 하나의 요소를 먼저 해보고, 두 번째 요소를 그 위에 얹어보고, 그다음 세 번째 요소를 더해보자. 행동을 하나씩 탐험하는 과정에서 호흡과 목소리의 도움을 받아보고, 반대로 행동을 반영시켜 보기도 하자. 작품을 준비하면서 에포트 행동을 탐구하고 있다면, 각각의 행동에 대해서 충분한 시간을 들여서 탐험해보자. 어떤 행동이 적합하지 않을 것 같다고 건너 뛰지는 말자. 어쩌면 작품에 드러나지 않는 성질들이 사실 배역에게 예전에 있었지만 지금은 사용하지 않는 것일 수도 있고, 아니면 속에 감추고 있지만 표현하고 싶어하는 성질일 수도 있다. 에포트 행동들이 어떤 상상을 자극했는가? 발견한 것을 기록해보자. 몇 가지 탐험을 더 해보자.

29. 에포트 행동으로 연출하기

누군가가 다양한 에포트 행동을 말하면, 당신은 배역이 되어서 그 행동들을 대사나 즉흥 상황극에 적용시켜 보자. 당신의 태도와 행동방식, 말하기가 주어진 에포트 행동의 영향을 받게 하자. 혼자서 하고 있다면 자신이 직접 연출가가 되어보자. 끝나고 나서 에포트 행동과 배역의 생각, 신체 행동의 관계를 분석해보자. 새롭게 이해하거나 해석하게 된 것은 무엇인가? 실제로 작업에 적용해보고 싶은 선택지는 무엇인가?

30. 배역의 상반된 측면들

에포트 행동 두 개를 가지고 놀아보자. 대사를 가지고 하거나 장면 즉흥을 해도 좋다. 두 에포트 행동을 번갈아 가면서 해보자. 전환할 때는 분명히 바뀌게 해보자. 두 개의 에포트 행동은 '누르다'와 '튕겨내다'처럼 반대되는 성질을 가질 수도 있고, 아니면 '누르다'와 '미끄러지듯이 움직이다'처럼 한 가지 요소만 변한 관계일 수도 있다(이 경우에는 무게 요소만 바뀌어 있다). 하나의 에포트 행동에서 다른 행동으로 언제, 어떻게 바뀌는지, 각 행동이 배역의 어떤 성격을 드러내는지 주목해보자.

31. 네 부분으로 나뉜 방

* 이 탐험을 알려준 줄리엣 챔버스Juliet Chambers에게 감사를 표한다.[8]

테이프를 사용해서 방을 4등분 해보자. 각 사분면에 에포트 행동을 하나씩 배정하자. 배역으로서 방을 돌아다녀보자. 대사를 떠올리며 해도 좋고, 대사를 무시해도 좋다. 소리 내어 말해도 되고, 안 해도 된다. 사분면들의 경계를 인식해보자. 거기에서 두 개의 에포트 행동이 당신을 동시에 끌어당기는 느낌을 받을지도 모른다. 사람들과 같은 사분면에 있을 때, 이웃하는 사분면에 있을 때 어떻게 상호작용하게 되는지 인식해보자.

32. 에포트 행동과 다양한 활동

에포트 행동에 영감을 받아서 사물을 다루거나 활동을 하는 다양한 방식을 찾아보자. 이러한 신체 행동들이 당신에게 심리적, 감정적인 정보를 알려주고, 당신의 생각과 감정이 어떤 에포트 행동을 선택할지 알려준다. 에포트 행동이 몸 안에 남아서 어떤 영향을 주는지 인식해보자. 다음 행동과 상태로 넘어갔는데도 이전의 영향이 남아있을 수도 있다. 이렇게 해보면서 인물의 복합성과 다층적인 생각과 느낌을 이해해보자.

33. 내적이고 외적인 에포트 행동들

에포트 행동 하나를 선택해서 인물의 내면에 있는 감정을 효과적으로 드러낼 수 있다. 인물이 속으로는 느끼고 있지만 행동으로 드러내고 싶지 않거나, 드러낼 수 없는 무언가를 말하는 것이다. 어쩌면 인물 자신도 모르는 부분일 수도 있다!

- 예를 들어서, '비틀기'Wring로 해보자. 먼저 '비틀기'의 각 요소들을 하나씩 신체화하면서 공간을 움직여보자. 몸의 근육을 강하게 사용하는 움직임, 공간적으로 예민하지 않은 간접적인 집중, 시간이 오래 이어지는 지속성을 경험해보자. 이 요소들을 소리를 사용해서 드러내보자. 수건을 잔뜩 힘을 줘서 비틀어 짜는 것처럼 행동하면서 '아'하고 깊은 신음 소리를 낼 수도 있다. 그런 다음 소리 대신 말을 해보자. '어'와 '아니'('어어어어어' 또는 '아아니이')는 항상 좋은 재료가 된다. 대본에 있는 대사를 가져와도 좋다.

- 그런 다음 움직임 없이, 호흡에 담긴 느낌과 성질을 내적으로 가져와보자. 외적으로 제대로 표현했다면, 내적으로도 느껴질 것이다.

- 이제, '외적'으로 할 수 있는 다른 행동을 선택해보자. 어쩌면 '비틀기'와 반대되는 '가볍게 두드리기'Dab를 선택할 수도 있을 것이다. '가볍게 두드리기'의 한 요소씩 쌓아 올려가면서 세 개의 요소들을 익혀보자. 내적 행동인 '비틀기'와 외적 행동인 '가볍게 두드리기' 사이에서 생겨나는 상호작용을 느껴보자.

- 대사를 말해보자. '비틀기'가 주는 감각이 바탕에 깔려있고, '가볍게 두드리기'로 가끔씩 밖으로 새어 나오는 것처럼 표현해보자. 말뿐만 아니라 제스처에도 드러나게 해보자.

- 이런 방식으로, 내적인 행동과 외적인 행동의 차이를 가지고 놀아보자. 파트너와, 그룹으로, 대사나 즉흥을 하면서 놀아보자.

34. 에포트 행동으로 연설하기

- 정치적인 연설은 에포트 행동들을 대사에 적용해서 탐험할 때 아주 좋은 재료가 된다. 연설문을 하나 골라서 여러 번 읽고, 다양한 에포트 행동들을 가지고 생각이나 단어를 표현해보자(연설문의 시대적 배경이나 주제는 상관없다. 열정적인 연설이면 된다. 또한 정치인의 연설에 국한해서 생각할 필요도 없다).

- 이제 파트너와 둘이서 해보자. 한 사람이 연출가가 되어 에포트 행동들을 임의로 지시하자. 이렇게 했을 때, 당신은 말에서 새로운 의미와 리듬, 생동감을 찾게 될 것이다. 에포트 행동들을 완전히 몸으로 숙지한 다음에 이 탐험을 하길 바란다. 그러면 '떠오르다'Float라는 하나의 행동이 당신의 온 존재에 변화를 가져오고, 몸 전체가 반응하게 될 것이다.

정치인들을 관찰해보자. 그들이 말할 때 에포트 행동들을 사용하는 방식이 그 사람의 스타일을 결정하는 것에 주목해보자.

35. 무성영화

이 탐험은 3-4명 정도의 작은 그룹으로 하는 것이 적당하다. 아주 드라마틱한 무성 영화 시나리오를 생각해 내보자. 주인공, 악당, 위험에 빠진 사람 등—고전적인 이야기를 현대적인 이야기로 재구성해보자. 배역마다 한두 개의 에포트 행동들을 기본적으로 사용한다고 정해보자. 같이 연습해보고, 무성 영화 스타일의 배경 음악을 깔고 다른 그룹들 앞에서 발표해보자.

36. 떠나거나 남거나

이 탐험은 파트너와 둘이서 해보자. 한 사람은 떠나고 싶어 하고, 다른 한 사람은 남고 싶어 한다. 움직임과 말을 다 사용해서 즉흥 상황극을 해보자. 파트너를 자신과 함께 떠나게 하거나/남게 하는 것을 목표로, 에포트 행동들을 사용한 다양한 전략을 시도해보자. 에포트 행동들을 사용하면서 다양한 감정을 폭넓게 경험할 수 있을 것이다.

세 개의 변형 드라이브들:
극 안에서 어떻게 절정을 만들어낼 수 있을까?

표 2.2 변형 드라이브들

드라이브	특징
주문(Spell)	시간을 초월한(무게/공간/흐름)
환영(Vision)	무중력의(시간/공간/흐름)
열정(Passion)	(공간적으로)무한한(무게/시간/흐름)

행동 드라이브에 있는 에포트 요소 한 가지를 흐름Flow 요소로 바꾸면, 흐름Flow이 가진 감정적인 성질이 더해지면서 나머지 두 에포트 요소의 성질이 강력해진다. 행동 드라이브와 마찬가지로, 각각의 변형 드라이브에도 이를 구성하는 세 가지 에포트 요소들을 가지고 만든 8개의 조합이 있다 (이름을 붙이지는 않았다).

　　변형 드라이브들을 탐험하기 위해서, 이와 관련된 마음의 상태들 중 한 가지를 사용해보자(관련된 마음의 상태 리스트를 참고하자). 그런 다음 세 번째 에포트 요소를 추가해보자. 각 변형 드라이브에 해당하는 요소의 8가지 조합 리스트를 만들어봐도 좋을 것이다. 하나씩 시도해보고, 끝난 후에 느낀 것을 기록해보자.

변형 드라이브들은 흐름이라는 감정적인 요소를 포함하고 있기 때문에, 극에서 감정적으로 절정을 이루는 순간이나 장면에서 특징적으로 사용된다. 이처럼 감정적으로 고양된 순간이나 장면에서, 인물은 무게, 공간, 시간 중 하나를 상실하고, 나머지 요소에 완전히 집중하게 되는 것인지도 모른다. 세 개의 변형 드라이브들은 다음과 같다.

열정 드라이브Passion Drive

시간, 무게, 흐름을 포함한다. (여기에는 공간이 빠져 있다.)

이 드라이브는 공간 요소와 관계된 사려성과 거리가 멀다. 거침없는 감정적/신체적 표현이 특징이다. 공간과 관계된 성찰하는 능력이 빠져 있다. 불같이 화를 내는 사람을 예로 들 수 있다.

관련된 마음의 상태: 꿈꾸는 듯한 상태, 가까운 상태, 움직이는 상태

주문 드라이브Spell Drive

무게, 공간, 흐름을 포함한다. (여기에는 시간이 빠져 있다.)

이 드라이브는 불변성을 가지며, 이것이 마법 주문 같은 강렬함을 만들어낸다. 다른 사람들을 강력하게 통제하거나, 반대로 통제받거나 도취된 상태로 특징지어진다. 주문을 거는 마녀나, 무아지경에 빠진 사람을 예로 들수 있다.

관련된 마음의 상태: 멀리 떨어진 상태, 꿈꾸는 듯한 상태, 안정적인 상태

환영 드라이브Vision Drive

시간, 공간, 흐름을 포함한다. (여기에는 무게가 빠져 있다.)

무게와 관련된 신체적 감각이 빠져 있기 때문에, 이 드라이브는 현실에서 동떨어진 성질을 갖는다. 가령, 자신의 내적인 감정과 상상력에 따라서 움직이는 사람을 생각해볼 수 있다. 강론의 절정 부분을 설교하는 열성적인 목사나, 먼 곳으로 떠나는 것을 오랫동안 갈망하고 있는 사람을 예로 들수 있다.

관련된 마음의 상태: 움직이는 상태, 깨어있는 상태, 멀리 떨어진 상태

37. 요소들을 더하고 빼기

드라이브와 마음의 상태의 구성 요소들을 바꿔보고, 더하고 빼면서 놀아보자. 먼저 임의로 아무렇게나 해보자. 그런 다음에 자신이 한 것을 다시 생각해보고, 거기에 어떤 마음의 상태나 드라이브가 포함되어 있는지 살펴보자. 작품을 가지고 작업하고 있다면, 변화가 생기는 지점들을 전부 찾아서 새로운 비트와 새로운 의도들을 찾아보자.

38. 드라이브를 사용해서 행동 가지고 놀기

- 행동 동사와 드라이브가 하나씩 적힌 종이를 만들어 보자. 행동 동사는 예를 들어서, '설득하다', '질책하다', '구애하다', '용기를 주다'가 될 수 있다. 드라이브 중에서 행동 드라이브를 적는다면 구체적인 에포트 행동을 적자. 그렇게 되면 '주문 드라이브/설득하다', '환영 드라이브/질책하다', '열정 드라이브/구애하다', '떠오르다/용기를 주다' 이렇게 써볼 수 있을 것이다. 또는 각 드라이브의 세 가지 요소들도 같이 풀어서 적어볼 수도 있다. 이를테면, '주문 드라이브/직접적인, 가벼운, 통제되는/위협하다' 이렇게 적을 수도 있다.

- (비난하다, 혼란스럽게 만들다, 칭찬하다, 요구하다 등) 다양한 행동들을 가지고 놀면서, 에포트 행동이나 변형 드리이브에 대한 자신민의 선택을 찾아보자. 같은 행동을 다양한 방식으로 여러 번 해보자. 첫 번째 선택지에 만족하지 말자. 가장 흥미로운 것을 발견해보자!

39. 작품 속에서 움직임 지도 만들기

배우나 연출가가 작품을 탐구할 때, 라반 움직임 분석LMA을 이용한 움직임 지도는 아주 유용한 도구가 된다. 작품의 시작, 중간, 끝부분의 분위기를 그림이나 그래프로 만들어보기. 거기에 작품의 모든 장면과 주요 시킨들을 기록해보자. 여러 인물들의 여정을 표시할 수도 있고, *자신의* 인물에만 집중해 볼 수도 있다. 라반 움직임 분석LMA 용어들을 사용해서 에포트의 점진적인 변화와 인물이 공간과 맺는 관계가 어떻게 바뀌는지 설명해보자.

관찰 탐험하기

자신의 외부에 존재하는 사람(사람이 아닌 다른 대상도 좋다)을 관찰하는 것은 창작을 위한 무한한 재료를 제공한다. 당신은 배우로서 모방과 공감 능력을 본능적으로 사용하고 있을 것이다. 다른 누군가가 된다는 것이 어떤 느낌인지 직관적으로 알고 있을 수도 있다. 하지만 라반의 용어들을 이해하고 사용했을 때 당신의 직관은 더 강화되고, 새로운 차원의 통찰을 얻게 될 것이다. 비언어 정보가 가진 섬세함과 깊이를 의식적으로 알고, 다른 누군가의 복합적인 성격을 더 쉽게 이해하게 될 것이다. 이제, 관찰하기 탐험으로 들어가보자.

40. 몸 전체로 관찰하기

길거리나 카페, 체육관 등에서 모르는 사람을 관찰해보자. 어떤 이유로든 관심이 생기는 사람을 선택해보자.

- 그 사람을 자신의 몸으로 감각해보자. 그 사람이 된다는 것이 어떤 느낌인지 인식해보자. 이때 중요한 것은 관찰자로서 당신이 무엇에 흥미를 느끼는지 인식하는 것이다.
- 충분히 관찰한 다음, 조심스럽게 그 사람이 움직이는 방식으로 움직여보자. 이것이 당신의 내적인 독백을 불러일으키게 해보자. 만약에 당신이 관찰하는 그 사람에게서 두 가지 상반된 면이 느껴진다면 대화 형식으로 해도 좋다.
- 관찰한 다음 기록해보자. 다른 사람이 읽었을 때 관찰한 사람에 대한

느낌을 알 수 있게 해보자. 라반의 용어나 개념을 사용해서 그 사람을 설명해보자: 자세, 제스처, 키네스피어, 특징적인 신체 부위, 주요 에포트 상실, 마음의 상태, 드라이브 등.

- 무게, 공간, 시간, 흐름의 요소 중 어떤 것이 두드러지는가? 어떤 에포트 행동을 사용할 것 같은가? 신체의 중심이 어디이고, 몸의 무게가 발의 어디에 실려있는가?
- 라반의 용어들만 쓸 필요는 없다. 자신에게 편한 방식으로 설명해보자. 환경이나 다른 사람과의 관계에 대해 묘사할 수도 있다. 그 사람을 관찰할 때 떠오르는 당신의 생각과 느낌이 담기게 해보자.

41. 관찰한 인물 신체화하기

- 그룹으로 작업하고 있다면, (이전 탐험에서 제시한 대로) 두 사람을 관찰한 기록을 가져와 보자.
- 그룹의 모든 사람들이 종이에 적힌 내용을 바탕으로 두 사람 중 한 명을 신체화해보자. 시간을 충분히 사용해서 정확하고 입체적으로 표현해보자.
- 이제 인물의 특성을 가지고 그룹 안에서 자유롭게 걸어 다녀보자. 다른 사람들에 대해서 어떻게 느끼는지 인식해보자... 누구와 관계 맺고 싶은지... 누구와 어울리지 않는지... 처음에는 말없이 움직이다가 나중에 말을 추가해보자.
- 리더는 인물들에게 시민들이 일상에서 어떤 관심사를 갖고 있는지 조사하기 위해 선정되었다고 알려주자. 한 줄로 둘러 앉아, 토론을 진행할 사람을 정하게 하자.

- 인물들이 돌아가면서 그룹에게 자기소개를 할 수도 있을 것이다. 주제와 관련된 질문에 답하거나, 자신이 가진 생각을 말해보자. 다른 사람들에게 질문을 받고 답해보자.

42. 다른 사람의 인물 신체화하기

- 인물을 관찰한 기록 하나를 그룹의 다른 사람에게 주자. 그러면 그 사람은 자신이 받은 종이에 적힌 인물을 신체화해보자. 실제로 관찰한 사람과는 상의하지 않는다. 그룹의 절반은 인물로서 즉흥 상황극을 하고, 나머지 절반은 밖에서 지켜보자.
- 또는 모든 사람들이 관객에게 자기소개를 하고 질문을 받아보자. 그 인물의 입장에서 자신의 전사, 욕구, 결핍을 상상해보자. 이 인물을 가슴 뛰게 하는 것이 무엇인지 설명해보자.
- 그런 다음 당신이 신체화한 인물을 관찰한 사람과 공유해보자.

43. 그룹으로 관찰하기

배우들끼리 그룹을 지어서 밖으로 나가보자. 사람이 많은 거리로 나가서 관찰하고 싶은 사람을 찾아보고, 수업에 돌아올 때는 그 사람을 신체화해서 온다. (로열 연극 아카데미 학생들은 주로 토트넘 법원 도로에 나갔다. 그곳은 늘 사람들로 가득했다.)

- 세 그룹으로 나눠서, 그룹마다 서로 다른 평면(수직—문 모양 평면/ 수평—탁자 모양 평면/ 시상—바퀴 모양 평면)을 사용하여 공간과 관

계 맺어보자. 수업에 오기 전에 충분히 연습해보자. (로열 연극 아카데미에서는 수업이 보통 12-16명으로 이루어졌고, 한 그룹에 4-5명 정도가 되어서 연습하기에 좋았다.)

- 당신이 관찰한 사람들이 가진 리듬을 느껴보고, 그들이 무슨 생각을 할지 상상해보자. 세 가지 평면을 의식했을 때 무엇이 달라지는지 느껴 보고, 수업에 와서 공유해보자. 세 가지 관점별로 무엇을 인식하고 경험하게 되었는가?

44. 소리를 끄고 TV나 영화 보기

- 소리를 끄고 TV에 나오는 뉴스 앵커들, 인터뷰어들, 정치인들을 보자. 그들의 비언어적인 선략을 찾아보자. 라반은 이것을 *그림자 움직임*이라고 했다. 라반의 용어로 움직임의 성질, 마음의 상태, 공간의 축을 설명해보고, 그들의 제스처와 자세를 묘사해보자. 관찰한 것을 신체화해서 공유해보자.

- 영화의 한 장면을 선택해서 수업에서 같이 보자. 마찬가지로 소리는 끄고 보자. 라반의 용어를 사용해서 인물(들)을 어떻게 설명해볼 수 있을까? 나는 이 탐험에서 영화 <택시 드라이버>(*Taxi Driver*)를 사용했다. 영화의 짧은 장면을 소리 없이 보고 이야기 나눈 다음에 소리를 켜고 봤다.

에포트에서 영감을 받은 다른 움직임 주제들

다음 탐험들을 꼭 라반 움직임 분석LMA에서 출발할 필요는 없지만, 지금까지 한 것을 돌아보고, 새로운 해석과 가능성을 찾는 데 분명 도움이 될 것이다.

45. 소품

인물이 사물을 다루는 방식에서 인물의 내적인 삶이 많은 부분 드러난다. 사물을 사용해보자. 딱딱하든, 부드럽든, 크든, 작든, 어떤 종류도 괜찮지만 한꺼번에 너무 많은 사물을 다루지는 말자. 하나씩 진득하게 집중해보고, 공간을 충분히 갖고 움직여보자. 어떤 사물이든 상관없다. 책, 옷, 주방용품도 괜찮고, 밧줄, 우산, 사다리 등 무엇이든 원하는 대로 다뤄보자. 이 탐험은 그룹으로도 흥미롭게 해볼 수 있다. 모두가 사물을 배치하고, 분류하고, 손에 들고, 고르고, 주고, 받고, 제안하고, 수용하고, 다루면서 얼마든지 가지고 놀아볼 수 있다.

- 사물이 어떤 성질을 만들어내는가? 사물이 당신에게 어떤 느낌을 주는가? 그것이 당신을 어떻게 움직이고 싶게 만드는가? 그걸 가지고 뭘 해보고 싶은가? 그걸로 또 무엇을 할 수 있을까? 가장 흥미로운 것을 발견해보자.
- 사물 다루기를 가지고 인물을 만들어 볼 수도 있다. 그 사물에서 장면과 상황이 떠오르게 해보자.
- 작업 중인 장면에서 실제로 사용하는, 또는 사용할 법한 소품들을 가지고 작업해보자. 배경이 되는 공간이나 상황을 떠올리는 소품과 의상을 가져와서 다뤄보자.

46. 행위들

인물의 행위를 탐험해보면 인물에 대한 많은 것을 발견할 수 있다. 사물을 다루는 행위든 아니든, 희곡 속에 나와 있든 아니든 관계없다. 인물이 할 법한 행위는 무엇이든지 해보자. 바느질하기, 옷 입기, 청소하기, 거울 보기 등 그 작품 속 세계에 어울린다면 무엇이든 가능하다. 마음의 상태를 적용해보고, 당신의 행위와 마음의 상태가 어떻게 바뀌는지 인식해보자. 에포트 행동들과 변형 드라이브들도 다양하게 시도해보자. 하나의 *내적* 태도가 행위의 *외적* 표현에 색깔을 입히거나 충돌하는가? 서브텍스트가 외적으로 표현되게 해보자. 말이 나오면 자연스럽게 해도 되지만, 기본적으로는 말이 아닌 호흡과 소리만 사용해서 작업해보자.

47. 먹기

무대 위에서 인물이 무언가를 먹을 때 서브텍스트가 드러난다. 한 명씩 돌아가면서 그룹 앞에서 무언가를 먹어보자. 과일도 좋고, 적당한 무엇이든 괜찮다. 과일을 고르기 전에 감정적인 성질들이 적힌 종이를 한 장 고르자. 공격적이다, 겁에 질려 있다, 활기차다, 교활하다, 집중력이 있다, 어수선하다, 까다롭다, 세심하다, 분노하다, 굶주려 있다, 역겨워하다, 죄책감을 느끼다, 슬퍼하다, 즐겁다, 유혹적이다 등이 적혀 있을 수 있다.

　　끝날 때마다, 그룹은 에포트 성질, 마음의 상태, 드라이브의 용어를 사용해서 자신들이 발견한 것을 공유해보자.

48. 의상

모든 사람들이 공간의 가운데에 옷을 하나씩 가져다 놓자. 리더가 여분의 의상을 추가해도 좋다. 하나씩 골라보자. 의상에서 출발해서 인물을 발전시켜 보자. 상황과 관계를 설정해서 작은 그룹 즉흥을 해보자. 의상이 인물의 움직임, 목소리, 생각에 영향을 주게 하자. 이 탐험은 젠더와 성 역할의 경계를 탐험해보는 데 좋은 연습이기도 하다. 그런 다음 에포트 성질, 마음의 상태, 드라이브의 용어를 사용해서 공유해보고, 의미 있거나 놀라웠던 발견을 이야기해보자.

49. 초상화

남자, 여자, 아이나 역사 속 인물, 또는 현대적인 사람들의 초상화가 그려진 박물관의 엽서 이미지를 하나 골라서 최대한 완전하게 그 인물을 신체화해보자.

- 초상화와 정확히 똑같은 자세를 취해보자. 얼굴만 나와 있다면 몸의 나머지 부분들은 스스로 발견해보자.
- 인물의 눈으로 바라보고, 공간을 움직이면서 인물의 생각을 인식해보자.
- 공간을 어떻게 사용하는지, 다른 사람을 어떻게 생각하는지, 누구에게 끌리는지, 누구를 거부하는지 인식해보자.
- 내면의 목소리를 들어보자. 누군가에게 말을 한다면, 그 인물의 목소리가 자신의 목소리와 어떻게 다른지 인식해보자.

- 인물로서 독백을 적어보고, 그룹에게 그 인물로서 그 사람의 제스처, 목소리, 말하기의 리듬을 사용해서 읽어보자. 그룹의 사람들은 당신을 보면서 초상화도 같이 볼 수 있다.
- 그런 다음, 인물의 기본적인 마음의 상태에 대해 말해보자.

이 탐험은 신문의 사진들을 가지고도 해볼 수도 있다. 인물의 신체적인 삶이 갖는 영향력을 고려해서 신중하게 골라보자.

50. 음악과 소리 만들기

타악기를 가져와 보자. 그룹의 절반은 움직이고, 나머지 절반은 연주자가 되어 즉흥 연주로 그늘의 움직임을 도와주자. 모든 사람들이 자신의 눈과 귀, 마음, 정신을 열어 놓고 전체적인 앙상블을 이룰 때, 움직이는 그룹과 연주자들이 딱 맞아 떨어지는 환상적인 순간을 발견하게 될 것이다.

- 움직이는 사람들은 각자 공간에서 시작할 위치를 정하고, 연주자들은 악기를 선택한 다음 말이 없는 상태로 시작해보자.
- 이 탐험은 작품을 준비하는 과정에서 크게 도움이 된다. 배우들은 대본에서 자유로운 상태에서, 뻔하지 않게 직관적인 방식으로 상호작용하게 된다. 이때, 서브텍스트가 적극적으로 드러나기도 한다.
- 움직이는 사람들을 도와주기 위해서 목소리 연주를 추가해보자. 움직이는 사람마다 목소리 연주를 해줄 파트너를 정해보자. 목소리 연주자는 움직이는 파트너를 계속해서 지켜보면서 그에게 도움이 되는 소리를 내주자. 목소리 연주자들은 바깥 공간에 둥글게 둘러앉아도

좋다.

- 이 탐험이 잘 되면 5분 또는 그 이상 진행해보자. 시작하고 끝나는 신호를 줘서 탐험이 유기적으로 끝나게 하자.

갈무리 프로젝트 두 가지: 전부 통합해보기

51. 장면 연습 및 발표하기

이 프로젝트는 배우들이 실제로 작업하는 과정에서 라반 움직임 분석LMA 을 적용할 수 있는 중요한 연결고리가 된다.

- 배우들은 수업 외의 시간에 희곡의 한 장면을 준비해온다. 보통 2인 장면을 많이 하지만, 3인 장면이나 독백도 괜찮다.
- 배우들은 기본적으로 장면을 연습하고 발표한다. 여기에 한 가지 더 해서, *라반에 기반한 장면 연습 과정*을 공유할 수 있게 준비한다.
- 배우들은 장면을 발표하기 전에 진행자가 되어서 다른 배우들이 자신의 장면 연습 과정을 경험하게 한다. 발표자들이 리드를 하되, 이 과정은 실제로 발표의 준비 과정인 만큼 자신들도 직접 참여해야 한다.

나머지 배우들도 발표를 하는 배우들과 함께 준비 과정을 즐겨보자. 그러면 장면을 보기 전에 미리 인물을 신체적으로 이해할 수 있을 것이다. 또한 실제 작업에서 라반 움직임 분석LMA을 적용하는 다양한 방식을 서로에게서 배울 수 있다.

로열 연극 아카데미RADA에서 학생들이 가져온 두 가지 준비 과정을 소개해 보겠다.

두 배우가 스트린드베리의 <줄리 아씨>(*Miss Jully*)의 한 장면을 발표했다. 준비 과정에서 여자 배우들은 줄리 역할을 연기하는 배우를 따라 했다. 줄리 역의 배우는 다른 배우들이 인물을 표현하는 세 개의 에포트 행동Effort Action을 찾아보게 했다. 줄리의 하인인 장을 연기하는 배우가 남자 배우들을 리드했다. 남자 배우들은 발표자의 주문대로 함께 왈츠를 출 파트너를 선택했다. 준비된 음악에 맞춰서 배우들이 같이 왈츠를 췄고, 춤 속에 두 인물 사이의 권력과 계급의 복잡성이 담겨있었다. 이로써 장면 발표를 위한 준비가 끝났다. 실제로, 이 연극은 두 사람의 왈츠로 시작된다.

<고도를 기다리며>(*Waiting for Godot*)의 한 장면과 관련해서, 블라디미르 역할을 연기하는 그룹과 에스트라공 역할을 연기하는 그룹이 반으로 나뉘었다. 블라디미르 역할을 따라 하는 그룹은 '떠오르다'라는 에포트 행동과 꿈꾸는 듯한 상태의 시간을 초월한 감각을 경험했고, 에스트라공 역할을 따라 하는 그룹은 털어내다, 베다, 펀치를 날리나의 에포트 행동과 깨어있는 상태를 경험했다. 그런 다음 상대 그룹의 파트너와 만나서 서로의 관계성을 이해해보았다.

52. 마법의 숲

'마법의 숲'에서 인물들을 창조했던 경험은 언제나 그렇듯이, 아직도 생생하게 느껴진다. 다른 인물들과 열정적으로 교감했던 게 기억난다. 너무나 진짜 같았다.

(연습한 지 1년 후, 로열 연극 아카데미RADA 학생의 응답)

이 프로젝트는 몇 번의 세션에 걸쳐 진행되며, 확장된 형태의 그룹 탐험이다. 여기에는 즉흥을 안내하고 바깥에서 지켜봐 줄 진행자가 꼭 필요하다. '마법의 숲'은 이 장의 변형하기 부분에서 소개된 다른 탐험들과는 또 다르다. 배우들은 이전보다 긴 즉흥 세션을 세 번 연속해서 경험하게 될 것이고, 라반 움직임 분석LMA은 그 이후에 창조된 인물들과 그들의 심리-신체적인 삶을 되돌아보는 도구로 사용된다.

이 프로젝트는 나와 2년 가까이 작업한 배우들을 위해 고안되었다. 우리는 서로 같이 작업해왔고, 라반 움직임 분석LMA을 익숙하게 다룰 줄 알았다. 이러한 맥락에서 보면, 이 탐험은 '고급' 과정에 해당한다. 배우들은 최소한의 안내로, '마법의 숲' 안에서 자신이 직접 상상의 세계를 만들고 그 속에서 살아가면서 독창적인 인물들을 창조했다.

'마법의 숲'이 서서히 모양을 드러내면 거기에는 배우들이 만들어낸 아름답고, 추하고, 매혹적이고, 공포스럽고, 변화무쌍한 창조물들이 뒤섞여 살아간다. 상상력은 다른 무엇보다도 움직임으로 그 모습을 드러낸다. 배우의 움직임과 상상력이 딱 맞아떨어질 때 인물들이 탄생하고, 확고해지고, 변화한다. 창조물들은 매 순간 아주 극적이고 감정적인 관계와 상황에 반응한다.

즉흥은 대체로 말없이 진행되는데, 창조물끼리의 만남은 조심스러울 수도 있고 대담하게 이뤄질 수도 있다. 선과 악이 수면 위로 떠오를 때 격한 감정이 고조된다. 선이 순식간에 악으로 바뀌는 순간도 있다. 보이는

게 다가 아니다. 속임수, 경쟁, 증오, 살인이 있을 수도 있고, 연민, 친절함, 사랑이 있을 수도 있다. 좋은 극의 모든 요소들이 거기에 있다.

나는 이 탐험을 돕기 위해 분위기를 조성할 수 있는 배경 음악을 사용한다(구글에서 'Enchanted Forest Music'을 검색해보자). 서로 다른 감정의 성질을 가진 곡들을 선택해도 된다. 나는 시작 부분과 끝부분에서는 진정된 분위기의 음악을 사용하고, 중간에는 더 거칠고, 더 불안감을 주고, 리듬감이 있는 음악을 사용한다. 한편, 탐험의 과정에서 배우들이 자신의 소리와 목소리를 찾았다면, 외적인 음악이 필요하지 않다고 판단할 수도 있을 것이다.

상상의 세계를 발전시키기 위해서, 나는 다양한 크기, 모양, 질감, 색깔을 가진 자투리 천들을 사용했다. 그것을 어떻게 사용할 수 있는지는 이후에 설명하겠다. 배우들은 자투리 천을 이용해서 환상적인 창조물과 창조물들이 살아가는 세계를 만들 수 있다. 크고 작은 가구들도 활용할 수 있다.

이와 같은 상상의 세계를 발전시키기 위해서 당신은 최소한 세 번, 한 시간 반 길이의 세션에 참여해야 한다. 세 번의 세션은 다음과 같이 진행된다.

첫 번째 세션

- '마법의 숲'을 생각하면 어떤 이미지나 캐릭터가 떠오르는가. 모두의 상상력을 모아보자. 이 과정은 모두 같이 참여하고 있다는 느낌을 주고, 기대감을 갖게 한다. 떠오르는 것을 자유롭게 이야기해보고 한 사람이 적어보자. 종이에 적은 목록을 그룹에게 다시 읽어주자. 이 주제에 대해 이야기할 때, 배우들이 어린 시절의 기억을 떠올리면서

유아적으로 퇴행하지 않도록 유도할 필요가 있다. 아이처럼 열린 마음을 가지면서도, 어른들의 세계가 가진 재료들을 충분히 활용할 수 있게 유의하자.

- 다음으로, 편안하게 쉴 수 있는 공간을 찾아보자. 마치 꿈속으로 들어가는 것처럼 벽이나 다른 곳에 기대거나 누워서 눈을 감아보자.

- 그곳에서, 배우들이 자신의 위치, 신체적인 감각들, 호흡, 외부 환경에 닿아있는 부분들에 집중하게 해보자. 평화로운 분위기를 가진 '마법의 숲' 음악이 도움이 될 것이다.

- 이제, 배우들은 작게 움직이기 시작해보자. 손이나 발을 먼저 움직일 수도 있다. 계속해서 몸 전체로 집중을 보내면서, 움직이고, 구르고, 몸을 쭉 뻗고 싶은 욕구에 따라 움직여보자. 몸의 모양을 어떻게 바꿔도 좋다. 상상력을 마음껏 발휘해서 숲속의 창조물과 인물을 신체화해보자.

- 이 프로젝트의 안내자는 배우들이 눈을 감게 하고, 공간 전체에 천 조각들을 흩어놓은 다음 그들이 서서히 움직이기 시작하면서 천 조각을 만나게 하자. 여기에서 상상력이 발생한다. 배우들의 상상력과 움직임이 조화를 이룰 수 있게 격려해주고, 움직임의 충동으로 창조물과 인물을 구체화할 수 있게 도와주자.

- 배우들은 신체적인 감각을 계속 유지하면서 눈을 뜨고, 공간의 지형과 다른 사람들을 인식하면서 공간, 시간, 무게, 흐름의 영역으로 완전하게 들어가 보자.

- 창조물들은 천 조각을 마음대로 사용해도 된다. 의상이나 무대 배경으로 써도 되고, 마법으로 특별한 능력을 부여해도 된다. '마법의 숲'

에서는 모든 것이 가능하다. 사랑, 증오, 죽음, 부활, 마법 주문이 있고, 전쟁의 승리와 패배가 있다. 이 부분에서는 보다 적극적인 분위기가 어울리므로, 역동적이거나 혼란스러운 느낌의 음악을 사용해서 이어지는 다른 창조물들과의 만남을 극적으로 만들어줄 수 있을 것이다.

- 이 즉흥은 한 시간 정도 진행할 수 있다. 안내자가 이 세션을 끝낼 시점이 됐다고 생각하면, 창조물들을 서서히 진정시켜서 다시 꿈속으로 들어가게 하자. 배우들이 마치 꿈을 기억하듯이, 완전히 깨어나기 전에 자신들의 여정을 되돌아보게 해보자.

- 이 세션을 마무리하면서 모두가 원으로 둘러앉자. 한 사람이 하나의 이야기를 시작한다. "옛날 옛날에..." 각자 자신이 숲에서 창조물이 되어서 경험한 이야기를 추가한다.

두 번째 세션

- 이어지는 세션은 배우들이 이전 세션의 마지막 부분에서 창조물에서 빠져나왔던 바로 그 자리에서 다시 시작한다. 의상이나 배경을 만들기 위해서 사용했던 천을 그대로 사용해도 좋다. 혹은 아예 맨 처음부터 다시 시작하는 것도 가능하다. 이전에 했던 것과 같은 발전 과정을 거쳐서 천천히 신체적인 세계로 몰입해 들어가고, 활발하게 서로 상호작용한 다음에 휴식하면서 그 과정을 되짚어보자.

- 이 세션을 마무리하면서 배우들은 자신의 창조물을 그림으로 그려보자. 차분한 음악으로 마지막 분위기를 이어가보자. 배우들은 그룹에게 자신의 그림과 인물/창조물을 보여주고 설명하면서 그에 대한 특

징 몇 가지를 알려주자. 그림들을 벽에 걸어놓을 수 있다면 그렇게 하자. 그러면 모두가 창조물을 시각적으로 기억할 수 있고, 다음 세션을 할 때 도움이 될 것이다.

세 번째 세션

- 마지막 세션을 시작하기 전에 참가자들에게 이번이 마지막 세션이며, 이야기는 여기서 끝난다는 사실을 알려주자.
- 배우들이 각자 창조물을 위해 이야기를 확실히 결론지을 수 있도록 사전에 충분히 알려주자.
- 이야기의 마지막 부분에서 휴식으로 넘어올 때, 배우들이 자신의 창조물로서 머물러 있게 하자. 마치 꿈에서 깨어난 것처럼 다시 '현실 세계'로 돌아올 때, 숲속 창조물이 가진 본성과 관련된 현대의 인간으로 서서히 변해가도록 주문해보자.
- 배우들이 같이 즉흥 연기를 하게 해보자. 이산 가족이 상봉했다! 서로 자신을 소개하고, 즉흥으로 상황을 이어가보자. 즉흥에는 당연히 숲속에서 형성된 이야기와 관계가 반영될 것이다.
- 즉흥이 끝난 뒤, 라반 움직임 분석LMA 용어를 사용해서 서로의 창조물을 되돌아보자. 배우들은 자신의 창조물이 가진 기본적인 성질들을 규정할 때 마음의 상태, 드라이브, 에포트 행동과 그들을 이루는 움직임의 에포트 요소를 말해보자.

연속된 세션을 진행하면서 배우들이 몰입하기 어려워하는 것은 한 번도 본 적이 없다. 내 생각에 그 이유는, 배우들이 동료들과 같이 미지의 세계를 탐험하면서 강렬한 체험을 하기 때문이고, 또한 '마법의 숲'이라는 유연한 공간이 배우들의 모든 행동들을 받아주기 때문이다. 가장 중요한 것은 믿음이다. 안내자의 믿음, 동료 간의 믿음, 같이 만들어낸 세계에 대한 믿음. 개인적인 생각에, 이 프로젝트를 하기에 앞서 오랜 시간 라반 움직임 분석을 같이 익히고 공유했던 그룹과 함께 했기 때문에 작업과정의 신뢰와 안전에 대한 기반이 마련되어 있었던 것 같다.

모든 사람들이 그만큼 긴 기간 그룹으로 작업할 기회가 없을 수도 있다. 그럼에도 불구하고 이 탐험을 하고 싶은 사람들을 위해서, 몇 가지 주의 사항을 적어두었다.

- '마법의 숲'에서 안내자가 얼만큼 개입할지는 그룹에게 중재가 필요한 정도에 따라 달라진다. 가령, 봄을 인식하는 과정이 필요한 그룹에는 신체를 감각하라고 지시할 수 있을 것이다. 너무 오랫동안 정체되어 있으면 움직임을 독려할 수도 있고, 계획에 따라 성급하게 진행하는 그룹에게는 여유를 갖고 몸의 감각이 상상력을 드러내는 것을 기다리라고 말할 수도 있다.

- 안내자는 누군가 다칠 위험이 있다고 느껴질 때 배우들에게 알려줘야 한다. '멈추세요!' 하고 외치면 모두 행동을 멈출 것이다. 안내자가 다시 신호를 주면 천천히 행동을 이어갈 것이다.

- 안내자는 어느 정도의 혼란스러움에 대해서는 인내심을 갖고 지켜봐야 한다. 배우들의 내부에서 무슨 일이 벌어지고 있는지 모르는 상태로, 그들이 하는 것을 있는 그대로 지켜봐야 한다. 혼란스러움을 이유로 즉흥을 멈추면 안 된다.

- 이 탐험을 할 때 이미지 카드를 사용하는 방법도 있다. 배우들은 카

드를 고를 수도 있고, 받을 수도 있고, 우연히 발견할 수도 있다. 카드 속의 이미지가 창조물이 원하는 것이나, 결핍된 것에 대한 힌트가 될 수 있다.

여기에서 라반 움직임 분석LMA은 인물 창조를 위해서가 아니라, 이 탐험을 마친 후 발견한 것들을 되돌아보고 창조물의 상태와 드라이브를 분석하는 도구로 사용된다. 그랬을 때 배우의 직관적인 충동은 더 예리해지고, 배우들은 한 번 더 그 충동을 들여다볼 수 있는 기회를 갖게 된다.

장 요약

아주 긴 시간을 들여서 한 편의 희곡을 이해할 수는 있겠지만, 신체적으로 그리고 감정적으로 자신의 몸을 내던지지 않으면 절대로 그것을 연기할 수 없다.

(로열 연극 아카데미RADA 출신 배우 톰 히들스턴)[9]

우리의 몸은 진실함의 기준이 된다. 몸을 사용하는/몸으로부터 출발하는 작업은 진실한 반응을 자연스럽게 이끌어낸다. 당신을 변신하게 하고, 톰 히들스턴이 말한 것처럼 연기에 신체적으로, 감정적으로 '내던질' 수 있게 도와준다.

이 장의 움직임 탐험들은 비언어적인 경험을 통해서 배우들의 무의식 속에 숨겨진 깊은 곳을 건드린다. 이러한 과정이 배우 자신과 인물에 대한 더 깊이 있는 이해를 돕는다. 스타니슬라브스키는 자신의 후기 이론에서, 유기적으로 인물을 연기하기 위해서 신체적 행동의 관통선을 만들어야 한다고 강조했다. 그는 다음과 같이 말했다.

> 신체적인 행동이 '작은 진실'이 생각과 감정, 경험의 '기대된 진실'을
> 불러일으키고, 신체적인 행동의 '작은 거짓'이 감정과 생각들, 상상
> 에 '거대한 거짓'을 만들어낸다.
>
> (리처드, 1995, p. 65)

라반 움직임 분석LMA은 인물이 경험하는 전체 여정에 대해서 신체적 행동의 관통선을 구축하게 도와준다. 또한 당신의 선택을 구체화하고, 배우들과 유연하게 상호작용하게 하고, 연기할 때 최대한으로 믿고 내던질 수 있게 도와준다.

배우들이 움직임을 사용해서 작품을 탐구해보면, 토론과 자료 조사를 바탕으로 만들어진 결과물과는 완전히 다른 선택과 리듬을 찾게 된다. 움직임 탐험에서는 항상 신선하고 놀라운 것을 발견하고, 꿈에서처럼 복합적인 깨달음을 얻게 된다. 다시 말해, 라반 움직임 분석LMA은 말 뒤에 숨어있는 어조, 리듬, 분위기를 발견해서, 서브텍스트를 살아있게 형태를 부여해주는 언어가 된다.

감사의 말

글을 읽고 도움이 되는 피드백과 제안을 해준 줄리엣 챔버스Juliet Chambers와 케이티 래리스Katie Laris, 편집자인 데이비드 & 레베카 캐리 부부David & Rebecca Carey에 감사를 전한다. 나에게 많은 깨달음을 준 로열 연극 아

카데미RADA의 모든 학생들과, 아머타 움직임Amerta Movement 연습을 통해 라반 움직임 분석LMA을 훨씬 더 깊이 있게 경험할 수 있게 해준 수프랍토 수료다모Suprapto Suryodarmo에게도 감사를 표한다.

더 읽어볼 자료들

- Bloom, Katya (2003). "Moving Actors: Laban Movement Analysis as the Basis for a Psychophysical Movement Practice." *Contact Quarterly* 28: 11-17.
- Bloom, Katya (2006). "The Language of Movement: Embodying Psychic Processes", *The Embodied Self: Movement and Psychoanalysis*. Karnac, London, 17-29, 40-2.
- Bloom, Katya (2009). "Laban and Breath: The Embodied Actor", *Breath in Action: The Art of Breath in Vocal and Holistic Practice*, J. Boston and R. Cook (eds). London and Philadelphia: Jessica Kingsley Publishers, 227-38.
- Dick, Michael (2014). "Ever Speaking Being", *Embodied Lives: Reflections on the Influence of Suprapto Suryodarmo and Amerta Movement*, K. Bloom, M. Galanter, M. and S. Reeve (eds). Axminster: Triarchy, 231-40.
- 줄리엣 챔버스Juliet Chambers와의 팟캐스트 www.Labanarium.com/featured contributor/dr-katya-bloom/ (2017년 4월 28일에 접속)
- Porter, Claire (2008). *Dynamics in a Bag*. Self-published cards.

주석

1 자바의 움직임 지도자인 수프랍토 수료다모Suprapto Suryodarmo는 아머타 움직임 Amerta Movement이라고 불리는 양식화되지 않은 훈련 방식으로 내 교수법에 큰 영향을 주었다.

2 아담 브래드피스Adam Bradpiece는 움직임을 가르치며, 수프랍토 수료다모Suprapto Suryodarmo와 같이 작업했던 초기의 서양 제자들 중 한 명이다.

3 바디 마인드 센터링Body Mind Centering은 움직임과 몸, 의식에 접근하는 방식이다.

4 수잔카 크리스만Susanka Christman은 수프랍토 수료다모Suprapto Suryodarmo와 작업했던 초기의 서양 제자들 중 한 명이다.

5 줄리엣 챔버스Juliet Chambers와의 개인적인 대화 내용.

6 이 그림은 원래 카탸 블룸Katya Bloom의 <The Embodied Self: Movement and Psychoanalysis>(Karnac Books, 2006)에 수록되어 있고, 카낙 북스Karnac Books의 친절한 허가를 받아 재사용되었다.

7 공간과 관계된 간접적인Indirect이라는 용어는 '유연한'Flexible으로도 사용된다.

8 줄리엣 챔버스Juliet Chambers는 영국 서레이 대학University of Surrey의 라반 기반 교수법의 선임 연구원Laban-based Teaching Fellow이다.

9 로열 연극 아카데미RADA의 허가를 받아 www.rada.ac.uk(2017년 4월 28일 접속 기준)에서 인용되었다: 2012년 9월 촬영분 "톰 히들스턴과의... 대화."

Note

3

목소리의 움직임:
라반 움직임 분석_{LMA}으로
목소리의 창조적 가능성 확장하기

MOVING YOUR VOICE: EXPANDING YOUR VOCAL
CREATIVE POTENTIAL THROUGH LMA

바바라 아드리안Barbara Adrian

들어가며

이 장의 목표는 목소리의 표현력을 확장하는 것이다. 라반 움직임 분석
LMA에 기초한 탐험들을 가지고 당신은 목소리, 말하기, 대사에 움직임을
통합해볼 것이나. 낭신은 이 상에서 대사에 나와 있는 세부내용들을 바탕
으로 신체적인 선택과 음성적인 선택을 해보고, 상상력을 건드려보고, 인
물구축과 분명한 스토리 전달에 도움을 받게 될 것이다. 셰익스피어의 희
곡 <템페스트> 속 캘리번의 독백이 탐험의 중요한 재료로 사용된다. 다소
복잡한 탐험에는 이해를 돕는 동영상을 준비해두었다. 이 장에 나오는 탐

험들을 자신이 직접 고른 대사에도 적용해보기 바란다. 모든 탐험이 모든 대사에 적합하지 않을 수도 있다는 사실을 기억하자. 상황에 가장 알맞은 도구를 선택해서 사용하길 바란다. 라반 움직임 분석LMA 기반의 목소리 및 대사 탐험을 하면서 가지고 놀아보고, 발견하고, 실패하고, 질문하게 되는 것들을 일지로 꾸준히 기록해보자. 화이팅! ☺

목소리와 말하기, 움직임

잘 조율된 건강한 목소리는 우리가 키네스피어(운동 영역)의 맨 끝 가장 자리로 팔을 뻗었을 때 닿을 수 있는 거리보다도 훨씬 더 멀리까지 점프하고, 빙글빙글 돌고, 다이빙하고, 회오리치고, 스며들 수 있다. 몸이 적극적인 정적임Active Stillness¹ 상태에 있을 때 목소리는 구석구석으로 움직여서, 장애물을 지나 듣는 사람의 귀를 청각적으로 건드린다. 목소리는 몸으로 도달하기 아주 어려운 높이까지 올라가 닿을 수 있다. 이상적으로, 뛰어난 목소리 및 말하기는 말하고 싶은 욕구에서 건강한 호흡이 발생하고, 성대를 지나, 음역이 확장되고, 조음기관의 효과적인 근육 움직임을 통해 말 소리가 생산되는 것이다. 이 모든 과정이 유기적으로 이루어질 때, 목소리는 개인의 고유한 본성이 담긴 '성문'voice print이 되어 세상에 전해진다.

이 장에서, 목구멍과 입에서 나오는 소리들에 대해서 '소리'Sound와 '목소리'Voice라는 용어를 상황에 맞게 호환해서 사용했다. 또한, '목소리를 더해보자' 또는 '소리를 더해보자'라고 할 때는 '추상적인 소리'Unstructured Sound를 의미했다. 추상적인 소리는 탐험의 과정에서 당신이 시시각각 느끼고 상상력을 자극받는 방식에 따라 형성된다. 추상적인 소리는 자음이나 단모음2, 이중모음3처럼 정확하게 구별될 수 있는 소리가 아니다. 이것은 아주 원초적인 소리이며, 당신이 느끼는 것을 듣는 사람이 직관적으로 감각하게 한다. 말에 담긴 실제 의미는 정교한 발음으로 이루어진 단어로는 완전히 전달되지 않는다. 말이 담고 있는 실제 의미는 단어의 정교한 발음만으로는 완전하게 전달되지 않는다. 아이들이 말을 배우기도 전에 자신의 욕구와 감정을 얼마나 훌륭하게 표현하는지 생각해보자. 아이들이 사용하는 것이 바로 '추상적인 소리'다.

이 장에서 '말하기'Speech는 아직 형태가 완성되지 않은 소리를 알아들을 수 있는 말소리, 즉 단어로 변형시키는 조음기관의 정교한 움직임을 뜻한다. 말하기의 과정에서, 말이 담고 있는 개념이 듣는 사람에게 잘 전달되기 위해서는 자음들과 모음들이 충분히 정교하게 사용되어야 한다. 대사를 말할 때는 목소리Voice와 말하기Speech가 둘 다 필요하다. 가령, 당신이 큰 슬픔에 빠진 인물을 연기할 때, 정교한 발음이 아니라 흐느낌에 가까운 목소리가 그 인물의 슬픔을 드러낼 수 있다. 그러면 듣는 사람은 당신이 슬프고, 심란하고, 절망적이라는 것을 충분히 이해할 수 있다. 한편, 조음기관이 정확하게 움직이지 않는다면 듣는 사람은 당신이 왜 슬퍼하는지 알 수가 없다. 예를 들어, 당신이 "키우던 강아지가 트럭에 치였어요"라고 말하기 전까지 듣는 사람은 당신이 왜 고통스러워하는지 그 이유에 대해서는 구체적인 정보를 얻을 수 없다. 어떻게 보면 말하기는 추상적인 소리에 파노처럼 실려 나오는 것이라고 할 수 있다. "키우던 강아지가 차에 치였어요"라는 말은 흐느낌을 타고 흘러나오는 것이다.

움직임 훈련인 라반 움직임 분석LMA을 목소리 및 말하기 연습에 적용하는 이유

라반 움직임 분석LMA은 실용적이며, 다양한 쓰임에 맞춰서 사용될 수 있다. 예술의 영역 안에서든 밖에서든 마찬가지이다. 배우 훈련과 관련해서 라반 움직임 분석LMA이 얼마나 유연한 도구가 될 수 있는지를 경험할 기회가 있었다. 라반 움직임 분석LMA을 오랫동안 움직임 관찰의 렌즈로, 창작의 도구로 사용해온 움직임 코치와 팀 티칭을 했는데, 그가 수업을 하면서 배우들과 함께 말하고 움직였던 모든 것이 목소리와 대사에 적용될 수 있다는 것을 알게 되었다.

목소리/말하기와 비슷하게, 몸의 움직임 역시 체계적이고 섬세하게 움직이지 않으면 전반적인 감정을 전할 수는 있지만 구체적인 정보는 전달할 수 없다. 라반 움직임 분석LMA의 용어들은 배우들이 몸을 더 구체적으로 사용하게 도와주었기 때문에, 배우들은 몸의 표현력이 풍부해지고 드라마가 더 분명하게 전달되는 것을 눈으로 확인할 수 있었다. 라반 움직임 분석LMA의 용어들은 배우들이 몸을 더 구체적으로 사용할 수 있게 도와주었고, 이로써 신체 표현력이 풍부해지고, 그들이 전하는 드라마가 더 명확해지는 과정을 지켜보았다. 말 그대로 배우들의 몸이 더 정교해진 것이다. 몸과 목소리, 말하기가 구체성을 가지고 통합되었다면, 그것이 공연이다.

장 소개와 탐험들

이 장은 배우와 라반의 모양Shape 개념에 통합된 호흡이 맺는 관계에서 시작한다. 당신은 모양Shape과 호흡의 통합이 어떻게 목소리의 뉘앙스를 풍부하게 하는지 탐험하고, 대사의 말하기 방식들을 실험해볼 것이다. 이른 위해서, 모양Shape가 관련이 있는 실제 발음을 연구하고, 이로써 발음과 대사 내용이 더 명확해지는 방향으로 접근해볼 것이다. 이 장의 중심에는 정교한 생각이 하나의 제스처로 다뤄져야 한다는 개념이 자리한다. 생각은 구체적인 경로로 공간을 지나 듣는 사람에게 영향을 주며, 이것은 우리가 의미를 강조하기 위해서 신체 제스처를 사용하는 것과 비슷하다. 또한, 대사에 살을 붙이기 위해서 라반의 에포트Effort 개념을 적용해볼 것이다. 이를 통해 말에 심리적인 진실과 구체성이 담기고, 이전에는 생각해본 적 없는 방식으로 파트너에게 영향을 주게 될 수도 있다. 이 장 전체에 말하기와 관련된 세부적인 탐험들이 준비되어 있다. 평가하려는 마음을 내려놓자. 완전히 몰입해서 즐겁게 해보자. 이것은 놀이다! 이 탐험에 잘못된 것은 없다. '정답'을 찾으려고 애쓰지 말자. 엉망인 채로 내버려두고, 탐험마다 필요한 만큼 시간을 충분히 써보자.

모양Shape

"그는 꼴이 말이 아니야", "입꼬리가 올라갔네. 좋은 일 있어?", "어제는 어깨가 축 처져 보였는데, 오늘은 기분이 어때?" 우리는 모두 개인의 상태를 표현하는 위와 같은 문장들을 사용하거나 들어봤다. '모양'shape과 관련된 말은 누군가의 내적인 태도가 몸의 모양을 변화시키는 형태로 드러날 때 사용된다. 모양Shape은 라반 움직임 분석LMA의 주요 개념들—나머지는 몸Body, 에포트Effort, 공간Space이다—중 하나이다. 연기와 관련해서 모양Shape은 개인이 '주어진 상황'Given Circumstances과의 관계 안에서 일어나는 끊임없는 변화를 나타낸다. 이때, 주어진 상황Given Circumstances이라는 용어는 인물이 살아가는 환경과 처해있는 상황 두 가지를 다 의미한다.

주어진 상황과 모양

몸의 모양은 자기 자신과 다른 사람들, 환경, 상황에 의해서 자극을 받았을 때 생겨나는 감정적인 반응을 매 순간 본능적으로 드러낸다. 기쁘거나 실망했을 때, 또는 겁에 질렸을 때를 떠올려보자. 아주 작은 변화라도 당신의 몸은 기본적으로 모양을 변화시킨다.

탐험 1: 시나리오 만들기

- 당신을 크게 실망시키는 상황을 떠올려보자. 예를 들어, 당신이 간절히 원했던 일자리를 얻지 못하게 되었다고 상상해보자. 몸이 그러한 감정들에 어떻게 반응하는지 관찰해보자.

- 이번에는 성공에 대한 욕망을 자극해보자. 아카데미 시상식에 후보로 지명되었다고 생각해보자. 몸의 모양이 어떻게 바뀌는지 인식해보자. 아주 섬세하게 관찰해보면, 처음에는 먼저 호흡의 흐름이 변하고, 나머지 변화들은 전부 호흡이 바뀐 다음에 생기는 것을 확인할 수 있을 것이다. 따라서 우리의 출발점은 호흡이다.

호흡과 모양의 흐름

호흡의 **모양의 흐름**Shape Flow은 당신이 호흡할 때 상체에 드러나는 모양 변화를 뜻한다. 호흡은 순수하게 당신의 생명을 유지하기 위해서 폐의 안팎으로 흐른다. 그 흐름은 섬세하고, 유동적이며, 멈추지 않는다. 호흡의 모양의 흐름Shape Flow에 내재된 기본 움직임은 *늘어나기growing*와 *줄어들기shrinking*이며, 이는 들숨(*늘어나기*)과 날숨(*줄어들기*)의 리듬으로 발생한다. 호흡의 모양의 흐름Shape Flow은 '유아기 호흡'이라고 불리기도 한다. 우리는 태어날 때부터 별다른 의식 없이 항상 호흡의 *늘어나기*와 *줄어들기*를 반복해왔다. 심지어 태어나서 얼마 지나지 않아 이미 호흡패턴을 갖추게 된다. 즉, 모양의 흐름Shape Flow은 당신이 타인이나 환경과의 관계에 대한 의지를 갖기 이전에 생겨난 것이다. 그렇기 때문에 호흡의 모양의 흐름Shape Flow은 자기 자신과의 관계이다.

들숨과 날숨으로 *늘어나기growing*와 *줄어들기shrinking*의 감각이 생겨날 때 상체에는 다른 미묘한 움직임들도 같이 생겨난다. *길어지기lengthening*와 *짧아지기shortening*, *넓어지기widening*와 *좁아지기narrowing*, *움푹 들어가기hollowing*와 *불룩 튀어나오기bulging*가 바로 그것이다. 가장 효율적인 호흡은 삼차원적으로 움직인다. 척추가 길어지고/짧아지는 것은 호흡의 수직축을 강조한다(위/아래). 흉곽이 넓어지고/좁아지는 것은 호흡의 수평축을 강조한다(좌/우). 흉골이 움푹 들어가고/불룩 튀어나오는 것은 호흡의 시상축을 강조한다(앞/뒤). 이 축들이 서로 유기적으로 활성화될 때 호흡이 삼차원적으로 이루어진다. 삼차원적인 호흡은 결국에는 팔다리로 퍼져나가 몸 전체가 호흡과 조화를 이루게 된다.

호흡의 움직임은 음성적, 신체적인 인물구축을 위한 좋은 출발점이 된다. 당신은 자기 자신의 고유한 호흡 패턴을 확인함으로써 당신과 가상의 인물의 공통적인 특성과 구별되는 특성을 이해하는 데 큰 도움을 얻을 수 있을 것이다. 따라서, 이 장 전반에서 우리는 자기 자신을 먼저 탐구하고 그런 다음에 인물을 탐구하게 될 것이다.

동영상 5. 탐험 2, 3, 4: 모양의 흐름 Shape Flow → **모양의 형태**Shape Forms → **추상적인 소리 내며 일어서기**
https://vimeo.com/channels/thelabanworkbook/199996417

탐험 2: 모양의 흐름

- 등을 대고 (반듯이) 누워보자. 호흡을 의식적으로 조절하거나 통제하지 말고, 숨이 줄어들고 흘러가는 과정과 당신의 상체 안에서 일어나는 미묘한 변화들을 인식해보자(*늘어나기와 줄어들기*).

- 호흡의 자연스러운 리듬에 집중해보자. 충동4에 따른 호흡을 발견해보자. 계획되거나 지나치게 의식적인 호흡을 피해 보자. 충동에 따라서 호흡이 이뤄질 때는 숨을 들이쉬고 싶은 충동 직전에 호흡이 살짝 멈추는 것이 느껴질 것이다.

- 호흡의 리듬을 자연스럽게 따라가면서, 들숨과 날숨에 맞춰 머리, 꼬리뼈, 두 팔, 두 다리 등 몸의 6개 가지들을 척추 멀리로 확장시켰다가 척추 쪽으로 수축되게 해보자. 들숨과 날숨이 몸에 만들어내는 유연하고 자연스러운 변화를 관찰해보자.

- 처음에는 호흡 에너지로 세 가지 축을 강조해보고, 점점 확장된 에너지를 몸의 6개 가지들로 보내보자.

- 잠시 시간을 갖고 호흡으로 척추의 *길어지기/짧아지기*를 강조해보자.

- 갈비뼈의 *넓어지기/좁아지기*를 강조해보자.

- 가슴뼈를 척추 방향으로, 그리고 척추 멀리로 움직여서 *움푹 들어가 기/불룩 튀어나오기*를 강조해보자.

- 첫 번째 단계로 돌아와서, 호흡이 모든 축을 동시에 강조하게 해보 자.

마지막 단계에서 호흡이 3차원적인 균형을 이뤘는가, 아니면 다른 축들에 비해서 더 선호하는 축이 있었는가? 습관적인 호흡 패턴이 다양하게 존재 할 수 있다. 당신은 넓어지기보다 길어지기를 선호할 수도 있고, 아니면 움푹 들어가기를 불룩 튀어나오기보다 편하다고 느낄 수도 있다. 호흡의 움직임은 아주 미묘하기 때문에, 자신에게 가장 익숙한 축을 찾기 위해서 여러 번 호흡해봐야 할 수도 있다. 어쩌면 이전 탐험에서 당신의 몸의 6 개 가지들(머리, 두 팔, 두 다리, 꼬리뼈)을 관찰했던 것이 도움이 될 수도 있다. 예를 들어, 몸의 6개 가지들을 일자로 길게 쭉 뻗는 것을 선호했나? 배 쪽으로 웅크려서 감싸는 것이 편했을 수도 있고, 아니면 두 팔과 다리 를 X자로 크게 펼치는 것이 좋았을 수도 있다.

　　호흡을 탐험할 때 맞고 틀리는 것은 없다. 호흡의 충동이 유일한 가 이드가 되어 호흡의 흐름을 결정해줄 것이다. 모든 사람은 삶을 시작할 때 호흡의 모양의 흐름Shape Flow을 경험한다. 배역이 다 자라 어르이라고 해도, 호흡의 모양의 흐름Shape Flow은 배역에 접근하는 좋은 시작점이 된 다. 거기서부터 당신과 인물이 어떻게 유사하고 다른지 찾아보자.

정지된 모양의 형태: 핀, 공, 벽, 나사[5]

그림 3.1-4 3.1(핀), 3.2(공), 3.3(벽), 3.4(나사)

모양의 형태 Shape Form(정지된 모양의 형태)는 호흡의 모양의 흐름Shape Flow에서 파생되고 강화된 것이다. 표면적으로 봤을 때, 네 가지 모양의 형태Shape Form는 인간의 복합적인 특성을 지나치게 단순화한 것처럼 보일 수도 있다. 하지만 이제 곧 알게 되겠지만, 이러한 단순함이 인물을 이해하고 표현할 때 강점이 되기도 한다.

탐험 3: 모양의 형태

- 바닥에 등을 대고 누워보자. 호흡의 모양의 흐름Shape Flow 탐험으로 돌아가서 편안한 상태로 호흡이 들어오고 나가게 해보자(*늘어나기/줄어들기*). 호흡의 리듬을 느껴보자.

- 몸의 6개 가지들(두 팔, 두 다리, 머리, 꼬리)을 배꼽 멀리로 쭉 뻗어서 몸이 벽 모양이 되게 하자. 그런 다음 공 모양으로 6개 가지들을 배꼽 쪽으로 가져와보자. 확장하고 수축할 때 6개 가지들을 모두 인식하자. 이 탐험에서 벽 모양과 공 모양으로 진화하는 과정을 관찰해보자.

- 이전의 탐험이 유기적으로 이뤄졌다면, 추상적인 소리가 호흡을 따라 흘러나오게 해보자. 두 *가시* 모양의 형태를 오가는 과정에서 받은 영향이 목소리에 반영되었나? 이 탐험은 결과적으로 만들어진 모양의 형태보다도, 모양에서 모양으로 옮겨가는 *사이에* 일어나는 신체적이고 음성적인 과정이 더 가치가 있다.

- 핀에서 공, 공에서 핀 등으로 전환될 때 몸과 목소리의 관계를 탐험해보자. 핀 모양은 두 팔과 두 손을 머리 위로 쭉 뻗고, 발꿈치와 좌골이 정렬된 상태에서 두 다리를 쭉 뻗어서 몸을 '좁게' 만들었을 때 가장 정확해진다.

- 나사 모양을 가져오기 위해서는 척추를 비틀었다가 풀어보면 된다. 나사 모양은 척추에서 회전이 일어날 때 분명하게 드러난다.

- 모양의 형태를 탐험해보자. 그 영향으로 몸과 목소리가 둘 다 변화하는 것을 관찰해보자. 모양의 형태가 몸과 목소리에 미치는 영향은 결과적으로 완성된 모양이 아니라 과정에서 발견된다는 것을 기억하자.

다음 탐험에서는 소리 내면서 일어서기를 해볼 것이다. 소리를 내는 근육이 언제 긴장하게 되는지 매 순간 인식하는 것은 아주 중요하다. 일어서고 소리를 내는 과정에서 그곳에 힘이 과하게 들어가거나 부족하지 않도록 근육을 균형있게 사용해야 한다. 소리를 낼 때 불편함이 느껴지면 바로 멈추자. 바닥으로 돌아와서 다시 시작해보자. 집중해서, 움직임과 음성을 돕는 근육에 들어가는 힘이 균형을 이루게 해보자. 서두르지 말자. 침착하게 하다보면 마침내 편안한 소리로 서 있는 자세에 도착해있는 자신을 발견하게 될 것이다.

탐험 4: 추상적인 소리로 일어서기

- 모양의 형태Shape Form를 점점 더 자유롭게 탐험해보자. 한 가지 모양의 형태에서 시작해서 자연스럽게 다른 모양의 형태Shape Form로 차례로 넘어 가보자. 이 과정에서 모양Shape이 겹칠 수도 있다. 가령, 상체는 핀 모양인데 하체는 벽 모양인 상태가 될 수도 있다. 또 높이가 변화할 수도 있다. 앉았다가 무릎을 꿇고, 나중에 일어서는 방식으로 움직일 수도 있다.
- 일어서는 과정에 특정한 모양의 형태Shape Form가 도움이 되었는가?
- 모양의 형태Shape Form의 흐름과 일어섰다가 바닥으로 돌아가는 과정을 도와주는 무게 이동에 영향을 받아서 추상적인 소리를 내보자.

모양의 형태와 인물

모양의 형태Shape Form는 관객에게 인물의 내적인 상태를 알려준다. 모양의 형태Shape Form는 호흡 패턴과 마찬가지로 개인의 상태와 환경에 영향을 받는다. 당신은 모양의 형태Shape Form를 통해서 인물이 자신의 나이, 성장 배경, 문화, 건강, 직업, 관계 등 삶의 구체적인 환경에 어떤 영향을 받고 있는지 발견할 수 있다. 가령, 인물의 모양의 형태Shape Form가 *폐쇄적*이라면, 다시 말해 공 모양Ball Shape에 가깝게 어깨가 굽어있고 몸이 구부정한 형태라면, 벽 모양Wall Shape으로 몸을 *쫙 편* 사람과 반대된다고 짐작할 수 있고, 몇 가지 성격적인 특성을 떠올릴 수 있다.

모양의 형태Shape Form에 목소리와 말하기를 추가할 때 생각해볼 점은, 목소리는 척추의 움직임을 따라간다는 것이다. 앞선 탐험에서 확인했듯이, 일정 부분은 상상력이 특정한 모양의 형태Shape Form에 영향을 받았기 때문일 수도 있다. 실제로, 목소리는 해부학적으로 상체에서 이뤄지는 신체 변화에 영향을 받는다. (갈비뼈들 사이에 자리한) 늑간근과 (흉곽의 '바닥'에 해당하는) 횡격막의 수축과 이완, 그리고 흉골이 척추에 가까워지고 멀어지는 움직임에 따라서 상체는 *넓어지고 좁아지고, 길어지고 짧아지고, 움푹해지고, 볼록해진다.* (호흡의 가장 주요한 근육인) 횡격막은 갈비뼈들과 척추, 흉골에 붙어있다. 흥미로운 점은 호흡을 조절하는 근육의 움직임 역시 몸에 내재된 모양의 형태Shape Form에서 영향을 받아 시작되며, 우리 자신의 존재감과 인물의 존재감을 외부로 발산하는 방식에 기여한다는 것이다.

이어지는 탐험을 통해 모양의 형태Shape Form가 상상력에 미치는 영향을 구체화해 볼 것이다. 탐험을 할 때, 정답이 없다는 사실을 한 번 더 기억하자. 이 탐험은 온전히 당신의 상상력과 몸/목소리의 상호작용으로 이뤄진다. 또한, 이 탐험의 과정에서 생겨나는 질문들에 대해서도 절대 하나의 정답이 있는 게 아니다. 오늘 찾은 답이 내일 달라질 수도 있고, 심지어 한 시간 뒤에 변할 수 있다. 그럼에도 불구하고, 핀, 공, 벽, 나사 중 특정한 모양을 강조할 때 몇 가지 반복되는 성질들이 나타나는 것에 주목해보자.

탐험 5: 모양의 형태와 상상력

- 한 번에 하나씩, 모양의 형태Shape Form를 가지고 놀아보자.
- 각 모양의 형태Shape Form가 상상력을 어떻게 자극하는지 관찰해보자. 다음 질문에 대해서 미리 생각하거나 분석하지 말고 직관적으로 답을 찾아보자.

다음의 예를 참고하자.

  — "핀 모양에 집중했을 때 나는 어떤 사람인가?"

  — "핀 모양을 강조할 때 어떤 종류의 주어진 상황들Given Circumstances 이 떠오르나?"

  — "호흡이 어떻게 영향을 받는가?"

  — "목소리가 어떻게 영향을 받는가?" 예를 들어, "내가 다루고 있는 모양의 형태Shape Form에 따라서 목소리의 성질이 바뀌는가?"

- 일상에서 만나는 사람들의 몸이 어떤 모양의 형태Shape Form에 가까운지 관찰해보자.

  — 상상력이 어떻게 반응하는가? 그 사람의 기본적인 모양의 형태 Shape Form에서 어떤 정보를 얻었는가?

  — 그 모양의 형태를 취했을 때 당신은 어떻게 영향받게 되는가?

- 책, 잡지, 박물관의 초상화 중에서 개인의 모양의 형태Shape Form가

분명하고 역동적으로 드러난 사진/그림을 찾아보자.

―상상력이 어떻게 반응하는가?

―그 모양의 형태Shape Form를 취했을 때 어떤 변화가 느껴지는가?

―개인의 모양의 형태Shape Form에서 인물의 성격을 발전시켜볼 수 있을까?

• 모양의 형태Shape Form를 탐험하는 과정에서 찾은 인물들을 몇 명 선택해보자. 추상적인 소리나 말하기를 사용해서 인물을 더 적극적으로 드러내보자. 독백을 사용할 수도 있고, 즉흥적인 문장들, 가나다를 말해도 좋다. 지배적인 모양의 형태Shape Form의 영향으로 인물이 어떻게 말하고 소리 내는지 그 감각을 찾아보자.

캘리번의 독백으로 탐험하기4)

윌리엄 셰익스피어의 〈템페스트〉, 1막 2장 캘리번

I must eat my dinner.
This island's mine, by Sycorax my mother,
Which thou tak'st from me. When thou cam'st first,
Thou strok'st me and mad'st much of me, wouldst give me
Water with berries in't, and teach me how

---

4) 역주: 이 장의 주요한 탐험 재료로 <템페스트>의 캘리번 독백이 사용된다. 이 책에서 소개되는 탐험들이 셰익스피어의 원문이 가진 소리와 발음 방식을 적극적으로 사용하고 있기 때문에 우리말 번역문보다는 원문을 가지고 탐험해보길 권한다.

To name the bigger light, and how the less,

that burn by day and night: and then I loved thee

And show'd thee all the qualities o' the isle,

The fresh springs, brine-pits, barren place and fertile:

Cursed be I that did so! All the charms

Of Sycorax, toads, beetles, bats, light on you!

For I am all the subjects that you have,

Which first was mine own king: and here you sty me

In this hard rock, whiles you do keep from me

The rest o' the island.

나는 저녁을 먹어야겠어요.

이 섬은 내 어머니 시코랙스가 준 내 것이에요.

당신이 나에게서 빼앗아갔죠. 당신이 처음 왔을 때,

당신은 나를 쓰다듬고 예뻐해 줬고, 당신은 나에게

열매가 들어있는 물을 주었고, 낮과 밤에 타오르는

커다란 빛의 이름과 작은 빛의

이름을 가르쳐줬죠. 그때 나는 당신을 사랑해서

당신에게 이 섬의 모든 성질들을 전부 보여줬어요,

신선한 샘물, 소금물 웅덩이, 버려진 땅과 비옥한 땅도:

내가 그렇게 했다니, 나 자신을 저주해야겠어! 시코랙스의 온갖 주문들로,

두꺼비, 딱정벌레, 박쥐가 당신에게 들러 붙어버리길!

나는 지금 당신이 부리는 모든 하인이지만,

원래 나는 나 자신의 왕이었어요: 여기 이 단단한 바위에

당신이 나를 가둬버렸고, 나에게서 빼앗아갔어요,
섬의 나머지를.

캘리번과 모양의 형태들

모양의 흐름Shape Flow과 모양의 형태Shape Form를 캘리번과 어떻게 연결해서 생각해볼 수 있을까? 인물과 호흡 방식이 맺는 관계는 그가 누구이고, 그가 어떤 무엇을 중요하게 여기는지를 보여준다. 캘리번의 경우에는, 그가 유년기라는 발달 단계에 갇혀있다는 것을 알 수 있다. 캘리번은 어린 시절에 학대받고 무시당했다. 캘리번은 'I'와 'me', 소유격인 'my'와 'mine'을 15줄의 대사 안에서 14번이나 이야기한다. 캘리번 대사의 중심에는 프로스페로에 대한 비난이 자리하고 있다. 첫째로는 자신을 배신한 것, 둘째로는 문명화되지 않았다는 이유로 처벌받은 것에 대한 비난이다. 캘리번의 배신감은 복합적인데, 이는 프로스페로가 처음에는 그를 아들처럼 대하고 캘리번이 주는 '섬의' 선물들을 받아들였기 때문이다. 캘리번을 탐구하는 동안 가장 유아적인 호흡 패턴인 모양의 흐름Shape Flow을 다시 경험하면서 도움을 받아보자. 모양의 흐름Shape Flow은 캘리번뿐만 아니라 어떤 배역을 탐구하는 과정에도 중요하게 다뤄져야 하는 요소이다.

탐험 6: 캘리번이 선호하는 모양의 형태

● 호흡해보자. 캘리번이 처한 상황과 환경이 당신의 상상력을 자극하게 해보자. 캘리번의 호흡을 탐구할 때 상상이 안내하는 대로 호흡의 흐름이 결정된다고 느끼는가?

- 캘리번과 관련된 정보에 영향을 받아보자. 들숨과 날숨에서 시작된 충동이 몸을 변화시키고, 겉으로 표현되게 해보자.
- 호흡에 연결된 추상적인 소리를 점점 더 키워보자. 소리를 낼 때 절대로 강요하지 말자. 추상적인 소리들이 탐험에 대한 자연스러운 반응으로 흘러나오게 해보자.
- 계속 탐험을 이어 가보자. 캘리번이 어떤 모양의 형태(핀, 공, 벽, 나사)를 선호한다고 느끼는가?

당신의 신체와 음성, 상상력을 호흡과 모양의 형태Shape Form에 연결해보았다. 이제 캘리번의 대사를 자세히 살펴보면서 캘리번이 자주 드러내는 모양의 형태Shape Form를 더 구체적으로 이해하고 신체화해보자. 프로스페로가 캘리번을 감금했다는 정보를 통해서 캘리번의 환경적인 제약이 드러나는 마지막 부분에서 시작해보자.

and here you sty me

In this hard rock, whiles you do keep from me

The rest o' the island.

여기 이 단단한 바위에

당신이 나를 가둬버렸고, 나에게서 빼앗아갔어요.

섬의 나머지를.

어떤 사람들은 캘리번이 동굴과 같은 공간에 감금되었다고 생각할 수도 있겠지만, 내 상상 속에서 그는 말 그대로 암벽과 바위에 갇힌 모습으로 그려진다. 이러한 감옥은 캘리번의 몸과 목소리 모두에 엄청난 영향을 줄 것이다. 추측건대, 그는 '단단한 바위'에 둘러싸여 있기 때문에 똑바로 서 있지 못하거나, 심지어 팔다리를 쭉 뻗지 못할 수도 있을 것이다. 말 그대로 공 모양으로 갇혀버렸을 수도 있다. 어쩌면 프로스페로는 캘리번과 대화를 나누기 위해서 아주 잠시 그를 이 감옥에서 풀어줬을 수도 있다. 캘리번이 *길어지고 넓어졌을 때*, 그에게 신체적으로 음성적으로 생겨나는 반응은 무엇일까?

탐험 7: 단단한 바위

- '단단한 바위'에 갇힌 상태를 탐험해보고, 몸과 목소리에서 나타나는 현상들을 탐구해보자. 아직 대사는 신경쓰지 않아도 좋다. 몇 분 동안 바위 속에 갇혀있다고 상상해보자. 호흡이 어떻게 되는가? 소리를 내면 어떻게 되는가? 이러한 제약 안에서 머리를 긁는 것과 같이 일상적인 행동을 해볼 수 있나?

- 바위에서 풀려난 상태를 탐험해보자. 몸과 목소리가 어떻게 반응하는가?

- 다시 '단단한 바위'에 갇혔다고 상상해보자. 어쩌면 앞으로 영원히 갇혀 있게 될지도 모른다. 본능적으로 어떤 반응이 일어나는가?

- 당신이 알고 있는 희곡의 인물을 골라서 모양의 형태Shape Form를 찾아보고 탐험해보자. 그 인물의 목소리와 말하기는 이러한 탐험에서 어떻게 영향을 받는가?

희곡에 관계없이 대부분의 인물들은 자신만의 컨테이너에 갇혀 있다. 컨테이너는 그 인물의 모양의 형태Shape Form에 깊게 영향을 주고 목소리의 톤을 결정한다. 그렇다면 <유리 동물원>의 로라의 컨테이너는 무엇일까? 오빠인 톰의 컨테이너는? <세일즈맨의 죽음>의 윌리 로먼의 컨테이너는 어떤가? 그의 아들은? 아내는? 소포클레스의 <엘렉트라>에서 엘렉트라는? 그들은 모두 자신이 풀려나고 싶은 모양의 형태Shape Form인 컨테이너의 제약을 받는다.

수묵화를 그릴 때처럼 모양의 형태Shape Form는 넓은 붓질로 그리는 밑그림이 되고, 당신이 원하는 만큼의 붓질을 덧입혀서 인물을 구체적으로 완성할 수 있다. 이때 가장 중요하게 완성해야 하는 것은 표현력이 있는 목소리다. 호흡의 도움을 받은 모양의 형태Shape Form는 신체 중심으로부터 발산되어 척추를 변화시키고, 몸의 전체적인 모양을 만들어낸다. 모양의 형태Shape Form는 말하자면 인물과 주어진 상황과의 관계를 보여주는 한 장의 사진이 된다.

발음과 모양

발음은 모양Shape과 관련이 깊다. 이 둘의 관계를 설명하기 위해서 캘리번 독백에서 구체적인 요소들을 살펴보려 한다. 한 번 더 이 대사에서 자주 반복되는 단어들인 'I[아이]', 'me[미-]', 'mine[마인]'을 주목해보자. 조음 기관들이 구체적인 소리와 공명6을 발생시키기 위해서 만들어내는 모양Shape은 위의 단어들이 가진 의미와 밀접하게 연결된다.

이중모음 'I[아이]'와 순수 모음 'EE[이-]'를 구성하는 음소7는 전설 모음이다. 전설 모음은 혀끝이 아래 앞니 뒤에서 이완된 상태로 있을 때 혀의 몸통이 경구개 쪽으로 구부러질 때 만들어진다.[8] 조음 기관들은 진동하는 공기가 인두강, 경구개, 비강, 치아에 부딪혀 튕겨 나올 때 모양을 만들어 준다. 이것이 다음으로 얼굴 또는 머리에서 나오는 공명이 되고, 공간으로 울려 퍼지게 된다. 이 과정을 주목해볼 필요가 있는데, 왜냐하면 조음기관이—이 경우에는 혀의 몸통이—정확하게 경구개 쪽으로 구부러지고, 혀끝은 아래 앞니 뒤쪽에 이완된 채로 있을 때 공 모양이 만들어지고, 그런 다음 얼굴/머리 공명이 반복되면 당신과 듣는 사람들은 캘리번의 말소리에서 애원과 고집스러움을 듣고 느끼게 될 것이기 때문이다. 이로써 당신은 명확한 정보를 전달하는 데서 그치지 않고, 말을 통해 인물의 컨테이너를 드러낼 수 있다. 거울을 보고 'I[아이]'와 'EE[이-]'를 말할 때 당신의 혀의 몸통이 경구개 쪽으로 구부러지는 것을 관찰해보자.

혀의 움직임을 공간적으로 연구해볼 수도 있다. 'I[아이]'와 'EE[이-]'를 말하면서 거울을 사용해서 혀의 움직임을 관찰해보자. 혀의 몸통 부분의 곡선이 위로 경구개 쪽으로 움직이는 것을 관찰할 수 있을 것이다. 아마도 혀의 몸통은 필요한 무언가를 향해서 뻗어나가지만, 실제로는 입천장에 도달하지는 못한다. 캘리번의 혀가 그의 상황을 묘사하고 있다고 볼 수 있을까? 그는 강력한 공 모양을 암시하는 '단단한 바위'에 갇혀있고, 그의 혀는 두드러진 'I[아이]'와 'EE[이-]' 소리들을 만들어내기 위해서 위쪽으로 뻗으려고 애쓰는 동시에 공 모양을 만들도록 강요받는다. 어쩌면 이 발음에는 캘리번이 방해물들을 극복하려는 시도가 반영된 셈일 수도 있다. 그의 결심에도 불구하고 모든 작용들이 그를 방해하고 끌어내리기 때문에 그는 절대 자신의 목표에 도달하지 못한다. 발음을 자세히 연구할 때마다 인물에 대한 결정적인 발견을 할 수 있는 것은 아니다. 하지만 발음 기관들이 정확한 동시에 유연하게 사용될 때 그것 자체로 인물의 상황을 담아내는 작은 사진이 될 수도 있다.

말하기는 일종의 움직임이다. 우리가 개별적인 소리를 만들어내는 방식이 성문Voice Print을 만든다. 아직 경험이 없다면 음성 및 말하기 수업을 듣거나, 조음 기관의 움직임을 상세하게 연구해보길 권한다. 하지만 당신의 말하기를 고치거나 표준화하는 것이 목표가 되면 *안 된다*. 그보다는 당신의 조음 기관들을 익숙하지 않은 방식으로 움직여보고, 습관적인 말하기 패턴을 찾는 것에 집중해보길 바란다. 우리는 거대한 몸을 사용할 때처럼, 말하기를 통제하는 (관찰 가능하거나 관찰되지 않는) 훨씬 더 작고 정교한 근육에 대해서도 갇혀 있는 방식으로 사용한다. 당신의 습관적인 말하기 패턴들을 찾아내고 익숙하지 않은 방식으로 움직여봄으로써 표현력을 확장해보자. 이는 배우에게는 언제나 가치로운 일이다.9

모양 반복하기 = 소리 반복하기 = 감정 드러내기

공명은 아주 섬세한 과정이므로, 이번 탐험의 결과도 아주 섬세할 것이다. 부드럽게 진행해보자. 당신이 공명을 강화하려고 억지로 힘을 주면 사실상 공명은 더 약해질 테니 주의하자.

탐험 8: 발음 모양과 구체적인 공명

- 'I[아이]'와 'EE[이-]' 소리를 각각 최소한 5번씩 반복해보자.
- 혀의 몸통이 입의 바닥에서 경구개 쪽으로 구부러질 때 구체적으로 어떤 모양이 되는지 인식해보자(필요하면 거울을 사용해보자).
- 캘리번의 주어진 상황Given Circumstance을 떠올리면서 소리를 반복해

서 내면, 혀의 움직임과 얼굴 공명이 당신에게 어떤 영향을 주는가?

- 다음의 단어들을 반복해보자. 앞의 세 단계에서 발견한 것을 적용하면서 I[아이], me[미-], mine[마인], my[마이]를 5번 반복해보자.

- 이 단어들을 다시 대사로 가져와서 대사를 해보자.

- 'I[아이]'와 순수 모음 'EE[이-]'가 포함된 단어들을 가지고 이전의 탐험들을 반복해보자. eat, teach, light, by, night, thee, brine, beetles, sty, whiles, keep, island.

- 모든 단어들을 다시 원대 대사로 가져와 보고, 탐험의 과정에서 발견한 것을 반영하여 전체 대사를 말해보자.

이 대사 중에서 'I[아이]'와 'EE[이-]'에서만 혀기 공 모양이 되는 것이 아니다. 캘리번의 전반적인 말하기에 영향을 주는 다른 전설모음들이 있다. 'EE[이-]'와 'I[아이]' 이외에도 이 독백에 사용되는 다른 전설모음은 e[에] (rest), i[이] (which), a[애] (bat), ay[에이] (place)이다. 캘리번의 독백에서 전설모음이 포함된 *모든* 단어들을 **굵은 글씨**로 표기해보았다.

I must **eat my dinner**.

This island's mine, **by Sycorax my** mother,

Which thou **tak'st** from **me**. **When** thou **cam'st first**,

Thou strok'st **me and mad'st** much of **me**, wouldst **give me**

Water **with berries in't**, **and teach me** how

To **name** the **bigger light**, **and** how the **less**,

That burn **by day and night**: **and then I** loved **thee**

And show'd **thee** all the **qualities** o' the **isle**,

The **fresh springs**, **brine-pits**, **barren place and** fertile:

Cursed **be I that did** so! All the charms

Of **Sycorax**, toads, **beetles**, **bats**, **light** on you!

For **I am** all the subjects **that** you **have**,

Which first was **mine** own **king**: **and here** you **sty me**

In this hard rock, **whiles** you do **keep** from **me**

The **rest** o' the **island**.

131개의 단어 중 절반 이상에서 혀가 공 모양이 된다. 이 단어들은 얼굴과 머리 공명을 사용한다. 이처럼 얼굴/머리 공명의 과도한 사용은 독백의 말소리에도 큰 영향을 줄 것이다.

동영상 6. 탐험 9: 발음 모양 반복하기 = 소리 반복하기 = 캘리번의 독백으로 감정 드러내기
https://vimeo.com/channels/thelabanworkbook/200001763

탐험 9: 발음 모양 반복하기 = 소리 반복하기 = 캘리번의 독백으로 감정 드러내기

- 전설모음을 굵게 표기한 캘리번의 독백을 가지고 탐험 8을 반복해보자. 발음 모양과 공명을 반복했을 때 어떤 효과가 있는가?

- 굵은 글씨로 표시된 단어들이 독백을 하기 위해 주어진 모든 단어인 것처럼 그 단어들만 말해보자.

- 캘리번에 대해서 무엇을 발견하게 되었는가? 또는 캘리번이 자신을 어떻게 드러내는가?

- 원래대로 모든 단어들을 되돌려놓고, 전체 독백을 말해보자.

자음 반복

반복되는 소리는 특정한 자음이거나 자음의 한 종류일 것이다. 보통은 모음이 감정을 전달하고, 자음은 구체적인 의미를 전달한다고 한다. 하지만 짧은 대사 안에서 많은 양의 파열음[10]이 포함되어 있다면, 말하는 사람은 분명히 자음에 대해 감정적인 영향을 받을 것이고, 주어진 단어 이면에서 인물이 실제로 느끼는 것이 무엇인지 알 수 있을 것이다.

다음은 셰익스피어의 <리처드 3세>에서 가져온 예이다. 앤 공주가 자신을 사랑한다며 왕비가 되어달라고 애원하는 리처드에게 하는 대사이다. 그녀의 대답은 죽은 왕의 시신 앞에서 이뤄진다.

Cursed be the hand that made these fatal holes!
Cursed be the heart that had the heart to do it!
Cursed the blood that let this blood from hence!
More direful hap betide that hated wretch,
That makes us wretched by the death of thee,
Than I can wish to adders, spiders, toads,
Or any creeping venom'd thing that lives!

저주한다, 이 치명적인 구멍을 파낸 손!
저주한다, 그렇게 행할 마음을 품었던 심장!
저주한다, 이 피를 여기서 흘러나오게 한 피!

당신의 죽음을 통해 우리를 더욱더 비참하게 만든 놈,

늑대, 거미, 두꺼비 또는 숨이 붙어 기어 다니는

온갖 독충들에게 퍼부을 저주보다도,

훨씬 더 끔찍한 운명이 저 악마 같은 놈에게 처하라.

이 7개의 문장에 엄청나게 많은 숫자의 파열음이 포함되어 있다. 정확히
말하면 49개이다. 만약에 이 대사를 발음한다면 앤 공주가 리처드에게 그
에 대한 복수로서 저주의 말을 퍼붓고 있다고 분명히 느낄 수 있을 것이
다. 'cursed'(저주한다)를 세 번 반복한다고 해서 아무것도 해칠 수는 없
지만, 'cursed'는 가장 폭발적인 소리들인 무성 파열음으로 시작되고 끝난
다.[11] 인물의 감정적인 상태나 행동과 관련해서 발음이 갖는 중요성은 대
사에서 특정 종류의 소리가 얼마나 많이 사용되는지와 관계된다.

탐험 10: 자음

- 다음 대사에서 파열음(p, b, k, g, t, d[ㅍ, ㅂ, ㅋ, ㄱ, ㅌ, ㄷ])으로 소리
  나는 모든 글자에 밑줄 그어보자. 단어의 철자보다 발음을 기준으로
  찾아보자. 즉, 'spring'의 'g'는 파열음을 만들어내지 않으므로 표시
  하지 않아야 한다.

The fresh springs, brine-pits, barren place and fertile:

Cursed be I that did so! All the charms

Of Sycorax, toads, beetles, bats, light on you

신선한 샘물, 소금물 웅덩이, 버려진 땅과 비옥한 땅도:

내가 그렇게 했다니, 나 자신을 저주해야겠어! 시코랙스의 온갖 주문들로,

두꺼비, 딱정벌레, 박쥐가 당신에게 들러 붙어버리길!

- 파열음이 가진 특유의 활력에 의지해보자. 저주가 생생해지는 느낌이 드나?

어떤 대사에 특정한 소리나 같은 종류의 소리가 반복해서 사용될 때, 당신은 그 발음이 인물이 존재하는 상태에 큰 영향을 준다는 것을 느낄 수 있을 것이다. 이로써 인물의 세계관이나 행동의 동기에 대한 깊은 통찰을 얻게 될 수도 있다. 구체적인 예로 들어보면, 전설모음, 중설모음, 후설모음, 정지 파열음, 마찰음12, 비강음13 등이 그런 소리가 될 수 있다. 경험적으로 보았을 때, 대본이 쓰인 시대와 관계없이 대본이 뛰어날수록 더 깊은 통찰을 얻을 수 있을 것이다.14

모양 변화의 방식들을 통해 음성/신체 제스처 탐구하기15

이제 우리는 캘리번이 기본적으로 공 모양 형태를 갖고 있는 것을 알았다. 또한 단어의 실제 발음과 공명되어 나오는 소리가 캘리번의 욕구 및 필요에 연결되어 있다는 사실도 이해하게 되었다. 이 독백에서 지배적인 공명은 얼굴 공명과 머리 공명이다.

이제 음성 제스처에 대해서 자세히 알아보고, 제스처의 선택이 목소리 및 말하기에 영향을 주는 상호작용을 살펴보자. 이를 위해서 **모양 변화**

의 방식Mode of Shape Change을 가져올 것이다. 여기에는 **모양의 흐름**Shape Flow, **직선 지향**Spoke-like Directional, **곡선 지향**Arc-like Directional, **조각하기** Carving가 포함된다. 여기에 공간의 경로Pathway를 합쳐볼 텐데, 경로Pathway 에는 **중심**Central/**주위**Peripheral/**횡단**Transverse **경로**[16]가 있다. 경로Pathway를 이해하기 위해서는 키네스피어(운동 반경)라는 용어를 도입할 필요가 있 다. 키네스피어는 자기 자신의 영역이라고 여겨지는 공간이다. 심리적으로 는 '개인의 공간'이라고 부를 수 있으며, 물리적으로는 자신이 팔다리를 뻗었을 때 닿을 수 있는 거리와 자기 자신 사이에 있는 공간을 의미한다. 키네스피어는 공기 방울처럼 당신을 감싸고 있으며, 당신과 함께 이동한 다. 개인의 공간은 경로Pathway를 통해서 다른 사람들에게 알려진다. 중심 경로Central Pathway를 이용한 움직임은 당신의 중심에서 나와서 중심으로 돌아온다. 주위 경로Peripheral를 이용한 움직임은 당신의 키네스피어의 가 장자리를 정의해준다. 횡단 경로Transverse Pathway는 당신의 중심과 키네스 피어 가장자리 사이의 공간을 가로지르거나 휩쓸고 지나간다. 모양 변화 의 방식Mode of Shape Change과 경로Pathway 사이의 밀접한 연관성이 느껴 지는가? 우리는 직선 방향Spoke-like Directional을 중심 경로에, 곡선 방향 Arc-like Directional을 주위 경로에, 조각하기Carving를 횡단 경로에 연결시키 려 한다. 그렇다면 목소리의 키네스피어를 어떻게 설정해볼 수 있을까? 여기서는 목소리의 키네스피어가 목소리와 말하기가 자연스럽게 도달할 수 있는 거리를 지칭한다. 목소리 제스처도 신체 제스처처럼 가까운 거리 (몸 가까이), 중간 거리(몸과 키네스피어 가장자리의 중간), 먼 거리(키네 스피어의 먼 가장자리)로 나타낼 수 있다.

　음성 제스처 탐험의 묘미는 목소리가 *보이지 않는다*는 데서 온다. 목 소리는 말하는 사람과 듣는 사람 모두 듣고 느낄 수 있다. 그런데 일단 말을 뱉고 나면 우리는 말도, 말이 공간 속에서 여행하는 '방식'인 경로도 수정할 수 없다. 우리는 모두 다음과 같이 후회한다. "그 말은 정말 다시 주워 담고 싶다", "말하고 나서 잊었지만, 정말 하면 안 되는 말이었나." 누군가에게 펀치를 날리겠다는 의도를 가지고 신체적인 움직임을 시작했을 때는, 주먹이 목표물을 강타하기 전에는 되돌린다는 선택을 할 수 있다. 하지만 말하기에 대해서는 그럴 수 없다. 새총에 얹은 돌처럼, 일단 출발하면 목표물에 닿을 때까지 멈출 수 없다. 타인, 환경, 자기 자신에 연결되고자 하는 의도로 신체 제스처를 사용하는 것은 어렵지 않다. 그런데 눈에 보이지 않는 목소리도 정확히 똑같은 것을 한다. 음성 제스처나 신체 제스처의 *의도*가 그것의 경로를 결정한다.

모양의 흐름Shape Flow과 제스처

우리는 앞서 모양의 흐름Shape Flow이 자기 자신과 관계 맺는 것이라고 이야기했다. 호흡 패턴은 유아기에 만들어져서 평생 남는데, 이 호흡 패턴이 모양의 흐름Shape Flow의 핵심이다. 우리는 이제 모양의 흐름Shape Flow의 의미를 확장시켜서 자기 자신에 대한 제스처를 포함시킬 것이다. 모양의 흐름 제스처Shape Flow Gesture는 그림자 움직임이라고도 하는데, 보통 가까운 거리로 사용되며, 자기 위안이나 위로, 자기 성찰을 제공한다. 이러한 제스처는 무의식적인 행위로 받아들여지기도 하지만, 보는 사람은 인식하고 있을 가능성이 크고, 자주 반복될수록 더 그렇다. 이를테면, 자신의 턱수염을 쓰다듬는 남자, 계속 머리카락을 꼬는 여자, 손톱을 물어뜯는 십대 소년을 떠올려 볼 수 있을 것이다. 반복되는 행동은 개인의 상태에 대한 무언가를 알려준다.

탐험 11: 모양의 흐름 제스처

- 자신를 안심시키려고 하는 습관적인 제스처가 있는가?

- 하루 동안 다른 사람들이 자신을 안심시키는 제스처들을 관찰해보자. 당신이 관찰하는 사람이 말하면서 제스처를 할 때, 목소리와 말하기에 어떤 영향이 있었는가?

- 당신이 평소에 사용하지 않는 자신을 안심시키는 제스처를 만들어보자. 짧은 대사를 가지고 즉흥을 하면서 제스처를 몇 번 반복해보자. 상상력이 어떻게 자극받았는가? 인물이 떠오르는가? 어떤 주어진 상황Given Circumstance에서 이 제스처를 할 수 있을까?

직선 지향Spoke-like Directional

그림 3.5 직선 지향

아기가 세상을 점점 알아가게 되면서 직선 제스처를 사용하기 시작한다. 여기에는 원하는 물건(젖병, 과자)으로 손을 뻗는 것, 음식을 잔뜩 올린 순가라은 밀어내는 것, 음식이나 시기를 바닥에 던지는 것이 포함된다. 이 단계에서 아이의 메시지는 "이리 줘", "저리 치워", "나는 원해", "나는 원하지 않아"이다. 직선 지향 제스처는 목표 지향적이고, 중심 경로Central Pathway를 따라서 몸의 중심에서 밖으로, 또는 밖에서 몸의 중심으로 움직인다.

동영상 7. 탐험 12, 13, 14: 추상적인 소리와 말로 모양 변화의 방식과 경로 탐험하기
https://vimeo.com/channels/thelabanworkbook/199997315

탐험 12: 직선 지향Spoke-like 제스처

- 직선 지향 제스처를 가지고 실험해보자. 당신이 지금 원하거나 강한 거부감이 드는 구체적인 대상을 떠올려보자. 몸의 6개의 가지들(팔다리, 머리, 꼬리)을 적극적으로 사용해서 제스처해보자! 당신은 중심 경로Central Pathway로 무언가를 자신에게 가져오기 위해서 손을 뻗거나, 아니면 자신에게서 멀리 보내버릴 수도 있다.

- 제스처를 하면서 이렇게 말해보자. "이리 줘", "저리 치워", "이건 내 거야", "이건 너한테 주는 거야", "내가 도와줄게."

- 당신에게 생겨나는 반응을 관찰해보자. 다양한 직선 지향Spoke-like 제스처들을 했을 때 느낌이 어떤가? 어떤 기분이 드는가? 기본적으로 직선 지향 제스처를 사용할 것 같은 인물은 누가 있는가?

목소리와 말하기의 관계

기본적으로 직선 지향으로 말하는 사람은 직접적이고, 목표 지향적이고, 단 하나의 관점을 갖고 있는 사람으로 받아들여진다. 듣는 사람은 이 사람에게서 간단명료하며, 사실 관계에만 흥미를 느끼고, 고집스럽고, 확고하고, 흔들리지 않고, 심지어 공격적이라는 인상을 받을 수 있다. 주어진 상황Given Circumstance의 강렬한 정도에 따라 결과적으로 말하기가 바뀔 수 있음을 기억하자. 예를 들어서, 아이를 도와주려고 할 때와 범인을 공격하려고 할 때, 목소리는 어떻게 달라질까? 강렬한 정도는 모든 모양 변화의 방식Mode of Shape Change이 결과적으로 어떻게 드러날지 결정하는 요인이 된다.

곡선 지향Arc-like Directional

어린이가 성장하고 더 큰 환경을 받아들이게 되면서, 어린이는 곡선 지향 Arc-like Directional 제스처로 공간의 주변을 발견하게 된다. 여기에서는 목소리와 곡선 지향Arc-like 제스처의 관계를 집중적으로 살펴보려 한다. 곡선 지향Arc-like 제스처들은 공간의 둘레를 알려주고, 주위 경로Peripheral Pathway로 움직인다. 이 장에서 특히 강조되는 거리는 중간 거리 제스처와 먼 거리 제스처이다. 음성 및 신체 제스처를 곡선 지향Arc-like Directional으로 했을 때, 다음과 같은 문장이 나올 수 있다. "여기 땅 넓은 것 좀 봐. 여기부터 저 멀리까지를 포함하고 있어."

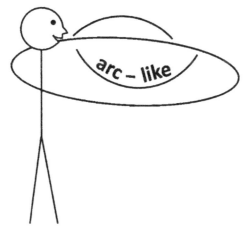

그림 3.6 곡선 지향

*탐험 13: 곡선 지향 제스처*Arc-like gesture

- 곡선 지향Arc-like 제스처를 가지고 실험해보자.

- 제스처를 하면서 말해보자. "이 드넓은 땅을 봐", "이 면적이 다 우리 꺼야", "이걸 너한테 전부 주고 싶어."

- 다양한 곡선 지향Arc-like 제스처를 했을 때 느낌이 어떤가? 어떤 기분이 드는가? 기본적으로 곡선 지향 제스처를 사용할 것 같은 인물을 상상해보자.

목소리와 말하기와의 관계

곡선 지향Arc-like으로 말하는 사람은 전체를 아우르고, 주변을 잘 살피고, 물리적/정신적으로 무언가를 나누거나 요구하는 목소리를 내고, 생각을 회피하거나, 상황을 파악한다고 받아들여진다. 목소리가 환경이나 생각의 주변 경로로 이동한다는 것은 듣는 사람에게 큰 그림을 제시하거나, 민감한 발언을 피한다는 의미로 볼 수도 있다.

조각하기Carving[17]

조각하기Carving는 몸의 모양을 변화시켜서 환경이나 사람에 적응하는 것이다. 조각하기Carving 제스처는 당신의 중심과 주변부 사이를 횡단 경로Transverse Pathway로 움직여서 당신의 키네스피어를 드러낸다. 조각하기Carving는 과정 지향적이며, 어린이가 관절과 척추를 회전할 수 있을 정도로 충분히 성장했을 때 나타나기 시작한다. 조각하기 제스처Carving는 주위 환경을 받아들이고, 자신이 보고 들은 것을 소화해서, 정보를 재조합하여 새로운 형태로 만들어낸다. 우리는 일상에서 하루에도 몇 번씩 이런 일을 반복한다. 우리는 자신의 입장을 표현하면서도 다른 사람의 입장을 이해하고 '수용'하는 성숙함을 갖고 있다. 친구들과 저녁을 어디서 먹을지 고르고, 배우자와 같이 살 집을 결정하는 것과 같은 크고 작은 선택들을 혼자서만 할 수는 없다. 우리는 다른 사람의 관점에 적응하고 있는 것이다.

조각하기Carving로 다음과 같은 문장들을 만들 수 있다. "네가 하는 말을 잘 알아들었고, 깊게 생각해봤어", "절충점을 찾아볼 수 있을까요?", "이 문제를 여러 가지 관점에서 이해할 수 있어", "다른 가능성을 고려해 보자", "우리가 합의점에 도달할 수 있을 거라고 믿습니다."

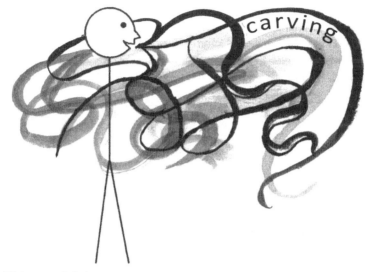

그림 3.7 조각하기

탐험 14: 조각하기 제스처들

- 손으로 조각하면서 손목이 어떻게 회전하는지 관찰해보자.

- 팔로 조각하면서 손목과 어깨 관절이 어떻게 회전하는지 관찰해보자.

- 몸 전체로 조각하면서 척추의 회전을 인식해보자.

- 가까운 거리, 중간거리, 먼 거리 제스처를 사용해서 조각해보자. 몸
  을 빼는 거리에 변화를 줬을 때, 어떤 영향을 받게 되는가!

- 제스처를 하면서 이렇게 말해보자. "다 같이 잘 지냈으면 좋겠어",
  "의견을 조율해볼 수 있을까요?", "글쎄... 어떤 생각을 해야 될지 모
  르겠어요", "아마도..."

- 다양한 조각하기 제스처를 했을 때 느낌이 어떤가? 어떤 기분이 드

는가? 기본적으로 조각하기 제스처를 사용할 것 같은 인물을 상상해보자.

목소리와 말하기의 관계

조각하기Carving 방식으로 말하는 사람은 다른 사람들이 말하는 것을 수용하고, 합의점에 도달하려고 노력하며, 조율하고, 진실을 모색하고, 다른 사람들의 관점들을 수용한다고 받아들여진다. 여기서도 주어진 상황Given Circumstances의 강한 정도가 당신이 아이디어를 조정할 수 있고, 설득되어 쉽게 변하며, 당신의 입장과 생각을 확신하는지 못하는지, 그렇지 않으면 당신이 협상을 통해서 다른 사람들에게 자신의 입장을 관철시키려 하는지에 영향을 준다.

다음의 탐험에서 모든 모양 변화의 방식Mode of Shape Change들을 통합해볼 것이다. 이 탐험의 목표는 음성 제스처들을 탐험하고 발전시키는 것이다.

탐험 15: 오케스트라 지휘하기!

* 당신이 오케스트라의 지휘자라고 상상해보자. 실제로 음악을 틀어놓고 해도 좋다.

* 음악을 지휘하는 자신을 관찰해보자. 바이올린과 비올라, 콘트라베이스를 조율하기 위해서 조각하기Carving를 사용해보자. 먼 거리에 있는 연주자들과 크레센도를 만들어내기 위해서 당신은 두 팔을 저으면서 곡선 지향Arc-like으로 움직일 것이고, 또 어떤 때는 정확히 팀파니에 지시하기 위해서 직선 지향Spoke-like으로 움직일 것이다.

- 자신이 지휘하는 음악을 허밍으로 따라 해보자.

- 턱을 이완시켜서 더 풍부한 목소리 톤이 흘러나오게 해보자.

- 적극적인 정적임Active Stillness의 상태에서, 추상적인 소리만으로 오케스트라를 리드해보자. 당신은 음성 제스처를 얼마나 구체적으로 사용할 수 있는가?

적극적인 정적임Active Stillness의 상태에서 음성 제스처에 접근하는 것이 어렵게 느껴졌는가? 목소리로 제스처한다는 것이 불가능한 일처럼 느껴지는가? 지휘자 탐험을 더 단순하게 접근해보자. 이어지는 탐험은 '밖에서 안으로'outside-in에 해당하는 탐험이다. 모양 변화의 방식Mode of Shape Change을 임의로 선택해보자. 거기에 맞게 상상력을 사용해서 말과 소리의 의도를 채워 넣어보자. 목소리가 확장되고 상상력이 그에 반응하는 데 익숙해졌다면, 다음 탐험을 이어가보자.

더 재미있는 음성 제스처 발견하기!

음성 제스처를 신체화하는 가장 쉬운 방법 중 하나는 당신의 목소리가 색깔을 갖고 있으며, 공기 중에, 벽에, 천장에, 바닥에, 다른 누군가의 몸 위에 그림을 그릴 수 있다고 상상하는 것이다.

탐험 16: 모양 변화의 방식에 따라 색칠하기

- 직선 지향Spoke-like Directional에 어울리는 색깔을 골라서, 목소리가 직선을 그린다고 상상해보자.

- 곡선 지향Arc-like Directional에 어울리는 색깔을 골라서, 목소리가 곡선을 그린다고 상상해보자.
- 조각하기Carving에 어울리는 색깔을 골라서, 목소리가 회전하고 감기는 경로를 그린다고 상상해보자.

다음 탐험은 당신의 음성 제스처를 한층 더 명확하게 만들어줄 것이다. 크레파스가 필요할지도 모른다!

탐험 17: 계속 색칠해보자!

- 그림을 그릴 수 있는 아주 커다란 종이를 벽에 붙여보자. 모양 변화의 방식Mode of Shape Change마다 어울리는 색깔의 크레파스를 하나씩 골라보자. 팔 움직임에 맞춰 목소리를 내보자. 선택한 색깔의 크레파스로 직선, 곡선, 감기는 선들을 그려보자. 이때 몸이 목소리를 리드하게 하자.
  - 그림에서 조각하기Carving의 가능성을 더 탐구해보고 싶다면, 크레파스의 껍질을 벗기고 옆으로 눕혀서 크레파스의 뾰족한 부분 말고 더 넓은 면을 사용해보자. 종이 위에서 크레파스를 빙빙 돌리기도 하고 쓸어내리듯 움직여보고, 팔의 움직임이 목소리에 영향을 주게 해보자. 이때 그려진 그림은 직선 지향Spoke-like 및 곡선 지향Arc-like의 그림과는 매우 다를 것이다.
- 이번에는 거꾸로, 목소리로 몸을 리드해보자. 이것이 더 어렵게 느껴질 텐데, 그 이유는 우리가 목소리를 섬세하지 않게 사용하는 데 익숙하지 않기 때문이다.

- 앞의 두 단계들을 몇 번 반복해보자. 몸이 목소리를 리드하는지 아니면 그 반대인지 구별하기 점점 어려워질 수도 있다. 아주 좋은 현상이다!

- 몸이 목소리를 리드했을 때와, 목소리가 몸을 리드했을 때 그림이 어떻게 달라지는지 비교해보자.

다음 탐험은 파트너 작업이다. 파트너는 한 명이어도 되고 여러 명이어도 좋다. 소리를 내는 사람은 다른 사람을 움직이는 목소리의 힘을 느끼게 될 것이고, 움직이는 사람은 파트너가 내는 소리와 떨림에 섬세하거나 대담하게 반응하면서 신체 감각이 예민해지는 것을 느낄 수 있을 것이다.

동영상 8. 탐험 18 파트너 작업: 추상적인 소리로 만드는 음성 제스처
https://vimeo.com/channels/thelabanworkbook/200002743

탐험 18: 파트너 작업: 추상적인 소리로 만드는 음성 제스처

- 먼저 움직이는 사람이 몸으로 모양을 만든다. 소리 내는 사람이 파트너에게 아주 가까이 가보자. 파트너의 몸에서 한 뼘 정도 떨어진 거리에서 몸 가까이(얼굴이나 귀는 피하자) 입으로 소리를 내서 소리의 진동이 전해지게 해보자. 움직이는 사람은 소리의 진동에 따라 모양을 바꾼다. 역할을 바꿔보자.

- 그룹 탐험18: 그룹은 소리 내는 사람을 등지고, 적극적인 정적임Active Stillness의 상태에서 시작해보자. 그룹은 소리 내는 사람의 소리에 반응해서 자유롭게 움직이면 된다. 배우들의 움직임은 목소리를 몸으로

표현한 동영상이 된다. 누가 소리를 내고 움직일지 계속 바꿔보자. 한 가지 소리에 대한 여러 가지 신체적인 반응들이 동시적으로 이루어질 때 아름다움을 느끼게 될 것이다.

이 부분에서는 가급적 단순하고 짧은 지시를 주려고 했다. 사람에 따라서 목소리로 그림 그리고, 제스처하고, 파트너에게 영향을 주거나 받기 시작할 때까지 많이 반복해야 할 수도 있다. 이제, 이전의 탐험들에 말을 더해보자. 숫자를 세도 되고, 가나다를 말하거나, 알고 있는 대사를 말해도 좋다. 인내심을 가져보자. 용기를 갖고, 놀아보자!

탐험 19: 음성 제스처와 대사

- 자신이 선택한 대사를 이용해서 모양 변화의 방식Mode of Shape Change과 경로Pathway를 차례대로 탐험해보자. 목소리가 누구에게/어디에 연결되는지 아는 것은 아주 중요하다.

  (빨리 복습하기: 직선 지향 제스처는 중심 경로로 이동하고, 곡선 지향 제스처는 주위 경로로, 조각하기는 횡단 경로로 이동한다.)

  − 직선 지향Spoke-like 음성 제스처는 말에 어떻게 영향을 주는가? 곡선 지향Arc-like은? 조각하기Carving는?

  − 신체가 적극적인 정적임Active Stillness을 유지하는 상태에서, 대사가 실제의/상상의 대상/사람을 향해서 소리로만 들리는 경로로 이동하는가?

  − 대사를 반복할 때마다 지배적인 모양 변화의 방식Mode of Shape Change과 경로Pathway를 바꾸면 스토리도 바뀌는가?

−위의 탐험들이 당신의 상상력을 어떻게 자극하는가? 어떤 인물이 떠오르는가? 주어진 상황Given Circumstance은? 행동/대상은?

−자신에게 가장 익숙한 모양 변화의 방식Mode of Shape Change이 있나?

−어떤 모양 변화의 방식Mode of Shape Change이 특히 어색하게 느껴졌는가?

이러한 음성 제스처들에 어떻게 영향을 받는지는 맥락과 주어진 상황Given Circumstance, 말하는 의도에 따라 결정된다. 주어진 상황Given Circumstance에 따라 목적이 발생하고, 목적에 따라 행동이 결정된다. 음성 제스처를 희곡 대사에 적용한다고 했을 때, 당신이 하는 것은 기본적으로 행동이고, 따라서 다양한 음성 전략들을 사용해서 목표를 이룰 것이다. 듣는 사람은 음성 제스처를 신체 제스처와 똑같은 방식으로 받아들일 것이다. 두 팔로 곡선 지향Arc-like 제스처를 하는 것이 자랑하거나 좋은 것을 나누는 행동을 의미하는 것처럼, 음성 제스처도 정확히 같은 것을 할 수 있다.

배우는 자신의 신체 및 음성 제스처와 관련하여, 모든 모양 변화의 방식Modes of Shape Change에 접근할 수 있도록 노력한다. 그러나 우리는 보통 한 가지 모양 변화의 방식에 더 가치를 두는 경향이 있다. 우리는 보통 자신의 생각과 행동을 강화하고, 듣는 사람에게 원하는 영향을 줄 거라고 기대되는 방식으로 제스처한다. 우리는 모든 문제를 자신만의 방식으로 해결하고 싶어 하기 때문에 우리가 사용하는 전략은 의식적으로나 무의식적으로 결과에도 영향을 준다. 또한 성장 배경, 개인적인 경험들, 문화적 배경이 우리가 어떤 모양 변화의 방식Mode of Shape Change을 선호하는지에 큰 영향을 준다.

모양 변화의 방식Mode of Shape Change이 하나의 스펙트럼이고, 한쪽 끝에는 모양의 흐름Shape Flow, 반대쪽 끝에는 조각하기Carving가 있다고 했을 때, 당신은 특정한 영역을 더 자주 사용한다는 것을 인식하게 될 것이다. 당신의 (음성/신체) 제스처가 기본적으로 무엇을 선호하는지 살펴보면서 즐거운 자기발견을 할 수 있다. 그러한 자기발견은 자신에 대한 관찰력을 키워주고, 인물구축을 위한 더 많은 선택지를 줄 것이다.

당신의 외부(환경적인 영향)와 내부(내적인 감정과 신체적인 영향) 사이에서 끊임없이 이뤄지는 상호작용은 당신 자신과 인물의 욕구와 결핍을 자극한다. 또한 다른 사람에게 이해받기 위해서는 구체적인 신체/음성적인 행동이 바깥으로 발산되어야 한다.

캘리번과 모양 변화의 방식들

이번에는 캘리번의 독백에 **모양 변화의 방식**Mode of Shape Change을 적용해보자. 모양 변화의 방식Mode of Shape Change을 가지고 대사를 탐구하는 예를 보여주기 위해서 나의 주관적인 해석을 제시해보았다. 만약에 다른 해석을 갖고 있고, 다른 선택을 하고 싶다면 얼마든지 그렇게 해도 좋다! 자신의 상상력과 영감이 이끄는 대로 선택해보자. 예술은 창작자의 선택이 없으면 성립하지 않는다!

다음 탐험의 목표는 인물의 내적 논리와 주어진 상황Given Circumstances을 보조하고 새로운 발견을 돕는 음성/신체적인 선택을 하는 것이다. 그러나 새로 발견한 것들을 실제로 적용하기는 어려울 수도 있다. 실제로 쓸 수 있는지 아닌지와 별개로, 이 탐험의 장점은 대사를 고정되지 않고 열린 상태로 만들어준다는 것이다. 고정된 대사 읽기는 힘을 갖기 어렵다. 대사는 연기할 때마다 신선한 것이 튀어나올 가능성이 크기 때문이다. 탐험 20에서는 독백을 제스처로 채워보자.

동영상 9. 탐험 20: 모양 변화의 방식과 경로에 따라 추상적인 소리로
캘리번 독백하기
https://vimeo.com/channels/thelabanworkbook/199998212

탐험 20: 모양 변화의 방식Mode of Shape Change과 경로Pathway에 따라 추상적인 소리로 캘리번 독백하기

- 다음과 같이 대사를 나눠보고, 대사의 각 부분에 제시된 모양 변화의 방식Mode of Shape Change과 경로Pathway를 사용해보자.
- 각 부분들을 적극적인 정적임Active Stillness의 상태로 말해보자.
- 추상적인 소리를 내면서 몸이 제시된 모양 변화의 방식Mode of Shape Change과 경로Pathway에 따라 움직이게 해보자.
- 캘리번의 독백을 하면서 몸이 제시된 모양 변화의 방식Mode of Shape Change과 경로Pathway에 따라 움직이게 해보자.
- 대사들을 한 번 더 적극적인 정적임의 상태Active Stillness로 말해보자.
- 처음 대사를 말했을 때와 두 번째로 말했을 때의 차이를 관찰해보자.
- 직선 지향Spoke-like/ 중심 경로Central Pathway:

  I must eat my dinner.

  This island's mine, by Sycorax my mother,

  Which thou task'st from me.

나는 저녁을 먹어야겠어요.

이 섬은 내 어머니 시코랙스가 준 내 것이에요.

당신이 나에게서 빼앗아갔죠.

이 첫 번째 대사에는 외부에서 내부를 향해 움직이는 직선 지향Spoke-like 제스처가 강하게 느껴진다. 음식을 붙잡고, 땅에 대한 권리를 주장하고, 자신의 땅을 빼앗아간 것에 대해 프로스페로를 비난하는 것.

- 모양의 흐름Shape Flow:

  Thou strok'st me and mad'st much of me,

  당신은 나를 쓰다듬고 예뻐해 줬고,

캘리번은 요람 속의 아기처럼 편안한 상태로, 어쩌면 자신이 어떻게 '쓰다듬어'stroked졌었는지 그 느낌을 기억하면서 두 손으로 자신을 안심시키는 제스처를 할 수도 있다.

- 직선 지향Spoke-like/ 중심 경로Central Pathway:

      wouldst give me
  Water with berries in't,

          당신은 나에게
      열매가 들어있는 물을 주었고,

캘리번이 두 손을 직선 지향Spoke-like으로 열매 쪽으로 뻗으면서 기억을 되살리고 있을까? 아니면 어미새가 주는 먹이를 받아먹는 아기 새처럼, 열매를 받으려고 입을 벌리고 있을까? 어쩌면 머리 위로 프로스페로의 손가락에 매달린 음식을 향해서 입을 직선 지향Spoke-like으로 제스처하면서 입술과 혀를 내밀고 있을지도 모른다. 처음의 두 대사도 직선 지향 Spoke-like 제스처지만, 이 대사의 강도가 이전과는 상당히 다르다는 것을 인지해보자.

- 직선 지향Spoke-like/ 중심 경로Central Pathway:

    and teach me how

  To name the bigger light, and how the less,

  That burn by day and night:

      낮과 밤에 타오르는

  커다란 빛의 이름과 작은 빛의

  이름을 가르쳐줬죠

이 대사들에는 하늘을 향해 직선 지향Spoke-like으로 손을 뻗는 제스처가 암시되어 있다. '커다란 빛'the bigger light이 명시되어 있는데, 이 경우에는 태양이라는 구체적인 대상을 향해서 정확히 손을 뻗을 수 있다. 한 번 더, 직선 지향Spoke-like 제스처의 강도가 이전의 두 번보다 훨씬 더 심화되었다.

- 곡선 지향Arc-like/ 주위 경로Peripheral Pathway:

  and then I loved thee

  And show'd thee all the qualities o' the isle,

  The fresh springs, brine-pits, barren place and fertile:

  그때 나는 당신을 사랑해서

  당신에게 이 섬의 모든 성질들을 전부 보여줬어요,

  신선한 샘물, 소금물 웅덩이, 버려진 땅과 비옥한 땅도:

- 마지막 대사에서 곡선 지향Arc-like에서 직선 지향Spoke-like으로 변화:

  and then I loved thee

  And show'd thee all the qualities o' the isle,

  The fresh springs, brine-pits, barren place and fertile:

  그때 나는 당신을 사랑해서

  당신에게 이 섬의 모든 성질들을 전부 보여줬어요,

  신선한 샘물, 소금물 웅덩이, 버려진 땅과 비옥한 땅도:

어쩌면 캘리번은 여기에서 처음으로 곡선 지향Arc-like Directional 제스처를 사용할 것이다. 그는 프로스페로에게 섬을 보여주고 있고, 자기 것이라고 주장하지 않는다. 그는 섬에 있는 것들을 나열하면서 프로스페로와 나누고 있다. 따라서 그가 섬의 모든 '성질들'qualities을 설명할 때 곡선 지향

Arc-like 제스처가 가능해진다. 하지만 이 부분의 마지막 대사에 대해서 다른 관점을 가질 수도 있다. 누군가는 캘리번이 프로스페로에게 특정한 성질들을 명확하게 보여주고 있기 때문에 캘리번이 직선 지향Spoke-like 방향 제스처를 사용한다고 주장할 수도 있다. 당신은 어떤 해석이 더 와닿는가?

- 직선 지향Spoke-like/ 중심 경로Central Pathway:

  Cursed be I that did so! All the charms

  Of Sycorax, toads, beetles, bats, light on you!

  내가 그렇게 했다니, 나 자신을 저주해야겠어! 시코랙스의 온갖 주문들로,

  두꺼비, 딱정벌레, 박쥐가 당신에게 들러 붙어버리길!

첫 번째 부분에서 캘리번은 자기 자신을 몰아세우고 있다. 캘리번은 직선 지향Spoke-like 제스처로 프로스페로와 함께 나누었던 것들을 움켜쥐고 강렬하게 자신에게 다시 가져오려 한다. 두 번째 부분은 프로스페로를 향한 저주다. 캘리번은 이 저주를 프로스페로에게 최고 강도로 날려버린다.

- 곡선 지향Arc-like/ 주위 경로Peripheral Pathway:

  For I am all the subjecyts that you have,

  Wich first was mine own king:

나는 지금 당신이 부리는 모든 하인이지만,

원래 나는 나 자신의 왕이었어요:

- 직선 지향Spoke-like/ 중심 경로Central Pathway:

  For I am all the subject that you have,

  Wich first was mine own king:

  나는 지금 당신이 부리는 모든 하인이지만,

  원래 나는 나 자신의 왕이었어요:

캘리번은 '모든'all과 심지어 '나'ㅣ에서도 곡선 지향Arc-like 제스처로 자기
자신을 지칭한다고 볼 수도 있다. 어쩌면 곡선 지향Arc-like 제스처가 직선
지향Spoke-like 제스처를 고수할 때보다도 캘리번이 처한 곤경을 훨씬 더
가슴 아프게 만들지도 모른다. 아니면 그가 프로스페로에게 자신의 유일
한 왕이 되기를 요구하면서, 직선 지향Spoke-like으로 프로스페로를 자기
중심 쪽으로 끌어당기고 있을지도 모른다. 당신은 어떤 해석을 선호하는
가?

- 모양의 흐름Shape Flow/ 조각하기Carving:

                and here you sty me

  In this hard rock,

여기 이 단단한 바위에

당신이 나를 가둬버렸고,

위의 대사에서, 프로스페로가 캘리번의 신체를 어떻게 했는지 한 번 더 드러난다. 하지만 이번에는 완전히 다른 효과를 가져온다. 이 독백의 시작 부분에서 캘리번이 회상한 것처럼, 프로스페로의 쓰다듬는 행위는 캘리번의 모양의 흐름Shape Flow을 *길어지고Lengthen 넓어지게Widen* 만들었지만, 그와 반대로 캘리번을 "단단한 바위"에 "가둬"버림으로써 그를 *짧아지고 Shorten 압축해서Condense* 공 모양Ball-like Shape으로 만들었다. 캘리번은 프로스페로가 자신의 몸을 다루는 방식에 한 번 더 반응한다. '단단한 바위'hard rock라는 컨테이너가 묘사될 때, 단어들은 캘리번이 공 모양Ball-like Shape으로 압박받는 이미지를 연상시킨다. 캘리번은 한 번 더 유아적인 제스처를 하면서 그 순간 아이 같은 상태가 된다. 또 다른 해석은 캘리번이 갇혀있는 상태에 적응하고, 모양을 거기에 맞추는 것(조각하기)을 강요받아 왔다는 사실을 인식하는 것이다. 몸과 목소리를 틀 속에 구겨 넣음으로써 환경에 순응했다고도 볼 수 있다.

- 첫 번째 줄 직선 지향Spoke-like/ 중심 경로Central Pathway:
- 두 번째 줄 곡선 지향Arc-like/ 주위 경로Peripheral Pathway:

whiles you do keep from me

The rest o' the island.

나에게서 빼앗아갔어요,

섬의 나머지를.

이제 마지막 부분과 두 개의 제스처가 남았다. 첫 번째 "나에게서 빼앗아 갔어요"는 자기 자신을 향한 직선 지향Spoke-like 제스처다. 그리고 두 번째로 "섬의 나머지를"에서는 직선 지향Spoke-like 제스처가 곡선 지향 Arc-like 제스처로 바뀌면서 자신이 잃은 모든 것을 가리킨다.

내가 해석한 것을 보면 조각하기Carving는 최소한으로 사용되는 것처럼 보인다. 적어도 표면적으로는 그렇다. 그 이유는 캘리번이 하나의 관점을 가지고 있고, 주로는 자기 자신의 관점만 중요하게 여기기 때문이다. 그는 새로운 환경에 쉽게 자신을 맞추거나 적응하지 못한다. 그에게 이 세계는 다채로운 뉘앙스가 없이 흑과 백의 형태로 존재한다. 그러나 캘리번이 조각하기Carving와 전혀 관련이 없다고 단언할 수는 없다. 내 해석은 캘리번이 프로스페로와 맺는 관계에 특히 집중되어 있다. 하지만 그 이전 이라면 어땠을까? 캘리번이 살았던 물질적/정신적 세계는 기본적으로 야생적이었을 것이다. 상상해보면 그의 야생적인 본성은 조각하기Carving 성향에 가까웠을 것이라고 짐작할 수 있다. 재미있는 탐험들이 아직도 많이 남아있다. 전부 다 가지고 놀아보자!

탐험 21: 모양 변화의 방식Mode of Shape Change들을 바꿔보자!

- 다른 모양 변화의 방식Modes of Shape change을 적용해서 캘리번의 독백을 다르게 해보자. 문장들에 문장별로 어떤 선택을 했는지 적어보자. 한 번 정한 선택지에 머물지 말고 다시 새롭게 출발해보자. 이리 저리 가지고 놀아보면서 상상력이 이끄는 대로 따라가보자!

−당신의 선택이 말없이 몸으로만 드러나게 해보자.

−당신의 선택이 몸과 대사로 드러나게 해보자.

−당신의 선택을 반영해서 대사를 말하는데, 신체는 적극적인 정적임 Active Stillness의 상태에 머물러보자.

- 모양 변화의 방식Modes of Shape change을 바꾸었을 때, 이야기가 전달되는 방식도 바뀌는가?

- 새로운 선택을 적용하면 캘리번이라는 인물은 어떻게 변화하는가?

- 당신이 직접 고른 대사로 이 탐험을 반복해보자.

- 탐험하는 과정에서, 소리의 높낮이(높고↔낮음), 성량(크고↔부드러움), 속도(빠르고↔느림)의 변화가 유기적으로 발생하는가?

소리의 높낮이, 성량, 속도는 목소리와 말하기의 다이나믹을 이야기할 때 자주 언급되는 요소들이다. 이들은 우리가 음성적인 다양성을 위해서 일부러 변화를 주려고 노력하는 것들이다. 그러나 경로Pathway와 모양 변화의 방식Mode of Shape Change에 관한 탐구는 결과적으로 음성의 다이나믹을 가능하게 하고, 환경 및 타인과 음성적인 관계를 맺는 것을 돕는다. 눈에 보이지 않아도 목소리와 말하기는 공간을 채워준다! 또한 표현을 위한 당신의 선택들이 구체적일 때, 듣는 사람은 집중력을 잃지 않고 이야기와 인물의 핵심을 예리하게 포착하게 된다. 이제 대사들에 더 다이나믹하고 풍부한 선택들을 덧입혀보자.

에포트Effort

라반 움직임 분석LMA의 하나인 에포트Effort는 물감 팔레트처럼 재료를 제 공해준다. 에포트Effort는 인물의 뉘앙스를 다채롭게 해주고, 인간적인 특성 들을 (좋은 방향으로) 복잡하게 만들어 준다.

에포트Effort는 수많은 연기 수업과 움직임 수업에서 사용된다. 에포트 Effort는 배우들이 가장 쉽게 접근하고 이해하는 개념인데, 그 이유는 '행 동'에 바로 연결되기 때문이다. 에포트Effort는 개인이 매 순간 지니고 있 는 **에포트 요소들**Effort Factors(**시간**Time, **무게**Weight, **공간**Space, **흐름**Flow)과 관련된 심리적인 태도라고 정의할 수 있다(에포트의 각 요소들에 대한 정 의는 다음 단락에서 소개하겠다). 이러한 심리적인 태도는 인물이 어떤 사람인지를 보여주는 '행동'과, 인물이 주어진 상황Given Circumstance에서 자신의 욕구와 결핍을 충족시키려는 시도에서 드러난다. 에포트Effort는 인 물로서 취할 수 있는 무수한 선택지를 제시해준다. 우리는 '슬퍼하다', '유혹하다', '방어하다'를 행동으로 표현할 수 있는 방식이 엄청나게 많다 는 데 동의할 수 있다. 그런데 우리는 이 행동들을 자신에게 익숙한 방식 으로만 받아들이고 연기하는 경향이 있다. 에포트Effort는 당신이 일반적이 고 전형적인 선택을 하지 않게 도와줄 것이다.

당신의 선택을 제대로 구현하기 위해서는 당신의 몸과 목소리가 네 가지 에포트 요소Effort Factor와 적극적인 관계를 형성해야 한다. 목표는 주 어진 상황Given Circumstance에서 하나 또는 그 이상의 에포트 요소Effort Factor가 동시에 작용해서 생겨난다. 예를 들어서 '다급하다'(*빠른/갑작스 러운*) 또는 '탐닉하다'(*지속적인*)는 **시간 에포트**Time Effort와 관계가 깊다. 장애물을 뛰어넘을 때는 목표를 이루기 위해서 커다란 에너지(*강한*)나 온

화함(*가벼운*)이 필요하므로 이때는 **무게 에포트**Weight Effort가 가장 관련이 깊다. 사람이나 사물을 찾을 때는 정확한 위치를 파악하거나(*직접적인*), 주변 환경을 살펴보는 행동(*간접적인/유연한*)에서처럼 **공간 에포트**Space Effort가 가장 두드러질 것이다. **흐름 에포트**Flow Effort는 기저에 흐르면서 모든 행동을 돕는다. 흐름Flow이 시간Time, 무게Weight, 공간Space보다 우세할 때도 있지만, 행동과 관련해서는 기저에 흐르면서 나머지 세 요소를 보조하는 경향이 있다. 흐름Flow에 관계되는 질문은 다음과 같다: 인물이 조심스러운가(*통제된*) 또는 여유로운가(*자유로운*)?

음성 및 신체적인 차원에서 에포트Effort는 풍부하고 다양하며, 종종 예상치 못한 선택지를 제시해준다. 에포트Effort는 지금까지 당신이 보지 못한 가능성들을 열어준다. 심지어 당신의 몸이 적극적인 정적임Active Stillness의 상태일 때에도, 그 모든 가능성들이 당신의 목소리를 채워줄 것이다.

모양 변화의 방식들Mode of Shape Change과 경로들Pathways과 비슷하게, 에포트Effort 역시 목소리의 높낮이, 속도, 성량을 유기적으로 변화시키며, 심지어 우리가 발음할 때 근육을 사용하는 방식을 다양하게 만들어 준다. 에포트Effort는 우리가 수많은 방식으로 단어들과 문장들을 비틀어봄으로써 목표에 도달할 수 있게 돕는다. 또한 에포트Effort는 머리를 사용하지 않고 대사를 생생하게 만들어준다. 연출가와의 공동 작업에서 대사를 가지고 에포트Effort를 탐험해보면 풍부하고 다양한 가능성을 발견하게 될 것이고, 가장 효율적인 선택을 할 수 있을 것이다.

에포트와 목소리/텍스트

먼저 자기 자신을 탐구해보자. 각각의 구성요소element들은 각 에포트 요소Effort Factor를 구성하며, 이들은 각 에포트 요소Effort Factor의 스펙트럼의 양극단에 자리하고 있다. 예를 들어서, 무게 에포트Weight Factor의 구성요소(강한↔가벼운)는 무게Weight의 연속적인 스펙트럼의 양쪽 끝 중에서 한 지점에 위치한다. 양극단 사이에 위치한 모든 지점은 무게 에포트 Weight Effort를 채우는 그라데이션을 이룬다.

영상 10. 탐험 22: 에포트의 구성요소들에 따른 추상적인 소리와 몸
https://vimeo.com/channels/thelabanworkbook/199999450

탐험 22: 에포트의 구성요소들Effort Elements에 따른 추상적인 소리와 몸

- 8개의 구성요소들 중에서 한 번에 하나씩 몸과 목소리(추상적인 소리)에 적용해서 움직여보자. 에포트 요소Effort Factors(무게, 시간, 공간, 흐름)의 탐험 순서를 미리 정해보자. 경험적으로 봤을 때, 구성요소마다 1분씩 타이머를 설정하기를 권한다. 에포트 요소Effort Factor의 사이에 있는 그라데이션의 중간 부분뿐만 아니라, 스펙트럼의 양쪽 끝 지점들에 도전해보자.

- 이 탐험을 반복하는데, 이번에는 아무 단어나 문장을 더해보자. 숫자나 가나다를 말해도 좋다. 중요한 것은 숫자나 가나다, 아니면 다른 단어에 각각의 구성요소들을 완전히 적용하는 것이다. 신체적인 탐험을 통해서 단어들을 구부리고 비틀어서 새로운 형태로 만들어보자.

쪽지 던지기 게임

쪽지 던지기 게임을 하고 나면 엉망진창이 되지만, 구성요소는 당신의 대사에 놀라움을 부여해준다. 이 게임은 당신이 매번 같은 구성요소를 선택하지 않게 해주고(우리에게는 모두 선호하는 구성요소가 있다!), 다음 선택지를 미리 생각하지 않게 해준다. 쪽지 던지기 게임을 할 때 흥미로운 순간은 같은 구성요소를 연달아서 세 번, 네 번 고르게 될 때다. 당신은 같은 요소를 어떻게 다르게 표현할 수 있을까? 구성요소를 몸과 목소리를 사용해서 표현하는 방식은 얼마든지 다양해질 수 있고, 그러면서도 통제되거나bound 자유롭다고free 느낄 수 있다.

탐험 23: 뒤죽박죽 해보기!

* 쪽지에 8개의 구성요소들을 몇 번씩 반복해서 적어보자. 예를 들어서, 5장의 쪽지에 강한strong을 적어보자. 그러면 각 구성요소들이 5번씩 적힌 쪽지 40장을 갖게 될 것이다. 쪽지들을 공중에 던져서 아무렇게나 땅에 떨어지는 것을 지켜보자. 쪽지 하나를 집어서 거기에 적힌 구성요소대로 몸을 움직이고 목소리를 내보자. 이번에는 타이머 없이 해보자. 충동이 이끄는 대로 움직여보자. 다른 쪽지를 뽑고, 새로운 구성요소에 따라 움직이고 소리 내보자.

탐험을 마무리하면서, 당신에게 가장 친숙하고/친숙하지 않은[19] 구성요소가 무엇인지 적어보자. 우리에게 어떤 경향성/저항성이 있는지 인식하지 않으면 인물을 구축하거나 스토리를 전달할 때 선택의 폭이 줄어들 수밖에 없다.

에포트로 말에 생기 불어넣기

에포트Effort 용어는 당신이 목소리/말하기의 표현 가능성을 이해하고 정교하게 사용할 수 있게 도와준다. 예를 들어, 높은 목소리는 의도나 극복할 장애물의 성격에 따라서 *강하거나strong 가벼운light* 무게 에포트Weight Effort 에 속한다. 높은 목소리는 또한 공간 에포트(직접적인 ↔ 간접적인), 시간 에포트(빠른 ↔ 느린), 흐름 에포트(묶인 ↔ 자유로운)에 속할 수도 있다. 이처럼 높은 목소리는 다양하고 풍부한 뉘앙스로 표현될 수 있다. 목소리에는 이야기가 담겨 있고, 그 이야기는 당신의 구체적인 선택들로 인해 만들어진다.

탐험 24에서 당신은 에포트Effort와 목소리의 높낮이, 성량, 속도의 관계를 탐험해볼 것이다. 이 탐험에서 "가!"라는 말을 사용하려 한다. 이 말은 그 자체로 완전한 생각이기 때문이다.

탐험 24: "가!"라고 말하기

- 자신의 음역대에서 높은 목소리로 "가!"라고 말해보자.

  — 같은 높이로, 다시 한번 *강한 무게strong weight*로 말해보자.

  — 한 번 더, *가벼운 무게light weight*로 말해보자.

  — 한 번 더, *지속적으로sustained* 말해보자.

  — 한 번 더, *갑작스럽게quick* 말해보자.

- 에포트Effort 구성요소들에 변화를 주었을 때 얼마나 많은 이야기가 생겨나는가?

- 당신의 상상력이 어떻게 자극받았는가?

- 당신이 행동을 하고 있다는 것과, 구성요소에 따라 그 행동이 바뀌는 것을 느꼈는가?
- 나머지 구성요소들을 가지고 실험해보자.

에포트Effort 구성요소들과 대사

이제 당신은 직접 고른 대사나 캘리번의 독백에 에포트Effort를 적용할 준비가 되었다. 이 탐험의 목적은 각 구성요소들이 당신과 대사에 주는 영향이 무엇인지 정리하려고 하는 것이 아니다. 오히려 각 구성요소들을 마치 처음 대하는 것처럼 매 순간 탐험하자. 맥락, 그 순간 당신의 상태, 심지어 날씨 등 모든 요인에 의해서 그 효과는 얼마든지 변화할 수 있다.

탐험 25: 대사를 가지고 쪽지 던지기 게임하기

몸과 목소리:
- 캘리번의 독백이나 당신이 좋아하는 대본에서 대사 한 줄, 또는 여러 줄을 골라보자. 쪽지 던지기 게임을 반복해보자. 구성요소에 따라 이야기가 어떻게 변화하는가?

적극적인 정적임:
- 쪽지를 모아서 내용이 안 보이게 뒤집어 놓자. 한 번에 쪽지를 하나씩 뒤집자. 적극적인 정적임Active Stillness의 상태로 선택한 구성요소를 목소리에 적용해보자.

  −적극적인 정적임Active Stillness의 상태에서 목소리를 바꾸는 게 더

어려운가?

—목소리가 한 구성요소에서 그다음으로 자연스럽게 넘어갔을 때, 이 야기는 어떻게 영향받는가? 행동은 무엇인가? 예를 들어서, 대사를 강한 무게Strong Weight로 말할 때 가벼운 무게Light Weight일 때와는 달리 어떤 행동이 어울릴까?

우리는 최대한 단순하게 에포트 구성요소Effort element를 한 번에 하나씩만 다뤄보았다. 그러나 하나의 구성요소만 적용하기에 우리의 인간성은 너무 나 복잡하고 변화무쌍하다. 일반적으로, 우리는 두 개 또는 그 이상의 에 포트 요소Effort Factor들을 동시에 또는 연속적으로 사용한다. 이전 탐험에 서 당신은 자신이 고른 구성요소를 가장 지배적으로 드러내보았다. 하지 만 그와 동시에 다른 구성요소들 역시 분명히 두 번째나 세 번째 역할을 하고 있었을 것이다. 예를 들어, 갑작스러운quick이 가장 지배적인 에포트 Effort 구성요소로 작용하는 동안, 무게Weight, 공간Space 그리고/또는 흐름 Flow도 분명히 동시적으로나 연달아서 변화하고 있었을 것이다. 두 개의 에포트Effort 구성요소들이 동시에 지배적으로 드러날 때, 이를 드라이브 Drive라고 부른다. 행동Action, 열정Passion, 주문Spell, 환영Vision이라고 불리 는 네 개의 드라이브가 있고, 뒷부분의 세 드라이브들을 변형 드라이브 Transformation Drive라고 부른다.

행동 드라이브Action Drive는 라반 움직임 분석LMA 기반의 배우 훈련에 서 가장 핵심적으로 다뤄지는 요소이다. 그러나 당신이 원한다면 이 부분 에 소개된 탐험들을 조정하고, 2장의 내용을 참고해서 마음의 상태State of Mind와 변형 드라이브Transformation Drive도 탐험해볼 수 있을 것이다. 2장에 는 에포트 이론Effort Theory에 대한 보다 구체적인 설명과 에포트Effort의 모든 조합을 신체적으로 탐구하는 다양한 탐험들이 소개되어 있다.

행동 드라이브Action Drive

우리는 **행동 드라이브**Action Drive를 구성하는 세 가지 지배적인 에포트 요소Effort Factor의 음성적인 가능성에 집중해볼 것이다. 행동 드라이브Action Drive는 무게Weight, 시간Time, 공간Space의 구성요소가 각각 하나씩 동시에 나타날 때 분명해진다. 흐름 요소Flow Factor는 행동 드라이브Action Drive를 보이지 않게 도와준다.

행동 드라이브Action Drive의 조합

> 떠오르다float: *가벼운, 지속적인, 간접적인*
> 펀치를 날리다punch: *강한, 갑작스러운, 직접적인*
> 미끄러지듯이 움직이다glide: *가벼운, 지속적인, 직접적인*
> 베다/후려치다slash: *강한, 갑작스러운, 직접적인*
> 가볍게 두드리다dab: *가벼운, 갑작스러운, 직접적인*
> 털어 날리다/튕겨내다flick: *가벼운, 갑작스러운, 간접적인*
> 누르다press: *강한, 지속적인, 직접적인*

행농 드라이브Action Drive는 드라이브Drive의 개별적인 조합들에 라반이 이름을 붙인 유일한 드라이브Drive라는 것에 주목해보자.

탐험 26: 행동 드라이브_Action Drive_ 탐험하기

- 한 번에 하나씩, 8개의 행동 드라이브_Action Drive_에서 영향을 받아서 몸을 움직이고 목소리(추상적인 소리)를 내보자. 미리 순서를 정해서 각각의 드라이브들을 빠짐없이 다 탐험해보자. 한 드라이브당 2분씩 타이머를 설정해보자.

- 당신에게 익숙한 드라이브와 익숙하지 않은 드라이브를 찾아보자.

- 아무 단어나 문장, 또는 당신이 알고 있는 대사를 더해서 탐험을 반복해보자. 중요한 것은 말에 각각의 드라이브가 완전히 반영되게 하는 것이다. 신체적인 탐험을 통해서 말을 구부리고, 비틀어서 새로운 형태로 만들어보자.

에포트 행동_Effort Action_ 탐험을 마무리하는 과정에서 자신의 목소리와 말하기가 풍부해졌다고 느낄지도 모르겠다. 목소리의 높낮이, 속도, 성량의 변화가 분명히 동시적으로 변했을 것이다. 또한, 특정한 단어들이 강조되면서 지금까지 생각하지 못한 새로운 선택을 했을 수도 있다. 당신이 '행동'에 연결되어 있기 때문에, 이러한 변화는 단지 테크닉적인 탐구가 아니라 완전히 신체화된 탐험에서 나온 것이다. 그곳에서 당신은 무한한 선택지를 얻을 수 있다. 에포트_Effort_ 탐험은 복합적이며, 끊임없이 변화하는 흐름 속에서 이뤄진다. 사실 라반 움직임 분석_LMA_ 전체는 만화경과 같다. 그 안에서는 하나의 요소만 살짝 바꿔도 역동적인 재구성이 일어나서 완전히 새로운 그림과 이야기를 드러낸다.

캘리번과 행동 드라이브Action Drive

캘리번의 독백에 행동 드라이브Action Drive를 적용할 때, 섹션별로 제시된 행동 드라이브Action Drive를 하는 것보다 자신이 직접 찾는 것이 더 효과적이다. 다음처럼 대사의 단락을 나눠보고, 최소한 세 개의 행동 드라이브Action Drive를 사용해서 각 부분들을 탐구해보자. 여러 개의 행동 드라이브Action Drive를 추천하는 이유는 인물의 감정이 격해져 있거나 절정을 맞았을 때 우리가 보통 한 가지 드라이브를 사용하는 경향이 있기 때문이다. 이 독백에서 캘리번도 자신의 땅과 자유를 위해 싸우고 있는 고조된 상황에 놓여있다. 한편, 한 번에 한 개의 단일 구성요소를 사용하거나 두 개의 구성요소(상태State)를 가지고 실험해보는 것도 의미 있을 것이다.

　이어지는 탐험에서, 처음에는 몸과 목소리를 동시에 사용해보고, 신체만 적극적인 정적임Active Stillness을 유지한 상태에서 선택한 에포트Effort를 목소리/말하기로 드러낼 수 있는 방법을 찾아보자. 섹션 1에 대해서만 예시를 제시해두었다. 그다음부터는 자유롭게 해보자!

예시

영상 11. 탐험 27: 캘리번과 행동 드라이브들: 펀치를 날리다Punch, 찌르다Dab, 비틀다Wring
https://vimeo.com/channels/thelabanworkbook/200000784

* 섹션 1: 펀치를 날리다Punch, 가볍게 두드리다Dab, 비틀다/짜다Wring

각각의 행동 드라이브Action Drive를 몸과 목소리로 표현해보자. 그런 다음 적극적인 정적임Active Stillness의 상태로 돌아와 각각의 행동 드라이브Action Drive에 따라서 대사를 말해보자.

> I must eat my dinner.
> This island's mine, by Sycorax my mother,
> Which thou takest from me.

> 나는 저녁을 먹어야겠어요.
> 이 섬은 내 어머니 시코랙스가 준 내 것이에요.
> 당신이 나에게서 빼앗아갔죠.

이제부터는 직접 찾아보자!

탐험 27: 캘리번과 행동 드라이브들

- 섹션마다 세 가지 행동 드라이브들을 정해보자. 각각의 드라이브를 몸과 목소리로 표현해보자. 그런 다음, 적극적인 정적임Active Stillness 으로 돌아와서 선택한 각 행동 드라이브Action Drive에 따라 대사를 말해보자.

  ─섹션 2:

  > When thou cam'st first,
  > Thou strok'st me and mad'st much of me, wouldst give me
  > Water with berries in't,

당신이 처음 왔을 때,

당신은 나를 쓰다듬고 예뻐해 줬고, 당신은 나에게

열매가 들어있는 물을 주었고,

−섹션 3:

And teach me how

To name the bigger light, and how the less,

That burn by day and night:

당신은 나에게

열매가 들어있는 물을 주었고, 낮과 밤에 타오르는

커다란 빛의 이름과 작은 빛의 이름을 가르쳐줬죠:

−섹션 4:

and then I loved thee

And show'd thee all the qualities o' the isle,

그때 나는 당신을 사랑해서

당신에게 이 섬의 성질들을 전부 부여줬어요,

−섹션 5:

The fresh springs, brine-pits, barren place and fertile:

신선한 샘물, 소금물 웅덩이, 버려진 땅과 비옥한 땅도:

-섹션 6:

Cursed be I that did so! All the charms

Of Sycorax, toads, beetles, bats, light on you!

내가 그렇게 했다니, 나 자신을 저주해야겠어! 시코랙스의 온갖 주문들로,

두꺼비, 딱정벌레, 박쥐가 당신에게 들러 붙어버리길!

-섹션 7:

For I am all the subjects that you have,

Which first was mine own king:

나는 지금 당신이 부리는 모든 하인이지만,

원래 나는 나 자신의 왕이었어요:

-섹션 8:

and here you sty me

In this hard rock, whiles you do keep from me

The rest o' the island.

여기 이 단단한 바위에

당신이 나를 가둬버렸고, 나에게서 빼앗아갔어요.

섬의 나머지를.

- 당신의 선택들을 적용해서 대사를 반복해보자.

이제 더 재밌는 걸 해보자!

탐험 28: 행동 드라이브Action Drive로 하는 쪽지 던지기 게임

- 캘리번의 독백이나 당신이 고른 대사를 가지고, 이전에 했던 탐험을 참고해서 쪽지에 행동 드라이브Action Drive들을 적은 다음 쪽지 던지기 게임을 반복해보자. 깜짝 놀랄 만큼 새로운 것을 발견해보자!
- 목소리와 말하기에 에포트 성질Effort Quality을 적용하는 것이 얼마나 어려운가/쉬운가?

정교한 선택들: 기능적인 말과 행동 드라이브

기능적인 말Operative Words은 관객들에게 대사의 맥락을 이해시키기 위해서 당신이 강조해야 하는 말, 또는 관객들이 꼭 들어야 하는 말이다. 기능적인 말에 변화를 주게 되면 대사의 의미와 인물에 대한 인식에도 아주 미묘하거나 때로는 그 이상의 변화를 가져온다. 그렇기 때문에 우리는 합리적이면서도 동시에 놀랄 만한 선택을 해야 한다. 우리가 대사를 할 때 완전히 기능적으로만 할 수도 있지만, 실제 발음을 살펴본 다음 특정한 단어의 음가에 에포트Effort를 적용해 볼 수도 있다. 기능적인 말에 에포트Effort를 적용하면 인물의 성격과 의도가 섬세하게 살아나서 관객에게 놀라움을 줄 수 있다. 기능적인 말을 통해 우리가 도달할 수 있는 곳을 나는 "놀랄 수밖에 없는 지점"이라고 표현한다.

우리가 하고 있는 작업은 사실 셰익스피어의 리듬 그 자체에서 나온다. 셰익스피어의 문장에 나타나는 약강격iamb과 약강격 리듬의 변주는 어떤 단어들이 기능적인 말인지 정직하게 알려준다. 기능적인 말들은 보통 산문보다 시에서 더 쉽게 찾을 수 있다. 그러나 기능적인 말들이 어떻게 '강조되는지'는 시든 산문이든, 고전문학이든, 현대문학이든 장르에 관계없이 누구나 찾아낼 수 있다.

이어지는 탐험을 위해서, 강조해야 하는 기능적인 단어들을 굵은 글씨로 표시해보았다. 하지만 결국에는 원하는 대로 의도를 살리기 위해서 강조할 단어들을 잘 추려내야 한다. 너무 많은 단어들을 강조하면 듣는 사람이 오히려 맥락을 놓치게 된다. 당신은 듣는 사람을 어디로 '데려갈지' 안내해줘야 하며, 그랬을 때 맥락이 분명하게 전달된다. 탐험 29를 하고 나서, 자신이 직접 고른 대사에도 적용해보자.

탐험 29: 기능적인 말과 행동 드라이브

- 누르다Press: I **must** eat my dinner. (나는 저녁을 먹어야겠어요.)

  ─'must'라는 단어를 눌러서press 'uh'라는 단모음이 장모음이 될 때까지 길게 만들어보자. 단모음을 길게 만듦으로써 단어의 속성을 뒤틀어보았다. 이처럼, 캘리번은 먹는 행동으로 절망의 깊이를 드러내면서 자신을 '뒤틀고' 있다.

- 비틀다/짜다Wring, 가볍게 두드리다Dab: This **island's mine**, by **Sycorax** my mother. (이 섬은 내 어머니 시코랙스가 준 내 것이에요.)

  ─'mine[마인]'이라는 단어에서 모음 'I'와 자음/n/에 기대보자. 단어

'mine'에서 모든 진실을 짜내어 보자wring.

- 'Sycorax[시코랙스]'라는 이름에서 자음 조합/ks/의 /k/ 발음을 가볍게 두드려 보자dab. 그러면 어머니가 누구이고, 자신의 주장에 있어 그녀가 갖는 중요성을 이해할 수 있다.

● 미끄러지듯이 움직이다glide, 떠오르다float, 가볍게 두드리다dab:

Thou **Strok'st me** and **mad'st much** of me, wouldst give me

Water with berries in't, and **teach** me **how**

To **name** the **bigger light**, and **how** the **less**,

That **burn** by **day** and **night**: and **then** I **loved thee**

And **show'd** thee **all** the **qualities** o' the **isle**,

The **fresh springs**, **brine-pits**, **barren place** an **fertile**:

당신은 나를 쓰다듬고 예뻐해 줬고, 당신은 나에게

열매가 들어있는 물을 주었고, 낮과 밤에 타오르는

커다란 빛의 이름과 작은 빛의

이름을 가르쳐줬죠: 그때 나는 당신을 사랑해서

당신에게 이 섬의 모든 성질들을 전부 보여줬어요,

신선한 샘물, 소금물 웅덩이, 버려진 땅과 비옥한 땅도:

- 이 여섯 줄의 대사에서, 캘리번은 자신이 좋아했고, 안전하고 편안하다고 느꼈던 시절의 기억을 일깨우고 있다. 미끄러지듯이 움직이다glide와 떠오르다float를 장모음과 모음에 사용해보자: strok'st, mad'st, teach, how, name, light, burn, day, night, thee, show'd, all, isle. 이 단어들을 모두 강조하기에는 너무 많아서 더 추려내보자.

−이 부분의 마지막 대사는 단모음으로 시작한다: fresh, springs, -pits, barren. 이 소리들에 찌르다dab를 적용해서 대사의 톤을 *가벼운*light, *직접적인*direct, *갑작스러운*quick 성질로 유지해보자.

−또한 첫 번째 줄 'mad'st much'에서 비음/m/이 두운으로 사용되는 것을 주목해보자. 그리고 이 음가가 'me'라는 단어까지 총 세 번이 반복된다! 가벼움light의 감각을 가지고 /m/에 기대어 보고 그 효과를 느껴보자. 하지만 이 효과를 너무 과하게 쓰지는 말자. 두운은 기본적으로 듣는 사람에게 충분히 잘 들리기 때문이다.

- 펀치를 날리다Punch:

Cursed be I that **did** so! All the charms

Of **Sycorax**, **toads**, **bettles**, **bats**, **light** on **you**!

내가 그렇게 했다니, 나 자신을 저주해야겠어! 시코랙스의 온갖 주문들로, 두꺼비, 딱정벌레, 박쥐가 당신에게 들러 붙어버리길!

−탐험 10에서 했던 것처럼, 파열음 단어를 강조했다. 여기에 펀치를 날리다puch를 어렵지 않게 적용해볼 수 있을 것이다. 이 행동 드라이브Action Drive는 캘리번(당신!)과 듣는 사람이 다시 현실을 깨닫고 복수를 결심하게 만들 것이다.

−실험한다는 생각으로, 가볍게 두드리다(Dab, *빠른, 가벼운; 직접적인*)로 기능적인 단어들을 건드려보자. 에포트 구성요소 중 하나를 바꿨을 때 복수심 가득한 소리가 어떻게 바뀌는지 인식해보자.

아주 작은 변화가 큰 변화를 만들어냈다고 느껴질 수도 있을 것이다. 이는 지금 하고 있는 작업이 아주 섬세한 작업이기 때문이며, 또한 좋은 것도 너무 많이 하면... 그저 과해질 뿐이다! 하지만 이런 방식으로 아주 작은 가능성을 시도했을 때 하는 사람에게도 듣는 사람에게도 결정적인 한 방이 될 것이다.

정리

이 장에서 당신이 해낸 것들을 돌아보자.

- **모양의 흐름**Shape Flow을 탐험하면서 캘리번의 호흡을 발견했다.
- **모양의 형태**Shape Form로 버림받았다는 느낌, 배신감, 분노를 강조하는 캘리번의 공 모양 형태Ball-like Form를 발견했다. 모양의 형태Shape Form를 가지고 캘리번의 상태와 그가 자기 자신에 대해 느끼는 감정을 탐험하고 알게 되었다.
- **모양 변화의 방식들**Modes of Shape Change을 사용해서 캘리번이 자기 자신과 타인, 환경과 어떻게 관계를 맺는지 알아보았다. 공간에서 경로Pathway를 사용하는 방식을 통해 캘리번이 자신의 키네스피어(개인의 공간)와 맺는 관계를 이해하게 되었다.
- 캘리번이 선호하는 모양 변화의 방식들Modes of Shape Change을 탐험해보았고, 그가 유아기에 머물러있으며 이것이 그가 외부 세계를 이해하고 받아들이는 것을 가능하거나/불가능하게 했다는 것을 알게 되었다. 그러나 지금으로서는 그가 직접적인(직선 지향, 곡선 지향)

단계에 머물러 있지만, 외부에 대한 적응을 가능하게 하는 조각하기 Carving를 선택적으로 사용할 수도 있다.

- **모양 변화의 방식들**Modes of Shape Change과 **경로들**Pathways을 탐험하면서 캘리번의 욕구, 결핍, 목표를 발견했다.

- 호흡Breath, 모양의 형태Shape Forms, 모양 변화의 방식들Modes of Shape Change, 경로들Pathways은 그의 에포트Effort를 쌓아 올릴 수 있는 뼈대를 마련해주었다.

- **에포트**Effort는 대사에 행동을 채워 넣는다. 대사에 에포트Effort를 적용함으로써 이야기를 발전시키고, 이로써 인물에 대한 모든 선택들이 '놀랄 수밖에 없는 지점'에 도달하게 된다. 캘리번과 관련해서 당신은 에포트Effort를 적용할 수 있는 가능성들을 실험해 보았고, 지금까지 가장 적합하고 합리적이고 연기하기 좋은 선택들을 모아보았다.

- 탐험을 하면서 목소리의 높낮이, 성량, 속도 변화를 포함한 목소리의 역동성을 확장하는 과정을 경험했다.

- 당신은 목소리와 말하기를 가지고 제스처하는 방법을 익혔다.

- 당신은 움직임으로서의 목소리/말하기를 경험했다.

- 당신은 직접 고른 대사를 가지고 탐험해보았다.

- 당신은 목소리/말하기, 움직임에 대한 자신의 선호도와 경향성을 알아보았고, 자신의 선호도를 받아들이면서도 동시에 인물과 이야기를 발전시키고 전달하기 위한 표현 능력을 확장하기 위한 실험을 했다.

이제 한꺼번에 해보자!

캘리번의 독백이나 당신이 고른 대사를 가지고 또 무엇을 더 해볼 수 있을까? 지금까지 탐험한 것을 전부 다 해보자! 대사를 연기해보자! 그동안 탐험하면서 했던 의식적인 생각들은 내려놓고, 지금까지의 발견들을 믿고 말이 공간 속에서 날아다니고, 구부러지고, 물결치고, 비틀어지고, 솟구치게 해보자. 당신의 의식적인 선택들이 '무의식적'으로 이뤄지게 해보자. 당신의 인물이 누구이고, 그가 무엇을 원하는지, 무엇을 필요로 하고, 어떤 장애물을 마주하고 있는지 당신은 본능적으로 이해하고 있다. 목표를 이루기 위해서 어떤 행동들을 연기할지도 당신은 알고 있다. 의식적으로 당신의 선택들을 연결해서, 인물과 이야기가 *의식적인 무의식*conscious-unconsciousness으로 전환되었을 때, 무엇이 발생하는지 지켜보자. 완전히 신체화된 선택들은 그 순간의 충동에 의해 표현되기 시작할 것이다.

결론: 이제 모든 것은 당신의 몫이다!

이 장에서 재료들을 통합하는 방식은 배우의 개성에 따라 달라질 수 있고, 어떤 대사를 가지고 작업하는지에 따라서도 달라진다. 어떤 순서로 라반 움직임 분석LMA을 대사에 적용할지는 당신이 결정하면 된다. 인물과 대사마다 어떤 탐험이 가장 유리한지를 가늠해 보아야 한다. 유리하다는 말이 꼭 가장 쉽다는 뜻은 아니다. 가장 도전적인 탐험이 가장 유리할 수도 있다. 당신이 고른 대사에 이 장의 모든 탐험들이 적합하면 좋겠지만, 때로는 유용한 것을 발견하지 못할 수도 있다. 참을성 있게 탐험하면서 대사에 숨겨진 비밀을 밝혀보자.

대사를 골랐다면, 호기심을 따라가보자. 라반 움직임 분석LMA과 다양한 구성요소들이 만화경이 되어줄 것이다. 탐험들은 결국 당신의 신체와 음성을 통합하는 기반이 되어줄 것이다. 아주 작은 변화가 모든 구성요소들을 바꾸고 바꾸고 또 바꿀 것이다. 그렇게 생겨난 풍부한 선택지들이 당신의 인물에 역동성을 부여해줄 것이다. 그러므로 가능한 많은 선택지들로 당신의 몸과 목소리를 자극하는 것이 아주 중요하다. 이를 위해서는 시간, 훈련, 노력, 엄청난 양의 호기심이 필요하다. 절대 서두르지 말자. 믿음을 갖고 그냥 해보자. 그리고 즐겁게 하자.

감사의 말

이 책의 집필자로 초대해준 카탸 블룸Katya Bloom에게 감사함을 전한다. 함께 팀을 이룬 멋진 공동 저자들에게도 감사하다. 책을 쓰는 동안 당신들이 보내준 집단적이고 개인적인 도움은 헤아릴 수 없이 소중하다. 재미있는 삽화를 그려준 일스 가르시아Ilsse Garcia와, 영상 작업을 할 수 있게 도움을 주고 동영상을 제작해준 톰 화이트Tom White에게 감사하다. PD인 조셉 쿼타라로Joseph Quartararo, 촬영자 도내반 데 체사례Donavon de Cesare, 녹음자 호세 라미레즈Jose Ramirez에게 이 영상 작업에서 당신들이 보여준 전문성과 애정에 감사한다. 동영상이 완성될 수 있게 편집실에서 자신의 재능을 펼쳐준 조Joe에게 특별히 감사한다. 동영상을 위해 아름다운 재능을 빌려준 애덤 바치르Adam Bachir, 린제이 리베라토르Lindsey Liberatore, 리타 로프튼Lita Lofton에게도 감사를 전하고 싶다.

더 읽어볼 자료들

- Adrian, Barbara (2008). *Actor Training the Laban Way: An Integrated Approach to Voice, Speech, and Movement*. New York: Alworth Press.
- Boston, Jane and R. Cook (2009). *Breath in Action: The Art of Breath in Vocal and Holistic Practice*. London: Jessica Kingsley Publishers.
- Carey, David and R. Clark Carey (2010). *The Verbal Arts Workbook*. London: Methuen Drama.
- Carey, David and R. Clark Carey (2015). *The Shakespeare Workbook and Video*. London: Bloombury Methuen Drama.
- Devore, Kate and S. Cookman (2009). *The Voice Book*. Chicago: Chicago Review Press.
- Knight, Dudley (2012). *Speaking with Skill: An Introduction to Knight-Thompson Speechwork*. London: Bloomsbury.
- Melton, Joan and K. Tom (2003). *One Voice: Integrating Singing Technique and Theatre Voice Traing*. New Hampthire: Heinemann.
- Skinner, Edith (1990). *Speak with Distiction*. New York: Applause Theatre Book Publishers.

주석

1   적극적인 정적임Active Stillness은 분명한 정적임의 상태이며, 이때 몸통과 팔다리
     에서 움직임이 느껴지지 않는다. 이 상태가 '적극적'이라고 불리는 이유는 몸 안
     에 혈류, 소화, 호흡을 포함하는 끊임없는 내적인 움직임이 흐르고 있기 때문이
     다. 몸이 분명한 정적임의 상태일 때조차 이러한 움직임들을 통해 신체는 공간
     안에서 완전하게 존재한다. 적극적인 정적임과 반대가 되는 상태는 경직성이며,

이는 호흡의 흐름에 연결되지 않을 때 생겨나며, 결과적으로 근육들과 관절들이 닫히게 된 상태이다.

2 단모음은 조음기관들이 한 위치에 고정된 상태에서 소리 나는 모음이다. 예를 들어, **soon**의 /OO/가 여기에 해당한다.

3 이중 모음은 두 개의 순모음의 조합에서 나오는 소리이며, 두 개의 순모음들이 긴밀하게 섞여서 하나의 소리처럼 들린다. 이중 모음이 발음되는 동안 조음 기관들은 한 위치에서 다른 위치로 미끄러지듯 바뀐다. 예를 들어, **soul**의 /OH/가 이에 해당한다.

4 여기서는 '충동'impluse이라는 단어를 '행동을 유발하는 본능적인 욕구'라는 뜻으로 사용했다.

5 모양의 형태Shape Form 또는 정지된 모양의 형태Still Shape From: 몇몇 라반 움직임 분석LMA 프로그램과 실천가들은 여기에 피라미드Pyramid를 포함시키기도 한다. 이 장의 목적에는 기본적인 모양의 형태(핀, 벽, 공, 나사)로 충분하다.

6 공명은 우리가 내쉬는 공기가 성대를 통과할 때 성대를 떨리게 하고, 그 결과로 진동이 발생해서 인두, 입, 코에 부딪혀서 확대될 때 생겨난다. 어떤 전문가들은 공명기관에 가슴 윗부분의 골격과 머리를 포함시키기도 한다.

7 음소: 음운론 상에서 모든 개별적인 소리. 예시: "**hot**"의 /t/, "**soon**"의 /OO/.

8 '후설모음'과 '중모음'도 있다. 후설모음은 혀 뒷부분의 아치 모양과 연구개 사이의 관계를 설명한다. 후설모음은 가슴 공명기를 점화한다. 중모음은 혀의 몸통 부분의 아치 모양이 연구개 및 경구개와 만나는 지점과의 관계를 설명한다. 중모음은 구강 공명기를 점화한다.

9 영어에도 수많은 방언들이 있다는 것을 생각해볼 필요가 있다. 개별적인 음소에 대한 입 모양 역시 다양하게 존재할 수 있다. 예를 들어서, 미국 표준 영어 Standard American dialect에서는 'chance'라는 단어의 모음 소리가 'bat'에서의 전설모음의 소리와 같다. 하지만 영국 표준 발음에서 'chance'의 모음 소리는 'father'에서의 후설모음 소리와 같다. 따라서, 다양한 국적과 지역에 따른 방언과 문화적 영향을 받은 말들이 긴 대사 안에서 자주 반복될 때, 말하는 사람과 듣는 사람에게도 영향을 줄 수 있다.

10 파열음: 호흡의 흐름이 조음 기관에 의해 완전히 멈췄다가 폭발적으로 흘러나올 때 생겨나는 자음이다. 파열음은 p, b, k, g, t, d이다.

11   Cursed(저주받은): 한 음절로 이 단어를 말할 때, 이 단어의 마지막 자음의 발음
      은 실제 스펠링과 다르게 /d/가 아니라 /t/이다. 이 단어를 두 음절('curs-ed)로 말
      하면 마지막 자음이 파열음으로 소리 난다.

12   마찰음: 조음기관이 호흡의 흐름을 멈추지는 않지만 방해를 해서 그 결과로 마찰
      되어 나오는 소리가 들리는 자음이다. 예시: f, v, sh, z. 영어의 소리에는 11개의
      마찰음들이 있다.

13   비강음: 호흡의 흐름이 코 안과 밖으로 유도될 때 형성되는 자음이다. 세 개의
      비강음이 있다: n, m, ng(예: sing).

14   번역문에는 적용되기 어려울 수도 있다. 피터 브룩은 "그리스어에서 모음의 배열
      이 현대 영어에서보다 더 강하게 진동하는 소리를 만들어 낸다고 했고, 이 음절
      들을 말하는 것만으로도 21세기의 도시 생활을 하면서 느끼게 되는 감정적인 위
      축으로부터 벗어나서, 한 번도 가능할 거라고 생각해보지 못한 충만한 열정을 느
      낄 수 있게 될 것이라고 했다"(브룩, 1987: 130).

15   모양 변화의 방식Modes of Shape Change은 때로 움직이는 모양의 형태Moving
      Shape Form로 불리며, 이는 정지된 모양의 형태Still Shape From 또는 모양의 형태
      Shape Form와 대조를 이룬다.

16   횡단 움직임transverse movement은 3차원의 축(수직, 수평, 시상)을 촘촘히 가로지
      르면서 지나간다. 예시: 나사의 일부분.

17   조각하기: 조각하기Carving와 모양 만들기Shaping는 종종 서로 바꿔서 사용할 수
      있다. 또한 모양 조각하기Carving Shape 또는 조각하기/모양 만들기Carving/
      Shaping와 같이 병기되기도 한다.

18   알워쓰 출판사Alworth Press에서 친절하게 허락해준 덕분에, 바바라 아드리안
      (2008)의 음성 제스처 연구를 수정해서 이 탐험에 적용할 수 있었다. <Actor
      Training the Laban Way: An Integrated Appoach to Voice, Speech, and
      Movement>. New York: Alworth Press, 120.

19   '친숙하지 않은'Dis-affined이라는 용어는 라반 움직임 분석LMA 실천가들이 '관련
      이 없는' 또는 '연결되지 않은'이라는 의미로 만들었으며, 이는 '친숙한'affined이
      라는 단어가 '관련된' 또는 '연결된'을 의미하는 것과 반대된다.

Note

4

라반 움직임 분석_{LMA}과 주요 연기 방법론들 연결하기

LINKS BETWEEN LMA AND KEY ACTING TECHNIQUES

제니퍼 미젠코Jennifer Mizenko

현대의 연기 방법론들

20세기 초 연극계와 무용계에서는 큰 발전이 일어나고 있었다. 콘스탄틴 스타니슬라브스키가 자신의 연기 방법론인 시스템 연기를 발전시켜갔고, 이와 공시에 그의 제사인 미하일 제홉이 스타니슬라브스키의 극단에서 배우로서 작업하면서 스타니슬라브스키의 방법론을 확장시켜서 자신만의 방법론을 구축했다. 샌포드 마이즈너의 연기 테크닉 역시 스타니슬라브스키의 방법론에서 진화한 형태이며, 20세기 중반부터 사용되었다. 한편, 이와 비슷한 시기인 20세기 초반부터 20세기 중반에 걸쳐 루돌프 라반은 움직임을 관찰하고 분석해서 움직임과 의미를 연결시키는 놀라운 시스템을 발전시켜갔다. 라반의 개념과 이론은 연기 분야에 적용될 수 있는 여지가 아주 많다. 실제로 라반의 시스템은 스타니슬라브스키, 체홉, 마이즈너의 방법론들을 강화하고 깊이 있게 적용하는 데 도움을 줄 수 있다. 이 장에서는 라반 움직임 분석LMA의 다양한 측면들을 사용해서, 앞서 언급한 연기 방법론들의 심리-신체적인 연결에 숨을 불어넣어 줄 것이다. ☺

경험적으로 보았을 때, 스타니슬라브스키 시스템은 다음의 세 가지 개념으로 압축해볼 수 있다. 주어진 상황Given Circumstances, 매직 이프 Magic-If, 정서 기억Emotion Memory이 바로 그것이다. 스타니슬라브스키는 배우들이 대본을 연기하기 위해 사용하는 방법론에 혁신을 가져왔다. 그것은 바로, 인물을 표현하는 것에서 인물의 상황을 경험하게 하는 것으로 변화했다는 것이다. 이러한 방법론을 통해서 배우는 플롯과 관련해서 인물의 삶에 벌어지고 있는 주요 사건들, 상황들, 행동들을 이해하게 된다. 배우는 상상을 통해서 그러한 사건들, 상황들, 행동들에 자신을 대입하거나, 자신의 실제 삶에서의 사건과 기억을 사용해서 배역이 느끼고 있는 것과 똑같은 감정을 불러일으켜야 한다.

미하일 체홉의 방법론은 스타니슬라브스키 시스템에 신체적인 접근법을 강화해서 만들어졌다. 체홉의 연기 방법론에서 가장 중요하게 다뤄지는 요소 중 하나는 심리 제스처Psychological Gesture, PG다. 심리 제스처PG는 배우가 인물을 탐구할 때 신체 행동을 사용하는 도구이다. 심리 제스처PG는 대사 한 줄, 희곡의 한 장면, 또는 인물이 품고 있는 하나의 생각에 대해서도 만들어질 수 있다. 보통 심리 제스처PG는 의지적 충동 Will-Impulse이라고 부르는 인물의 주된 동기나 욕망에 기반해서 만들어진다. 하나의 신체 움직임이 인물의 욕망을 대변한다. 이러한 신체 움직임이 수행되는 방식이 인물의 욕망을 자극하고, 결과적으로 극 전체와 관련된 배우의 신체적인 기억을 활성화시킨다.

끝으로, 마이즈너의 연기 방법론은 *행위의 사실성*Reality of Doing을 강조한다. 마이즈너는 배우들에게 기억이나 내면적인 생각, 감정을 연구하라고 하지 않는다. 그 대신, 좋은 연기는 전혀 연기하지 않는 것이며, 인물의 주어진 상황Given Circumstances을 믿고서 바로 그 순간present moment에 본능적으로 반응하는 것이 좋은 연기라고 가르친다. 배우는 *마치as if* 무대 위에서 벌어지는 모든 일이 실제로 일어나고 있는 것처럼, 반드시 바로 그 순간에 듣고 반응해야 한다.[1]

라반의 주제들과 라반 움직임 분석

라반의 글에는 전체적으로 몇 가지 중심 주제들이 등장한다. 그 주제들은 **내부와 외부***Inner and Outer*, **기능과 표현***Fuction and Expression*, **노력과 회복** *Exertion and Recuperation*, **안정성과 이동성***Stability and Mobility*이다. 각 주제는 모든 움직임에서 표현의 다른 층위, 신체적인 조화를 드러내고 움직임을 심리-신체적으로 탐구하게 한다. 배우들은 이 주제들을 신체적으로 탐험하면서 아주 유용하다고 느낄 것이다. 또한 이 주제들은 스타니슬라브스키, 체홉, 마이즈너 방법론의 다양한 지점들을 돕고, 심리-신체적인 연결을 살아나게 할 것이다.

라반의 주제들은 라반 움직임 분석LMA과 각 연기 방법론들의 연결고리를 들여다보는 중요한 렌즈다. 각 주제를 다루기에 앞서 우선 각 주제의 개념을 설명할 것이다. 주제들이 어떻게 신체에 연결되고, 배우에게 어떻게 도움이 되는지 살펴볼 것이다. 그런 다음, 각 주제를 구체적인 연기 방법론에 적용해볼 것이다. 다음으로, 라반 움직임 분석LMA의 개념들을 소개할 텐데, 이 개념들은 배우의 신체적인 경험과 이해를 심화할 것이다. 어떤 탐험들에는 이해를 돕는 2-5분 길이의 동영상이 소개되어 있다.

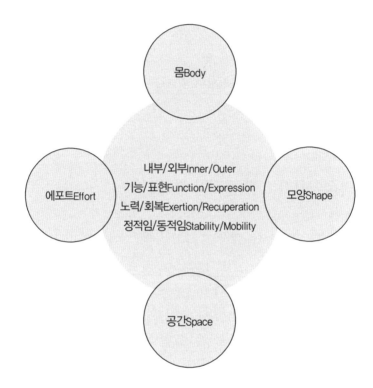

진행자가 있는 상황에서 그룹의 형태로 탐험을 진행하길 권한다. 어떤 탐험들은 개인 작업이 될 것이고, 어떤 탐험들은 파트너 작업이 될 것이다. 탐험에 걸리는 시간을 표기해두었지만 이는 가이드일 뿐이다. 탐험의 각 단계와 제시된 개념을 완전히 이해하고 경험하는 데 필요한 만큼 (더 길거나 짧게) 시간을 충분히 가져보자. 탐험들은 순서대로 개념을 하나씩 쌓아올리고 탐험을 심화할 수 있는 방향으로 제시되었다. 이 순서는 라반 움직임 분석LMA의 주제들과 다양한 연기 방법론, 라반 움직임 분석 LMA의 개념들을 체계적으로 안전하게 경험할 수 있도록 고안된 것이나.

즐겁게 해보자!

내부와 외부의 주제

움직임에는 의미가 있다. 외부에서 일어나는 움직임은 내부에서 일어나는 움직임을 반영한다. 모든 내적인 생각은 외적인 움직임으로 드러나고, 모든 외적인 움직임 속에 내적인 생각이 담긴다. 내적인 생각이나 감정과 외적인 행동 사이에는 순환적인 관계가 존재한다. 한쪽이 다른 쪽에 계속해서 영향을 주고, 우리가 내적으로 경험하는 것과 외적으로 움직이는 방식 사이에는 끊임없는 역동이 생겨난다.

내부/외부Inner/Outer 탐험 1: 내부/외부의 움직임 대화 (20-30분)

목표: 듣기와 반응하기를 통해 내부/외부 주제를 탐구한다. 파트너의 움직임이 주는 외적 자극이 자신의 내적인 삶에 영향을 주게 하고, 그 결과로 외적인 반응이 나오게 한다.

파트너 작업:
- 시작하기 전에 누가 먼저 움직일지 정해보자.
- 서로 마주 보고 서서, 편안하고 부드럽게 눈을 맞춰보자.

- 같이 호흡해보자. 숨을 들이쉬고 내쉬면서, 공간을 지나 서로 연결되어 있는 것을 느껴보자.
- 먼저 움직이는 사람은 잠시 눈을 감아보자. 눈을 떴을 때, 파트너에게서 맨 처음 인식되는 것에 반응해서 움직여보자.

사진 4.1 움직임 대화

움직임 대화 Movement Conversation에서 사용하는 움직임은 단순한 제스처도 아니고 무용적인 움직임도 아니다. 내적 충동이 드러나는 움직임이어야 하며, 척추와 팔다리 등 온몸을 사용해야 한다. 움직임은 높낮이, 방향성을 바꿀 수 있고 빨라질 수도, 느려질 수도 있다. 다른 제약은 없다. 단, 움직임은 오롯이 충동에 연결되어야 하고, 그게 무엇이든 바로 그 순간 관찰하고 경험하는 것에서 나오는 반응이어야 한다. 움직임은 짧고 정확하며, 시작-중간-끝을 가진 형태로, 최대 10-15초 정도 지속되어야 한다.

- 움직임을 받아들일 때는 몸 전체로 *들어보자.* 두 눈과 호흡으로 상대의 움직임에 공감해보고, 그것을 들숨으로 받아들여서 상대의 움직임이 자신의 내적인 상태에 영향을 주게 해보자. 파트너의 움직임이 마무리되면, 파트너의 움직임에서 받은 외적인 자극으로 자신의 내적인 존재가 변화하게 해보자. 그런 다음 파트너에 대한 반응으로 이와 같은 *내적인 변화가* 움직임으로 드러나게 해보자.

- 1-2분 정도 파트너와 계속 대화하면서 들어보고 이에 반응해보자.

- 처음에는 반드시 상대방의 움직임이 끝난 다음에 반응을 시작하자. 탐험을 진행하다 보면 우리가 실제로 대화할 때 말이 맞물리는 것처럼 반응이 맞물리게 될 수도 있다.

- 탐험이 끝날 때는 '정지' 상태로 머무르자. 이때 공간과의 관계와 몸의 마지막 모양을 인식해보자. 종종 이 모양들이 움직임 대화의 성질을 나타낸다.

- 파트너와 경험한 것에 대해서 같이 이야기해보자.

움직임 대화를 반복해보자. 이번에는 시작하고 1분쯤 지나서 움직임에 소리를 더해보자. 말이 아니라 내적 충동을 반영한 소리이며, 외적인 움직임에 연결되어야 한다.

움직임 대화를 세 번째 반복할 때, 소리를 한 단어로 바꿔보자. 단어를 움직임만큼 과장해서 말해보자. 이번에도 말소리는 내적 충동을 반영하고, 외적인 움직임에 연결되어야 한다.

네 번째로 할 때는, 전체 과정을 반복해보자. 듣고 움직임으로 반응하기, 움직임에 소리 더하기, 움직임에 단어 더하기, 그런 다음 즉흥적으로 한 문장을 말해보자. 문장을 말할 때는 반드시 움직임만큼 소리를 과장해보자.

내부/외부Inner/Outer의 주제를 이용해서 대사가 내적 충동을 반영하고, 외적인 움직임에 연결되게 하자.

동영상 12. 내부/외부 탐험 1
https://vimeo.com/channels/thelabanworkbook/200008928

내부/외부Inner/Outer 탐험 2: 움직임 대화에 주어진 상황Given Circumstances 적용하기 (15분)

목표: 장면을 가지고 주어진 상황Given Circumstances을 인식하면서 내부/외부 Inner/Outer의 신체적 연결을 탐험한다.

스타니슬라브스키의 연기 접근법은 주어진 상황Given Circumstances—"줄거리, 사실, 사건, 시대, 행동의 시간과 장소, 삶의 방식, 배우 및 연출로서 우리가 극을 이해하는 방식"(2008, pp. 52-3)—에서 시작한다.

이번에는 한 장면을 가져와서 움직임 대화에 **주어진 상황**Given Circumstances을 적용해볼 것이다. 자신이 고른 한 장면을 분석해보자. 움직임 대화를 시작하기 전에 인물의 주어진 상황Given Circumstances에 집중해보자.

당신의 신체적인 특징은 무엇인가?: 나이, 키, 몸무게, 눈과 머리카락 색깔 등.

당신은 어디에 있는가?

공간에서 어떤 냄새가 나는가?

실외에 있나, 실내에 있나?

하루 중 몇 시인가?

빛은 어떤가?

온도는 어떤가?

누구에게 말하고 있는가?

왜 말하려고 하는가?

주어진 상황Given Circumstances과 관련된 질문을 더 추가해보자. 무엇이든 좋다.

위의 질문들에 답해보고, 움직임 대화에 장면 속 대사를 적용해보자. 대본을 계속 들여다보지 않아도 될 정도로 대사를 암기하자. 한 장면을 통째로 가져와도 괜찮고, 장면의 일부분만 가져와노 좋다.

장면이 끝나면 '정지'된 상태로 머물러보자. 공간과의 관계와 몸의 마지막 모양을 인식해보자. 다음의 질문들을 생각해보자.

마지막 정지 행동 또는 공간과의 관계가 장면(의 내용)을 나타내는가?

이렇게 움직이면서 인물에 대해 발견한 것이 있는가?

움직임으로 교류하면서 다른 인물과의 관계에 대해서 발견한 것이 있나? 서브텍스트를 찾게 됐는가?

빙신의 인물이나 관계에 내해서 새롭게 이해하게 된 부분이 있는가?

내부/외부Inner/Outer **탐험 3: 마이즈너의 기계적 반복**Mechanical Repetition
훈련과 움직임 대화 및 내부와 외부의 주제 (40-50분)

목표: 내적 충동과 외적인 신체 표현을 내부/외부 주제에 연결해보고, 움직임 대화를 마이즈너의 기계적 반복 훈련에 적용해본다.

마이즈너 테크닉의 핵심은 **기계적인 반복**Mechanical Repetition이다. 기계적인 반복은 마이즈너가 고안해낸 훈련으로, 연기에서 다른 부차적인 것들을 걷어냈을 때 남게 되는 연기의 가장 순수한 본질을 듣기와 반응하기로 보고, 이를 훈련하는 연습 방법이다. 마이즈너 테크닉이 강조하는 것은 지금이며, 무엇이 바로 그 순간present moment에 실제로 벌어지고 있는가에 집중한다. 이러한 방법은 과거의 감정을 불러내고 기억하는 방식과는 차이가 있다.

> **연기는 감정을 표현하는 것이 아니다**Acting is not Emoting. *연기는 무언가를 하는 것이다. 연기를 할 때 우리는 당연히 풍부한 감정에 접근할 필요가 있는데, 이것은 의미 있는 행동을 통해 자연스럽게 이뤄져야 한다.*
>
> (실버버그, 푸트, 스턴, 1994, p. 4)

파트너 작업:

- 마이즈너의 기본적인 훈련 방식에 따라서, 두 사람이 의자에 앉아서 마주 보자. 누가 먼저 할지 순서를 정해보자.
- 파트너와 연결된 느낌을 가질 수 있게, 움직임 대화 탐험을 시작할 때처럼 편하고 부드럽게 시선을 맞추고 같이 호흡해보자.

- 연결되어 있다는 감각이 생기면, 시작하는 사람이 잠시 눈을 감았다가 떠보자.
- 다시 눈을 떴을 때, 파트너에게서 제일 먼저 인식되는 것을 말해보자. 예를 들어 다음과 같을 수 있다.
  - 파란색
  - 머리띠
  - 얼룩
- 받아들이는 사람은 이에 대한 반응으로 같은 단어/문장을 반복해서 말한다.
- 둘이 반복해서 단어/문장을 주고받을 때 중간에 정적이 생기지 않게 하고, 동시에 서로의 문장이 맞물리지 않게 하자.
- 또한, 매번 새롭게 파트너를 관찰하고 문장에 반응하면서도 연결되어 있는 감각을 놓치지 말자.
- 이 탐험을 몇 번 더 해보자. 먼저 시작하는 역할을 번갈아 가면서 해보자. 지속 시간을 10분부터 10초까지 변화를 줘보자.

이제 의자를 치우고, 일어서서 움직임 대화를 해보자. 시작하면서, 호흡과 부드러운 아이컨택으로 연결된 감각을 가져보자.

- 먼저 시작한 사람이 두 눈을 감았다 떴을 때, 파트너에게서 처음 관찰한 것에 반응해서 *움직여* 보고, 움직이는 동안 관찰한 것을 한 단어로 같이 말해보자.
- 반응하는 파트너는 상대의 움직임을 눈으로 *들여보고*, 숨을 들이쉬며

몸 안으로 받아들여 보자.

- 반응하는 파트너는 숨을 내쉬면서 반응해보자. 파트너와 똑같은 움직임과 말을 해보자.

- 이와 같이 움직임을 이용한 기계적인 반복Mechanical Repetition 훈련을 1-2분 동안 계속해보자. 같은 규칙을 적용해서, 파트너의 움직임에 겹쳐지거나, 정적이 생기지 않게 하자.

- 반드시 숨을 들이쉬면서 듣고(보고), 내쉬면서 *반응하자(움직이자)*.

동영상 13. 내부/외부 탐험 3
https://vimeo.com/channels/thelabanworkbook/200009017

내부/외부Inner/Outer 탐험 4: 체홉의 심리 제스처PG를 보완하기 위해서 라반 움직임 분석LMA의 모양Shape 개념으로 내부와 외부의 주제 연결하기 (80-90분)

목표: 내부/외부Inner/Outer 주제와 정지된 모양Still Shape을 심리 제스처PG 찾기에 적용한다.

배우는 **심리 제스처**PG를 창조함으로써 인물과 장면의 다양한 측면들을 탐험할 수 있다. 그러한 탐험을 위해 우리는 인물의 **의지적 충동**Will-Impulse에서 심리 제스처PG에 접근해볼 것이다. **의지적 충동**Will-Impulse은 간단히 말해서 인물의 전반적인 욕망이나 욕구다. 인물의 의지적 충동Will-Impulse을 어떻게 찾는지는 다음 단계에 소개되어 있다. 의지적 충동Will-Impulse을 결정하고 나면, 의지적 충동Will-Impulse을 몸 전체로 표현하는 움직임을 찾을 수 있다. 배우가 인물의 본질을 건드리는 움직임, 즉 인물의 감각과 감정을 몸 속에 발생시키는 움직임을 찾았다면, 그것이 바로 인물의 의지적 충동Will-Impulse에 숨을 불어넣는 심리 제스처PG이다.

> 움직임의 힘은 일반적으로 우리의 의지를 자극한다. 그런 종류의 움직임은 우리에게 그에 상응하는 분명한 욕망을 일깨우고, 그러한 움직임의 성질이 우리의 감정을 불러일으킨다.
>
> (체홉과 캘로우, 2002, p. 64)

심리제스처PG는 그런 다음 배우가 인물의 신체와 정신으로 들어가는 워밍업에 사용되어, 인물에 대한 이해를 배우 자신의 신체와 심리로 가져올 수 있게 한다. 외부에 존재하는 글을 분석하는 방식과 다르게, 심리 제스처PG는 배우 자신의 심리-신체적인 경험에서 나온다. 심리 제스처PG는 절대 무대 위에서 사용되지 않는다. 배우는 자신의 몸 안에서 비밀스럽게 움직임을 수행한다. 체홉은 다음과 같이 말했다. "심리 제스처PG를 통해서 자신의 심리적 깊이를 꿰뚫고 자극한다"(체홉과 캘로우, 2002, p. 4).

- 라반 움직임 분석LMA의 **정지된 모양**Still Shape으로 시작해보자. 몸 전체를 사용해서 완전히 과장된 움직임을 해보자. 정지된 모양Still Shape에는 **벽, 공, 핀, 나사, 피라미드**가 있다[2](20-30분).
- 이를 이용해서 게임을 해보자. 공간을 걷거나 움직여보자. 진행자가 벽, 공, 핀, 나사, 피라미드 중에 하나를 외쳐보자.
- 진행자가 모양을 말하면, 배우는 멈춰서 그 모양을 온몸으로 표현해보자.

사진 4.2 정지된 모양/나사

탐험을 반복할 때, 매번 똑같은 모양이 되지 않게 하자. 공 모양을 얼마나 다양하게 표현할 수 있는가? 높이, 신체 부위, 방향성(위아래 뒤집기)을 다양하게 사용해보자. 그룹을 둘로 나눠서 벽, 공, 핀, 나사, 피라미드가 될 수 있는 방식들이 얼마나 많은지 서로 관찰하고 공유해보자.

- 같은 탐험을 한 번 더 해보자. 몸으로 모양을 만들어보고, 이때 몸의 감각에 따라 떠오르는 한 단어를 말해보자.

- 각 모양과 관련된 느낌을 적어보자. 예를 들어, 나사 모양을 반복할 때 어떤 단어들이 입에서 '튀어나왔는가'? 그런 단어들을 적어보자. 다음과 같이 써 볼 수 있을 것이다.

  —벽: 열려있다, 넓다, 강함, 힘참

  —공: 닫혀있다, 작다, 겁먹은 느낌, 보호받는다

  —핀: 좁다, 직선, 꽉 낀다, 날씬함

−나사: 꼬여있다, 갈등, 괴로움, 의심

−피라미드: 안정적이다, 지지, 균형, 가득 참

다음으로, 정지된 모양Still Shape을 몸으로 표현하는 방식을 다시 살펴보고, 이 모양을 사실적인 자세로 바꿔보자. 각 모양에 해당하는 사실적인 자세를 찾아보고, 당신이 발견한 단어를 사용해서 문장을 만들어보자. 벽 모양 자세에서 다음과 같은 문장을 만들 수 있다.

- 나는 열려있다.
- 나는 넓다.
- 나는 강하다.
- 나는 힘차다.

이 문장들이 자세와 얼마나 잘 어울리는지 인식해보자. 내부/외부 Inner/Outer의 주제와 관련해서, 내적인 감정들과 외적인 자세/형태가 연결되는가? 그 둘 사이에 어떤 관계가 있는가?

다음 단계에서는 체홉이 전형, 또는 원형적 움직임이라고 했던 동사들을 사용해서 몸 전체를 사용해서 완전히 과장된 모양을 만들어볼 것이나. 빛내/낭기나, 늘어 올리다/부수다, 열다/닫다, 끌어당기다/던지다, 손을 뻗다/포옹하다(20-30분).

- 같은 게임을 응용해서 해보자. 공간을 걸어보자. 진행자가 그룹에게 *밀다, 열다, 포옹하다* 등을 임의로 지시해주자.

- 한 번 더 게임을 진행해보자. 완전히 똑같은 움직임을 반복하지 않게 의식해보자. *부수고, 끌어당기고, 뻗을 때,* 움직임의 높낮이, 타이밍, 성질에 변화를 주면서 갖고 놀아보자.

이 행동들을 몸으로 표현할 때, 라반 움직임 분석LMA의 정지된 모양Still Shape이 도움이 되는지 인식해보자. 어떤 정지된 모양Still Shape이 *들어 올리기, 당기기, 닫기, 끌어당기기*에 사용되었는가? 정지된 모양Still Shape을 사용해서 움직임을 더 구체적으로 만들어보자.

- 한 번 더 탐험해보자. 행동이 주는 감각을 반영한 단어나 문장을 말해보자.
- *내리치다*를 할 때, 어떤 말이 머릿속에 떠오르는가?
  −화, 절망, 좌절, 분노

이 단어들을 적어보고, 정지된 모양Still Shape 중에서 어떤 모양이 이 행동을 할 때 도움이 되는지 적어보자.

동영상 14. 내부/외부 탐험 4
https://vimeo.com/channels/thelabanworkbook/200009069

희곡의 인물이나 대사를 하나 골라서 심리 제스처PG를 만들어보자. 독백 모음집에서 고르는 것은 추천하지 않는다. 이 탐험을 하기 위해서는 배우들이 전체 희곡의 세부적인 내용을 알고 있어야 한다(20-30분).

- 다음에 제시된 항목을 생각하면서 전체 희곡을 읽어보고, 인물의 의지적 충동Will-Impulse을 탐험해보자.

  −생각(이미지, 판타지)

  −감정

  −바람, 욕망

- 위의 관찰을 바탕으로 대사에서 인물의 주된 욕망과 심리적인 상태, 즉 의지적 충동Will-Impulse을 찾아보자.

- 인물의 의지적 충동Will-Impulse을 한 문장으로 단순하게 정리해보자.

  −복수하고 싶다.

  −항복한다.

  −마음을 빼앗기다.

- 30-60초 동안 문장을 외워보자.

의지적 충동Will-Impulse이 표현된 문장을 사용해서, 인물의 욕망을 움직임으로 표현해보자.

- 문장을 소리 내서 말해보고, 제스처를 만들어보자. 처음에는 이 제스처를 손이나 팔만 움직이는 정도로 작게 해보기.

- 문장을 반복해서 말하면서, 움직임이 점점 커지게 해보자. 반복할 때마다, 점점 더 적극적으로 몸의 더 많은 부분을 사용해보자.

  −무게중심을 옮겨보자.

  −척추를 사용해보자.

－머리는 어디로 가고 싶어 하는가?

－다리는 어떻게 반응하는가?

－골반은 무엇을 하고 있는가?

－팔다리가 동시에 움직이고 있는가? 아니면 순차적으로 하나의 관
 절이 움직인 다음에 다른 관절이 움직이는가?

－움직임의 질감은 어떤가? 다른 질감들을 시도해보자.

－타이밍은 어떤가? 다른 타이밍들을 시도해보자.

문장을 반복하면서 몸의 더 많은 부분들을 사용해서 몸 전체가 문장을 표
현하게 해보자. 목소리에 움직임이 반영되게 해보자. 움직임과 똑같은 타
이밍, 높낮이, 힘, 성질을 갖게 해보자.

　　당신의 의지, **당신의** 욕망, **당신의** 감정이 떠오를 때까지 움직임과 문
장을 반복해서 이 모든 개념들을 합쳐보자. 결과적으로 당신이 얻게 된
움직임이 당신의 심리 제스처PG이고, 이것이 **내적인** 심리 상태인 의지적
충동Will-Impulse을 **외적인** 신체 표현에 연결시켜준다.

- 어떤 정지된 모양Still Shape이 사용될 수 있는지 인식해보자. 벽, 공,
 핀, 나사, 피라미드 모양이 당신이 정한 움직임에 어떤 도움을 주는
 가? 정지된 모양Still Shape을 탐험하면서 찾았던 단어들이 당신의 심
 리 제스처PG에 어떤 감정적인 서브텍스트를 부여하는가?

이 탐험의 마지막 단계에서, 그룹으로 심리 제스처PG를 해보고, 바로 이
어서 자신이 선택한 대사를 암기해서 말해보자. 대사를 말할 때, 심리 제

스처PG를 신체적으로 드러내지는 말자. 심리 제스처PG는 절대로 무대 위에서 사용하는 것이 아니다. 심리 제스처PG는 건물의 뼈대처럼 항상 바탕을 이루고 있지만 눈에 보이지는 않는다. 이것은 배우의 '비밀 기술'이고, 자신의 내부에 연출자나 가이드처럼 존재하면서 영감을 준다. 심리 제스처PG는 배우가 실제로 연기하기 전에 신체 준비를 할 수 있는 훌륭한 방법이기도 하다. 당신의 뼈와 근육에 남아있는 심리 제스처PG를 이용해서 대사를 해보자.

동영상 15. 내부/외부 탐험 4 - 암기한 대사에 심리 제스처PG 적용하기
https://vimeo.com/channels/thelabanworkbook/200009176

내부/외부Inner/Outer 수제와 관련해서 더 이야기해볼 질문들

1.   움직임 대화가 이 주제의 개념을 어떻게 표현하는가? 충동을 어떻게 표현하는가? 듣기와 반응하기는?

2.   스타니슬라브스키의 주어진 상황Given Circumstances이라는 개념은 움직임 대화를 어떻게 풍부하게 해주는가?

3.   마이즈너의 기계적인 반복에 움직임 대화를 더했을 때 신체적인 연결이 어떻게 강화되는가? 파트너의 움직임을 들숨으로 받아들이고, 그에 대한 반응으로 날숨에 움직일 때 어떤 느낌이 드는가?

4.   라반의 정지된 모양Still Shape 개념이 심리 제스처PG를 만들 때 어떻게 도움이 되는가? 인물의 의지적 충동Will-Impulse을 반영해서 심리 제스처PG를 만들 때 정지된 모양Still Shape이 내부/외부Inner/Outer의 연결을 강화하는가?

기능Fuction과 표현Expression의 주제

기능Fuction과 표현Expression이 통합되었을 때 움직임에 의미가 생겨난다. 모든 움직임과 행동에는 기능과 표현이 포함된다. 포옹은 정서를 표현하는 움직임이지만 관계를 더 깊어지게 만드는 기능을 하기도 한다. 설거지는 기능적인 움직임이지만 분노나 좌절을 표현할 수도 있다. 기능적인 움직임은 의미로 채워져 있고, 표현적인 움직임은 상황과 관계 속에서 의사소통의 기능을 한다.

기능/표현Function/Expression 탐험 1: 제스처와 움직임의 기능Function과 표현Expression 인식하기 (15-20분)

목표: 모든 움직임들이 기능적인 동시에 표현적이라는 사실을 인식한다.

기능적이라고 생각되는 움직임을 하나 골라보자. 즉, 기능이나 과제를 수행하는 움직임을 떠올려 보자. 예시: 헤어 스타일 바꾸기, 신발 신고 벗기, 가구 옮기기, 배낭 들어 올리기.

- 움직임을 3-5회 반복해보자. 처음-중간-끝이 분명한 움직임의 단위를 만들어 보자.
- 다음에 제시된 상황들을 생각하면서 기능적인 움직임을 해보자.

  −남자친구/여자친구에게 조금 전에 차였다.

  −중요한 면접에 늦었다.

  −너무나 사랑하고 아끼던 강아지가 방금 세상을 떠났다.

−일생에 단 한 번뿐인 사랑하는 사람과의 결혼식을 앞두고 있다.

−크게 승진했다는 소식을 이제 막 들었다.

- 같은 움직임을 다양한 방식으로 수행해보고 이를 관찰해보자.
- 당신이 고른 *기능적인* 움직임을 파트너에게 다양한 방식으로 보여주자. 보는 사람은 어떤 상황인지 추측해보자.

사진 4.3 기능적인 제스처 하기

동영상 16. 기능/표현 탐험 1
https://vimeo.com/channels/thelabanworkbook/200000200

파트너 작업:

파트너와 함께 표현적인 움직임을 선택해서 해보자. 표현적인 움직임은 감정을 드러내는 움직임이다. 예시: 포옹하기, 악수, 손 흔들기, 밀어내기, 손잡기.

- 움직임을 3-5회 반복해보자. 처음-중간-끝이 분명한 움직임의 단위를 만들어 보자.
- 둘이서 움직임을 반복해보면서, 표현적인 움직임에 *기능*이 포함되는지 인식해보자.
  - 포옹은 두 사람을 신체 접촉으로 가까워지게 한다.
  - 악수는 두 사람 사이에서 인사로써 기능한다.
  - 손을 흔드는 것은 맥락에 따라서 '안녕' 또는 '잘 가'라는 인사의 기능을 갖는다.
  - 밀어내는 것은 다른 사람과의 경계를 정한다. 또한 밀어내는 사람이 안전에 대한 감각을 만들어낸다.
  - 손잡기의 기능은 두 사람을 신체적으로 연결하는 것이다.
- 당신과 당신 파트너가 선택한 움직임의 *기능*은 무엇인가?

모든 움직임은 표현적이고, 모든 움직임은 기능적이다!

*기능/표현*Function/Expression **탐험 2: 마이즈너의 가상의 상황**Imaginary Circumstances**을 기능/표현**Function/Expression**에 적용해보기**

*목표: 제스처와 움직임에 가상의 상황*Imaginary Circumstances*을 추가함으로써 표현*Expression*을 강화한다.*

마이즈너가 했던 작업의 기조는 다음과 같다. "연기는 가상의 상황 안에서 진실되게 살아있는 것이다"(실버버그, 푸트, 스턴, 1994, p. 9). 마이즈너는 배우가 가상의 상황Imaginary Circumstances을 믿고 받아들이는 것을 요구했다. 다음에서 말하는 것이 바로 "배우의 믿음"이다.

연기의 모든 것은 일종의 고양되고 강렬한 현실이다. 하지만 그것은 합리적인 현실에 기초한다.

(마이즈너와 롱웰, 1987, p. 45)

이처럼 강렬한 현실을 진짜처럼 받아들이게 하는 것이 바로 가상의 상황 Imaginary Circumstances이다.

파트너 작업:
앞선 탐험에서 파트너와 함께 선택한 *표현적인* 움직임에 가상의 상황 Imaginary Circumstances을 더해보자. 각자 자신만의 가상의 상황Imaginary Circumstances을 골라보자. 제시된 가상의 상황Imaginary Circumstances을 사용해도 좋고, 아니면 직접 생각해내도 좋다. (가상의 상황 안에서 누가 어떤 역할을 하는지 꼭 정해야 한다.)

- 남자친구/여자친구에게 방금 차였다.
- 중요한 면접에 늦었다.
- 너무나 사랑하고 아끼던 강아지가 이제 막 세상을 떠났다.
- 사랑하는 사람과의 결혼식을 앞두고 있다.
- 크게 승진했다는 소식을 조금 전에 들었다.

이전에 선택한 *표현적인* 움직임 위에 가상의 상황Imaginary Circumstances을 한 겹 더했을 때 움직임의 *기능*과 *표현*이 어떻게 강화되는지 파트너와 얘기해보자. 움직임에 다양한 층위와 뉘앙스가 더해질 것이다.

가볍게 놀듯이, 가상의 상황Imaginary Circumstances을 움직임 대화 Movement Conversation(내부/외부 주제 탐험 1)에 추가해보자. 움직임의 *기능적*이고 *표현적*인 요소가 강화되는지 인식해보자. 이것은 우리의 일상에서 항상 벌어지는 일이다. 하루 동안 다른 사람과 교류할 때 당신의 움직임과 제스처가 어떻게 *기능적*인 동시에 *표현적*이 되는지 관찰해보자.

*기능/표현*Function/Expression *탐험 3: 라반의 에포트*Effort*와 체홉의 성질들*Qualities*에서 기능과 표현*Function and Expression *주제 탐구하기 (100-120분)*

*목표: 움직임이 표현되는 방식을 통해 움직임의 기능*Function*과 표현*Expression*을 탐구한다. '어떻게' 움직이는지는 체홉의 성질*Quality*과 라반의 에포트*Effort*에 해당된다.*

미하일 체홉은 인물의 내적인 원동력인 의지적 충동Will-Impulse이 신체적인 행동과 태도, 선택으로 드러난다고 믿었다. 몸은 내적인 충동에 대해서 특정한 에너지를 가지고 반응한다. 결과적으로 드러나는 이 에너지가 바로 움직임의 **성질**Quality이다. 체홉은 이러한 성질들을 **조형**Molding, **흐름**Flowing, **비행**Flying, **발산**Radiating 네 가지로 정리했다. 이 성질들은 우주를 구성하는 요소들인 땅, 물, 공기, 불에 연결되기도 한다. 배우가 이 성질들을 몸속에 불러오기 위해서는 상상력이 필요하다.

에포트Effort와 성질Quality 개념을 탐험하기 위해서, 먼저 체홉의 심리 제스처PG 탐험을 복습해보자. 이 개념은 앞서 내부/외부 주제 탐험 4

(15-20분)에서 다뤘다.

- 민지, 다음의 동사들을 움직임으로 해보사: 빌다/낭기다, 늘어 올리다/부수다, 열다/닫다, 끌어당기다/던지다, 손을 뻗다/포옹하다.

  −공간을 걸어보자. 진행자는 위의 단어들 중 하나를 말해보자.

  −동사를 들으면 최대한으로 과장해서 움직여보자. 동사의 행동을 과할 정도로 과장해서 표현해보자. 동사마다 다양한 신체 행동을 찾아보자. 위의 동사들로 충분히 움직였다면, 그 밖의 다른 동사들을 골라서 해보자.

  −발로 차다, 소화하다, 파괴하다, 흩어버리다, 쫓다, 부수다, 어루만지다 등.

- 이 탐험을 하면서 자신이 가장 좋아했던 움직임을 골라보고, 그것을 새로운 심리 제스처PG로 만들어보자.

- 파트너를 정해서 심리 제스처PG를 공유해보자. 다음 질문들에 답해보자.

  −몸의 어느 부위들이 움직이고 있는가?

  −공간의 어느 곳에서 신체 부위들이 움직이고 있는가?

  −내적으로는 어떤 느낌이 드는가? 움직임이 (만약에 있다면) 어떤 감정을 불러일으키는가?

당신이 방금 만든 심리 제스처PG는 이어지는 탐험 전체에서 기준 심리 제스처PG로 사용될 것이다.

　다음의 상황들에서 '어떻게' 움직일 수 있을지 놀이하듯이 발견해보

자. 당신이 정말로 그 상황 속에 있는 것처럼 심리 제스처PG를 해보자.

- 항아리에 담겨 있던 쌀이 술로 바뀌어서 병에서 쏟아져 나온다.
- 요정이 커다랗고 무시무시한 괴물로 변신한다.
- 이리저리 윙윙거리며 돌아다니는 벌이 목표를 향해 돌진하는 유도 미사일로 변한다.
- 물고기가 물살을 따라 하류로 떠내려가다가, 알을 낳기 위해 방향을 바꿔서 상류로 헤엄쳐 올라간다.

상황별로 변화한 기준 심리 제스처PG에 이름을 붙여보자. 상황마다 심리 제스처PG의 기능/표현Function/Expression이 어떻게 바뀌었는가?

이제 라반 움직임 분석LMA의 **에포트**Effort 개념을 구체적으로 탐구해보자. 라반 움직임 분석LMA에서 에포트Effort는 움직임을 '어떻게' 할 것인지를 결정한다. 에포트Effort라는 용어는 힘을 들이는 정도가 아니라, 움직임의 성질과 질감을 의미한다. 색상에 삼원색이 존재하듯이, 에포트Effort에도 네 개의 요소가 존재한다. 그중 둘이나 셋을 조합해 사용함으로써 움직임의 질감이 풍부하고 다채로워진다. 이 탐험에서는 **무게**Weight, **공간**Space, **시간**Time, **흐름**Flow 등 에포트Effort의 네 가지 요소에 집중해볼 것이다.

기준 심리 제스처PG를 사용해서 네 가지 에포트 요소를 다음과 같이 사용해보고, 감정이나 심리 제스처PG의 의미가 어떻게 바뀌는지 관찰해보자. 움직임을 과장해서 해보자. 말이나 대사를 추가할 때는 소리도 과장해보자. 심리 제스처PG에 에포트 요소를 적용할 때 움직임에 조정이 필요하면 필요에 맞게 조정해보자. 움직임과 목소리 둘 다에 에포트 요소를 적용해보자(20-30분).

무게Weight 에포트는 **가벼움**Light과 **강함**Strong이라는 양극성을 갖고 있다. 무게 에포트를 사용해서 움직이면 몸의 근육과 뼈가 사용되고, 심리적으로는 의도와 관계된다.

- 가벼운 무게Light Weight
  - 몸이 아주 가벼워지는 느낌을 가져보자. 당신이 깃털처럼 공중에 떠 있는 것 같은 느낌을 가져보자.
  - 심리 제스처PG를 해보고, 가벼운 무게 에포트가 제스처에 어떤 영향을 주는지 인식해보자.
  - 제스처에 가벼운 의도가 담기게 되는가?
  - 관찰한 내용을 기록해보고, 가벼운 무게 에포트를 사용한 심리 제스처PG에 한 단어로 이름 붙여보자.
  - 새로 붙인 이름을 말하면서 가벼운 무게 에포트로 심리 제스처PG를 해보자.
- 강한 무게Strong Weight
  - 몸이 아주 강해지는 느낌을 가져보자. 산을 옮길 수도 있을 것 같은 느낌이다.
  - 벽 앞에 서서, 벽을 옮기려고 해보자. 또는 체격이 비슷한 파트너와 짝을 지어서, 파트너가 눈길에 갇혀있는 자동차라고 생각하고 파트너를 옮겨보자.
  - 이러한 종류의 신체 감각을 사용해서 심리 제스처PG를 해보고, 강한 무게 에포트가 심리 제스처PG에 어떤 영향을 주는지 인식해보

자.

−제스처에 강한 의도가 실렸는가?

−이렇게 수행한 심리 제스처PG의 이름은 무엇인가? 새로 붙인 이름
을 말하면서 심리 제스처PG를 해보자.

공간Space 에포트가 가진 양극성은 **간접적임**Indirect과 **직접적임**Direct이다.
공간 에포트는 보고 듣는 감각에 관여하며, 심리적으로는 당신의 주의 집
중에 연결된다.

- 간접적인 공간Indirect Space

    −공간에 대한 주의 집중의 반경이 아주 넓어지게 해보자. 한 번에
    모든 것을 인식해보자. 당신 앞에 무엇이 있는가? 위, 아래, 옆, 뒤
    에 무엇이 있는가?

    −앞에 있는 것을 인식하면서 동시에 뒤에 있는 것을 알아차리거나
    감각해보자.

    −이 움직임 에너지는 라반 움직임 분석LMA에서 간접적Indirect이고,
    초점이 여러 개multi-focus인 주의 집중을 요한다.

    −간접적인 공간 에포트로 심리 제스처PG를 해보자.

    −당신의 주의 집중이 간접적Indirect이 되었는가?

    −이렇게 수행한 심리 제스처PG의 이름은 무엇인가?

    −새로 붙인 이름을 말하면서 간접적인 공간 에포트로 심리 제스처
    PG를 해보자.

- 직접적인 공간Direct Space

- 대상의 세부적인 디테일을 관찰하면서 주의 집중의 반경을 좁혀보자.

- 당신이 선택한 대상과 몸 전체가 관계 맺게 해보자. 얼굴과 시각뿐만 아니라, 가슴, 배꼽, 골반, 무릎, 이마까지 전부 관여하게 해보자.

- 직접적인 공간 요소는 당신의 온 존재가 목표에 줌-인 해 들어가게 한다.

- 심리 제스처PG의 대상을 목표물로 정해서 직접적인 공간 에포트로 심리 제스처PG를 해보자.

- 주의 집중이 직접적이었는가?

- 이렇게 수행한 심리 제스처PG의 이름은 무엇인가? 새로 붙인 이름을 말하면서 심리 제스처PG를 해보자.

시간Time 에포트의 양극성은 **갑작스러움**Quick과 **지속적임**Sustained이다. 시간 에포트를 움직임에 적용할 때 몸의 신경계가 관여하며, 심리적으로는 사고와 결정과 관계된다.

● 지속적인 시간Sustained Time

- 아침이 되었다. 가야 될 곳도 해야 할 일도 없어서, 꾸물거리다가 느지막이 몸을 일으켜서 침대 밖으로 나와 하루를 시작하려 한다.

- 모든 순간들이 아주 편안하게 느껴지고, 뭐든지 하고 싶은 대로 해도 좋다.

- 아주 작은 움직임 한 가지를 원하는 만큼 반복할 수도 있다.

- 움직임과 제스처가 오랫동안 머물러 있고 영원할 것처럼 계속될 때, 이것이 지속적인 시간 요소다.
- 생각이나 결정하는 과정이 지속적인가?
- 지속적인 시간 요소로 수행한 심리 제스처PG의 이름은 무엇인가? 새로 붙인 이름을 말하면서 지속적인 시간 요소로 심리 제스처PG를 해보자.

- 갑작스러운 시간Quick Time
  - 그런데 갑자기, 오늘이 사실 출근하는 날이고 회사에 늦었다는 것을 깨달았다. 이런!
  - 당신은 아주 빨리 일어나서, 옷을 입고, 집을 나서야 한다.
  - 이런 종류의 에너지로 움직이는 것이 갑작스러운 시간 에포트다. 여기에는 다급함과 신속함이 들어간다.
  - 갑작스러운 시간 에포트를 심리 제스처PG에 적용해보자.
  - 생각하고 판단하는 과정이 빨라졌는가?
  - 심리 제스처PG의 새로운 이름은 무엇인가? 새로 붙인 이름을 말하면서 갑작스러운 시간 에포트로 심리 제스처PG를 해보자.

흐름Flow 에포트의 양극성은 **자유로움**Free과 **통제됨**Bound이다. 흐름 에포트는 몸의 순환계와 관련되며, 심리적으로는 감정의 흐름과 맞닿아있다.

- 자유로운 흐름Free Flow
  - 마음의 눈으로 상상해보자. 당신은 빠르게 흐르는 시냇물 속에 있거나, 워터파크의 유수풀에서 물살을 타고 있다.

- 혼자 둥둥 떠가는 것을 상상해보자. 말 그대로 흐름에 몸을 맡겨 떠내려가고 있다. 물살이 당신을 움직이고, 당신은 멈출 수가 없다.
- 물살의 방향대로 수영한다고 상상해보자. 어떤 느낌이 드는가? 물살을 헤엄칠 때 어떤 영향을 주는가?
- (땅 위에서) 이런 방식으로 움직이는 것이 자유로운 흐름 에포트다.
- 자유로운 흐름일 때 움직임에는 가속도가 붙고, 쉽게 멈출 수 없다.
- 자유로운 흐름으로 움직이면서 심리 제스처PG를 해보자.
- 감정이 자유로운가?
- 새로운 이름이 무엇인가? 이름을 말하면서 심리 제스처PG를 해보자.

- 통제된 흐름Bound Flow
  - 당신이 시냇물이나 워터파크의 유수풀 속에 떠 있는데, 물살을 거슬러 간다고 상상해보자.
  - 물살을 거슬러서 걷거나 수영을 하면 어떤 느낌이 드는가?
  - 물살에 저항하는 것이 통제된 흐름 에포트다. 통제된 흐름 에포트에서는 모든 움직임이 재현되며, 힘순간도 비슷대고 움직일 수 있다.
  - 통제된 흐름으로 심리 제스처PG를 해보자.
  - 감정이 통제되는가?
  - 심리 제스처PG의 새로운 이름이 무엇인가?

—새 이름을 말하면서 심리 제스처PG를 해보자.

기능과 표현Function and Expression 주제를 다시 떠올리면서, 기준 심리 제스처PG를 복습해보자. *원래* 어떻게 움직였는지. 기준 심리 제스처PG가 가진 원래의 기능Function과 표현Expression을 인식해보자.

- 기준 심리 제스처PG의 *기능Function*이 무엇이고, *표현Expression*은 무엇인가?
- 여러 가지 에포트 요소를 적용했을 때, 기준 심리 제스처PG의 표현Expression이 어떻게 바뀌었는가?
- 에포트 요소가 *기능Function*을 바꾸었는가? 심리 제스처PG의 실제적인 기능이 변하지 않았다면, 기능의 맥락이 어떻게 바뀌었는가?

이번에는 체홉의 성질들Chekhov's Qualities로 넘어가 보자. 라반 에포트Effort의 네 가지 요소들을 사용해서 체홉의 성질들Qualities을 보충해 볼 것이다. 라반의 에포트 요소들과 비슷하게 체홉의 성질들Qualities도 인물의 내적인 충동을 반영하며, 이것이 심리 제스처PG로 표현되어 역동적인 움직임이 만들어진다(20-30분).

체홉은 네 개의 성질들Qualites을 정하고, 이 성질들을 자연의 요소들에 연결했다.

- 비행/공기
- 흐름/물

- 조형/땅
- 발산/불

기준 심리 제스처PG에 라반의 에포트 요소를 적용했던 것처럼, 여기서는 기준 심리 제스처PG에 체홉의 네 가지 성질들Qualities을 적용할 텐데, 성질 Quality의 에너지를 보충하기 위해서 에포트 요소를 사용해 볼 것이다.

- **비행**Flying을 탐험하기 위해, 말 그대로 공기를 가르며 비행한다고 생각해보자.
  - —가벼운 무게Light Weight와 직접적인 공간Direct Space을 동시에 사용해보고, 자유로운 흐름Free Flow을 추가해.보자.
  - —이제 곧 이륙하는 것처럼 공간을 가로질러 움직여보자.
  - —비행하는 에너지를 몸속에 유지했다가, 마지막에 심리 제스처PG를 해보자.
  - —비행Flying의 성질Quality을 가지고 심리 제스처PG를 했을 때 어떤 표현이 나오는가?
  - —이전에 했던 것처럼 비행 심리 제스처PG에 이름을 붙여보고, 이름을 말하면서 심리 제스처PG를 해보자.
- **흐름**Flowing을 탐험하기 위해서, 말 그대로 시냇물이나 강물의 흐름을 타고 흘러가고 있다고 생각해보자.
  - —자유로운 흐름Free Flow과 직접적인 공간Direct Space을 사용해보자.
  - —가벼운 무게Light Weight를 약간 추가해보자.
  - —흐름Flow 에포트에서 했던 것처럼, 물의 흐름을 따라 가보자. 이것

이 체홉의 흐름Flowing의 성질을 더 구체적으로 만들어주는지 관찰해보자.

- 흐르면서Flowing 움직이다가 심리 제스처PG를 해보자. 어떤 표현이 나오는가? 흐름Flowing의 성질로 심리 제스처PG를 할 때 어떤 느낌이 드는가?

- 새로운 이름이 무엇인가? 흐름 심리 제스처PG를 하면서 이름도 같이 말해보자.

- **조형**Molding을 탐험하기 위해서, 몸을 땅에 잘 그라운딩하고, 자신의 키네스피어 안에서 공간을 밀어내보자.

  - 강한 무게Strong Weight와 통제된 흐름Bound Flow을 사용해서 몸을 지면에 잘 그라운딩해보자. 동시에 공간Space 에포트를 추가해보자. 직접적임Direct과 간접적임Indirect 사이에서 변화를 줘보자.

  - 땅속에 서 있다고 상상해보자. 땅을 바라보자. 당신 주위의 모든 것을 조형Molding해보자. 등을 사용해보고, 두 팔, 두 다리를 사용해서 땅속의 진흙을 조형Molding해보자. 당신의 움직임이 당신 주변의 땅을 움직인다고 상상해보자.

  - 조형Molding을 하면서 심리 제스처PG를 해보자. 심리 제스처PG를 조형해보자.

  - 조형Molding을 할 때, 심리 제스처PG에서 어떤 표현이 나오는가? 이름을 붙인다면 뭐라고 할 수 있을까?

  - 새로운 이름을 말하면서 조형 심리 제스처PG를 해보자.

- 발산Radiating을 탐험하기 위해서, 당신이 불이라고 상상해보자.

  - 빠른 시간Quick Time과 간접적인 공간Indirect Space를 사용해서 당신

의 몸이 불이 되어 움직이게 도와줘보자.

−불이 탈 때 생기는 다양한 단계를 생각해보자: 불꽃, 화염, 타들어
가는 숯불, 불똥 등.

−불의 흐름Flow을 생각해보자. 불 움직임을 하면서 통제되고Bound 자
유로운Free 흐름 에포트 사이에서 다양하게 움직여보자.

−불이 되어 움직이면서 심리 제스처PG를 발산해보자. 불꽃, 불똥,
화염, 빛나는 숯불을 추가해보자.

−어떤 느낌이 들었는가? 새로운 표현이 만들어졌나? 이름을 붙여보
자.

−새로운 이름을 말하면서 발산Radiating이 더해진 심리 제스처PG를
해보자.

이 탐험에서 했던 기준 심리 제스처PG의 모든 버전들을 떠올려보자: 라반
의 네 가지 에포트 요소인 무게Weight, 공간Space, 시간Time, 흐름Flow(그리
고 각각의 양극성들)과 체흡의 성질들인 비행Flying, 흐름Floating, 조형
Molding, 발산Radiating.

표 4.1을 채워 넣어보자. 각 심리 제스처PG의 변주를 표현하는 이름
을 써보자.

표 4.1 기준 심리 제스처, 라반의 에포트와 체홉의 성질 비교

기준 심리 제스처	라반의 에포트	체홉의 성질
이름:	*가벼운 무게:*	*비행:*
	무거운 무게:	*흐름:*
	간접적인 공간:	*조형:*
	직접적인 공간:	*발산:*
	지속적인 시간:	
	갑작스러운 시간:	
	자유로운 흐름:	
	통제된 흐름:	

라반의 에포트Effort 요소 또는 체홉의 성질Quality 중에서 자신이 가장 즐겁게 했던, 아니면 놀라운 발견을 했던 에포트 요소 또는 성질은 무엇인가? (20-30분)

- 이 심리 제스처PG에 대해서 일지를 써보고, 이 심리 제스처PG를 바탕으로 하나의 인물과 독백을 만들어보자.
- 당신은 누구인가? 어떤 말을 하고 싶은가?
- 당신이 창조한 인물과 관련된 주어진 상황들Given Circumstances을 몇 가지 만들어보자. 상상력이 마음껏 뻗어나가게 하자.
- 일단 인물이 누구인지 정하고 나서, 그 인물로 말해보고 그가 할 수 있는 짧은 독백을 만들어보자.
- 독백의 제목을 정해보자.
- 자신이 정한 제목을 말하면서, 최대한 과장된 방식으로 심리 제스처

PG를 해보자.

- 그런 다음 심리 제스처PG와 몸에서 느껴지는 내적 충동을 유지한 상태로 자신이 적은 독백을 말해보자.

움직임에서 출발해서 만들어진 당신의 인물이 충분하고 온전하다고 느껴지는가?

기능/표현Function/Expression 주제에 관해 더 이야기해볼 질문들

- 제스처나 움직임에 가상의 상황Imaginary Circumstances을 적용하는 것이 어떻게 기능/표현Function/Expression을 강화하는가?
- 장면 안에서 기능/표현Function/Expression을 인식했을 때 어떤 장점이 있을까?
- 심리 제스처PG를 만드는 것과 기능/표현Function/Expression의 주제가 어떻게 관련되는가?
- 라반의 에포트들Efforts이 체홉의 성질들Qualities을 어떻게 도와주는가?
- 체홉의 성질들Qualities과 라반의 에포트들Efforts이 심리 제스처의 표현 Expression과 인물의 내적 충동에 어떻게 영향을 주는가?

노력Exertion과 회복Recuperation의 주제

모든 움직임과 행동은 하나의 **프레이즈**Phrase, 즉 처음-중간-끝을 가진 자연스러운 주기를 가지고 발생하며, 이것이 움직임에 생명력을 부여한다. 노력Exertion과 회복Recuperation의 주제는 움직임과 대사의 시퀀스 및 프레이즈의 상승과 하강을 집중적으로 다룬다. 프레이즈는 시작 움직임과 함께 발생한다. 시작 움직임은 몸에서 상승하는 에너지 또는 하강하는 에너지로 느껴진다. 움직임의 시작이 한 프레이즈의 시작이며, 이어지는 후속 동작이 프레이즈의 중간이 되고, 움직임이 완료되는 지점이 프레이즈의 끝이 된다. 프레이즈가 한 번 완성되고 나면, 움직임의 새로운 주기가 생성되며, 위의 과정이 다시 시작된다.

노력/회복Exertion/Recuperation **탐험 1: 노력/회복*Exertion/Recuperation*의 주제 탐험하기**

목표: 노력/회복Exertion/Recuperation을 이해함으로써, 모든 문장과 행동, 사고 과정에 처음, 중간, 끝이 있다는 사실을 인식한다. 이것을 프레이즈Phrase, 또는 생명곡선Arc-of-Life이라 한다.

제스처를 하나 만들어 보자. 어떤 제스처든 좋다. 제스처를 완전히, 충분하게 해보자. 제스처가 정확히 어떻게 시작되고 끝나는지에 주의해보자. 움직임의 시작을 인식해보고, 어떻게 공간에서 이동하고, 움직임이 어떻게 해소되거나 끝나는지 인식해보자.

- 제스처를 하면서 신체적으로 경험하는 과정 전체를 집중해서 따라가보자.
- 움직임을 계속해서 (최소 다섯 번) 반복해보고, 그 움직임이 처음, 중간, 끝이 분명한 하나의 문장과 얼마나 비슷한지 인식해보자. 이것이

바로 움직임이 가진 생명 곡선이다.

파트너 작업:

- 파트너를 정해서 각자의 제스처들을 같이해보자.
- 파트너의 제스처가 가진 생명 곡선(처음-중간-끝), 즉 프레이즈를 최소 세 번 관찰해보자.
- 파트너가 제스처를 할 때, 소리(의미 없는 음절이나 모음)를 더하여 제스처에 맞게 노래를 불러보자.
- 제스처를 같이 해보고, 노래도 같이해보자.
- 그 제스처에 대해서 새로 알게 된 것을 공유해보고, 다음의 질문들에 대답해보자.

　　―프레이즈는 어떻게 구성되어 있는가?

　　―끝이 어딘지 암시하거나 신호가 되는 부분은 무엇인가?

- 이제 역할을 바꿔서, 파트너의 제스처를 살펴보자.

프레이즈의 생명곡선에서 발전된 패턴을 라반 움직임 분석LMA에서는 **프레이징**Phrasing이라고 한다. 프레이징은 노력Exertion과 회복Recuperation으로 구성된다. 다음에 소개하는 것처럼, 네 가지 기본 프레이징이 만들어질 수 있다.

- 충동Impulsive: 프레이즈의 시작에 강조점이 있다.
- 강조Emphatic: 프레이즈의 끝에 강조점이 있다.

- 중간Middle: 프레이즈의 중간에 강조점이 있다.

- 스윙Swing: 프레이즈의 시작과 끝에 강조점이 있다.

각 프레이징이 프레이즈를 만드는 방식을 인식해보고, 그것이 프레이즈의 의미와 의도에 어떻게 영향을 주는지 알아보자. 다른 방식으로 프레이징을 해보고, 움직임의 의미와 의도가 바뀌는지 살펴보자.

동영상 17. 노력/회복Exertion/Recuperation 탐험 1
https://vimeo.com/channels/thelabanworkbook/200009254

노력/회복Exertion/Recuperation 탐험 2: 스타니슬라브스키의 단위Unit와 목표Objective를 탐험하기 위해서, 노력/회복Exertion/Recuperation의 주제와 프레이징phrasing을 활용하여 움직임 독백Movement Monologue하기 (40-50분)

목표: 독백의 프레이징 방식을 찾기 위해 노력/회복Exertion/Recuperation의 주제를 활용해서 움직임 독백Movement Monologue을 만들어 본다. 목표Objective를 찾기 위해서 대본의 단위들Units을 프레이징 해본다.

스타니슬라브스키는 배우가 인물의 주어진 상황Given Circumstances을 완전히 이해하기 위해서 대본을 더 작은 단위들Units로 나눠보라고 제안했다. 이러한 과정을 칠면조 구이 나누기에 비유해보자. 칠면조를 나누기 위해서는 먼저 부위별로 큰 덩어리로 잘라서 분리해야 한다. 그런 다음 잘라낸 큰 덩어리들을 점점 더 작은 덩어리들로 잘라야 한다. 작은 덩어리들을 한 번 더 훨씬 더 작은 살로 발라낸다. 대본으로 넘어와서 생각해보면,

먼저 굵직한 주요 사건을 찾을 수 있다. 전쟁의 시작, 커다란 파티, 두 인물의 첫 만남, 인물의 죽음이 그 예가 될 수 있다. 이렇게 굵직한 사건들을 더 작은 부분들로 나눠보자. 개별적이고 구체적인 인물의 욕구에 이를 때까지 계속해서 더 세밀하게 나눠보자. 이렇게 단일하고 분명한 욕구Wants를 찾고 나면 곧 목표Objective를 발견할 수 있게 된다. "모든 단위Unit의 중심에는 *창조적인 목표*가 자리하고 있다"(스타니슬라브스키, 1936, p. 116).

이 탐험의 궁극적인 목표는 움직임으로 발현되는 인물의 계획과 생각(목표)에 노력Exertion과 회복Recuperation의 주제를 연결하는 것이다.

먼저, 1분짜리 독백을 골라보자. 이 탐험을 시작하기 전에 대사를 암기해보자. 독백 대사를 다음과 같이 종이 위에 분석해보자.

- 인물이 가진 모든 의도의 시작, 중간, 끝을 인식해보자. 각 의도에는 몇 개의 문장들, 적게는 하나의 문장이 포함될 수도 있다. 이를 위해서, 인물이 언제 새로운 의도를 발생시키고 마무리하는지 인식해보자. 독백을 여러 부분으로 나눠보자.
  - 새로운 의도가 노력Exertion되고, 의도에서 회복Recuperation되는 과정을 인식하면서 노력Exertion과 회복Recuperation 주제를 독백에 적용해보자.

  이러한 작은 부분들을 스타니슬라브스키는 단위Unit라고 불렀다.

독백을 가지고 각 단위Unit 프레이징을 탐험해보자. 단위Unit에 포함된 문장들이 프레이징되는 방식을 살펴보자. 독백에 따라 다르겠지만 다음에 제시된 사항들을 적용해보는 데 10-20분 정도가 걸릴 것이다.

- 먼저, 이전에 했던 내부/외부 탐험 2의 주어진 상황Given Circumstances 을 복습해보고, 독백에 적용해보자.

- 독백의 단위Unit를 나눠보고, 단위Unit에 포함된 문장의 프레이징 방식에 집중하면서 독백을 하면서 움직여보자.

- 독백을 할 때, 인물이 무엇을 원하고, 어떻게 성취하려 하는지 몸으로 표현해보자. 목표Objective를 가지고 움직이면서 문장의 어떤 부분이 노력Exertion과 관계되는가? 또, 신체적으로 어떻게 회복Recuperation 되고 해소되는가?

- 각 문장들을 말하면서 동시에 움직여보자. 처음에는 눈을 감는 것이 도움이 될 수도 있다. 문장을 반복해서 말하고 움직여보자. 놀이하듯이 해보자. 대사가 움직임을 조종하게 해보자. 대사의 소리와 의미가 노력Exertion의 감각으로 생겨나고 회복Recuperation의 감각으로 해소되는 것을 느껴보자. 대사를 가지고 프레이징을 실험해보자: 충동 Impulsive, 강조Emphatic, 중간Middle, 스윙Swing. 대사를 어떻게 강조할 때 목표Objective에 어울리는지 살펴보자. 아니면, 다른 방식으로 프레이징했을 때 목표Objective도 따라서 바뀌는지 인식해보자.

움직임을 바닥에서도 해보고 높이를 다양하게 써보자: 몸의 한 부분 또는 몸 전체를 움직여보자. 어느 쪽이든 사실적이지 않게 과장해서 움직이길 권한다. 움직임이 대사의 소리와 프레이징 방식에 따라 나오게 해보자. 목소리도 과장해보자. 음의 높낮이를 올리고 내려봐도 되고, 성량이 커지고 작아지거나, 모음을 길게 늘이거나, 자음을 과장해서 발음할 수도 있다.

- 움직임을 거듭 반복하면서, 움직임, 소리, 프레이징 방식을 어느 정

도 정해보자. 즉, '연출된' 움직임이 되게 해보자.

이 탐험의 목표는 인물의 계획과 의도에 따라 드러나는 움직임에 노력/회복Exertion/Recuperation의 주제를 연결하는 것이다. 따라서 문장의 움직임은 결과적으로 시작, 중간, 끝을 가진 형태로, 노력Exertion과 회복Recuperation 과정을 포함해야 한다.

- 일단 첫 문장을 움직이면서 충분히 탐험했다면, 다음 문장으로 넘어가보자. 같은 과정을 반복해보자.
- 다음 문장도 소리, 움직임, 프레이징 방식을 찾았다면, 두 문장을 이어서 해보자.
  - 두 문장을 연결할 때, 둘 사이의 전환을 인식해보자.
  - 첫 문장이 두 번째 문장으로 넘어갈 때, 의도나 신체가 어떻게 전환되는가? 어떤 의도가 인물을 다음 문장으로 나아가게 하는가?
- 당신이 작업 중인 단위Unit의 모든 문장에 이 과정을 적용해서 반복해보자.
- 한 단위Unit를 완성했으면, 전체 단위를 이어서 해보면서 인물이 경험하는 정서적인 과정을 인식해보자.
- *전체* 단위Unit의 프레이징 방식에 주목해보자(*충동, 강조, 중간, 스윙*).
- 인물이 자신의 의도를 어떻게 프레이징하고, 어떤 사고 과정을 거쳐서 다음으로 나아가는가?
  - 이 개념을 노력Exertion과 회복Recuperation의 주제와 관련해서 다시 생각해보자. 프레이즈가 일단 한 번 완성되고 나면, 새로운 의도나

새로운 움직임의 충동이 생겨나고 전체 과정이 다시 시작된다. 새로운 의도와 새로운 움직임의 노력Exertion과 회복Recuperation이 이어진다.

—인물이 자신의 의도와 관련해서 노력Exertion과 회복Recuperation을 어떻게 프레이징하는지 인식해보자.

사진 4.4 퍽의 움직임 독백

각 단위Unit를 쭉 이어서 움직여보고, 하나로 합쳐서 전체 독백을 해보자. 이제 움직임 독백Movement Monologue이 완성되었다. 완성된 움직임 독백을 가지고 대사의 노력Exertion과 회복Recuperation이 신체와 목소리에 통합되는 방식을 찾아보자. 각 단위Unit에서 인물의 목표Objective는 무엇인가? 인물이 원하는 것을 향해 앞으로 나아가기 위해서 이 목표들이 어떻게 통합되는가? 인물의 계획과 의도와 관련된 노력Exertion과 회복Recuperation에 신체적으로 연결되는 것은 배우에게 어떤 도움을 주는가?

동영상 18. 노력/회복 탐험 3

https://vimeo.com/channels/thelabanworkbook/200009315

노력/회복Exertion/Recuperation 탐험 3: 노력과 회복Exertion and Recuperation 의 주제를 스타니슬라브스키의 매직 이프Magic-If와 라반 움직임 분석 LMA에 적용하기 (40-50분)

목표: 탐험 2에서 다룬 대본의 프레이징과 모양 변화의 방식Mode of Shape Change (움직이는 모양Moving Shape)을 적용해서 인물의 사실성을 발견한다.

스타니슬라브스키는 자신의 책 『배우 수업』에서 **매직 이프**Magic-If를 다룬다. 배우는 매직 이프Magic-If를 사용해서 연기하는 인물이 처해있는 곤경에 자신을 대입해서 생각하게 된다. 매직 이프Magic-If는 주어진 상황Given Circumstance을 이용해서 배우의 상상력을 자극한다. 배우는 스스로 질문한다. 똑같은 상황에서 나라면 어떻게 했을까? 라반 움직임 분석LMA의 **모양** Shape 개념을 적용하면 인물이 환경과 맺고 있는 관계를 이해하는 데 도움이 된다. 따라서 인물이 처해 있는 어려움, 상황, 마음의 상태에 대해서 더 깊게 통찰할 수 있다. **모양 변화의 방식들**Modes of Shape Change 또는 **움직이는 모양**Moving Shape에는 **모양의 흐름**Shape Flow, **방향 지향성**Directional, **조각하기**Carving가 포함된다.

　　탐험 2에서 사용한 독백을 가지고 그 인물의 주어진 상황Given Circumstances을 떠올려보자. 대사의 단위Unit마다 인물이 환경과 어떻게 관계를 맺고 있는지 찾아보자. 탐험에 앞서 모양 변화의 방식들Modes of Shape Change, 또는 움직이는 모양Moving Shape 개념의 정의를 참고하자. 아래에 나오는 정의들은 환경에 따라 몸이 어떻게 변화하는지에 주목한다.

인물의 모양 변화의 방식들Modes of Shape Change을 탐험하면서 관계에 관한 선택들이 *왜* 그 순간에 또는 그 대사 단위에서 만들어지는지 질문해보자.

모양의 흐름 Shape Flow: 인물이 자기 자신하고만 관계 맺는가? 어쩌면 인물이 다른 누군가에게 말을 하고 있지만, 상대와 외적으로 관계 맺지 못하는 건지도 모른다. 또는 인물이 다른 인물에게 말을 하면서도 자신에 대한 발견만 하고 있을 수도 있다.

- 모양Shape 개념에서, 관계성에 관한 이러한 정의는 모양의 흐름Shape Flow, 또는 자기 자신과의 관계로 정리된다.

- 모양의 흐름Shape Flow 움직임은 호흡에서 동력을 얻으며, 보통 아주 섬세하다.

- 머리카락, 목, 심장을 만지는 움직임이 모양의 흐름Shape Flow 움직임의 예시다. 라반 움직임 분석LMA에서 이런 움직임을 자기 건드리기 self-touch라고 한다.

방향 지향성 Directional Shape: 인물이 무대 위의 다른 사람이나 사물을 향해 하는 말이 구체적이고 의도적인 방향을 갖고 있는가? 인물이 관계 맺는 방식을 좁혀 들어가는가? 아주 구체적인 관점을 갖고 있나?

- 모양Shape의 개념에서, 환경과 관계되는 이러한 정의를 방향 지향성 모양Directional Shape, 또는 자신과 타인, 외부 대상과의 관계라고 한다.

- 방향 지향성Directional 모양 변화는 팔다리 또는 다른 신체 부위를 사용한 움직임의 곡선 경로나 직선 경로로 드러난다(곡선 지향, 직선

지향). 이 움직임은 다른 사람이나 사물에 연결되며 관계 맺는다.

- 가리키는 제스처가 방향 지향성 움직임의 대표적인 예다.

조각하기Carving: 인물이 자신의 환경 전체를 아우르려고 노력하는가? 이와 같은 관계성은 인물이 자신을 둘러싸고 있는 모든 것에 관여하게 하고, 어쩌면 우주 전체를 품으려 할 수도 있다. 이런 경우에, 인물은 세계적인 인류의 문제를 해결하려 할 수도 있고, 또는 세상에 사랑과 행복을 가져다주고 싶어 할 수도 있다.

- 모양Shape 개념에서, 이런 종류의 관계를 조각하기Carving라고 하고, 자신과 온 세상과의 관계성을 의미한다.

- 조각하기Carving는 보통 둥근 움직임으로 나타나며, 공간이나 사람을 모으거나 포함시키는 제스처로 표현된다.

- 포옹이 조각하기Carving 모양의 예시다. 전체 사람들을 포함시키는 것처럼 양팔을 벌려 둥글게 감싸는 제스처도 여기에 해당한다.

자신의 인물이 환경과 관계 맺는 방식에 대해서 발견한 것이 있다면 종이에 적어보자. 이러한 발견을 바탕으로, 대본의 각 단위Unit마다 모양 변화의 방식을 선택해보고, 왜 그렇게 선택했는지 적어보자.

이제 노력과 회복 팀업 2에서 했던 독백의 신세/폭소디 쓰레이싱에 모양 변화의 방식(움직이는 모양)을 추가해보자.

- 움직임 독백Movement Monologue을 다시 해보고, 각 프레이즈와 단위Unit에서의 노력Exertion과 회복Recuperation의 감각을 한 번 더 확인해보자.

- 프레이징 방식을 과장되게 강조해보자. 움직임이 대사를 타고 나오게 해보고, 노력Exertion과 회복Recuperation의 감각을 몸으로 인식해보자.

- 주어진 상황Given Circumstances을 복습해보고, 움직임 독백을 다시 해보자.

- 대본을 분석해서 적었던 관계성과 모양Shape에 관한 선택이 움직임 독백을 할 때도 나타나는지 인식해보자.

  - 종이에 분석한 내용이 신체적으로도 표현되는가? 아니면 다른 선택이 만들어지는가? 이번에는 신체적인 충동에 따라 선택해보자.

  - 노력Exertion과 회복Recuperation의 상승하고 하강하는 감각으로 인물이 원하는 관계성이 무엇인지 찾아보자.

- 적절한 모양 변화의 방식Mode of Shape Change을 선택해서, 매직 이프 Magic If처럼 인물이 처한 상황을 신체적으로 이해하는 도구로 사용해보자.

- 환경과 맺는 관계를 몸으로, 구체적으로 경험하면 어떤 느낌이 드는가? 인물이 놓여있는 상황을 신체적으로 경험하는 것은 어떤 느낌인가? 인물이 처해있는 어려움 속에서 살아가는 것은 어떤 느낌인가? 모양 변화의 방식Mode of Shape Change이 매직 이프Magic-If를 더 깊게 경험하게 하는가?

대본 분석을 먼저 하고 움직였을 때와 움직여본 다음에 대본으로 돌아갔을 때, 인물의 내면, 타인, 환경과의 관계성과 관련해서 발견하게 된 것들을 비교해보자. 무엇이 맞고 틀리다고 할 수 없다. 다른 것보다도, 머리로 했을 때와 실제로 몸으로 했을 때, 어디서 일치하고 어디서 간극이 생기는지 확인해보자. 표 4.2를 사용해서 이 차이를 적어보자(필요한 만큼 칸을 늘리거나 지워보자).

표 4.2 모양의 선택들-대본 분석 vs 신체적 선택

대사의 단위 (빈칸에 대사를 적어보자)	선택한 모양 변화의 방식	
	대본 분석	신체적 선택
단위 1		
단위 2		
단위 3		
단위 4		
단위 5		
단위 6		

간극이 생기는 부분에서는 두 가지 선택을 다 적용해보자. 전후로 어떤 일이 벌어지는지 맥락을 살펴보고 움직여보자. 신체적인 감각의 도움을 받아서 주어진 상황Given Circumstance 안에서 무엇이 더 맞는 선택인지 결정해보자.

이제 모든 선택들을 하나로 연결해서 해보자, 움직임 독백Movement Monologue을 과장된 움직임과 대사로 해보자.

● 당신의 선택과 발견들을 합쳐보자. 노력Exertion과 회복Recuperation을 적용해서 어떤 프레이징이 만들어졌는가? 모양 변화의 방식Mode of Shape Change(움직이는 모양)이 매직 이프Magic-If처럼 인물의 상황을

이해하는 데 도움이 되었는가?

표 4.3을 사용해서 당신의 선택들을 정리해보자(필요한 만큼 빈칸을 늘리거나 지워보자).

표 4.3 프레이징과 모양 변화의 방식과 관련된 선택들 정리하기

대사의 단위	프레이징	모양 변화의 방식

위의 표가 프레이징과 모양 변화의 방식Mode of Shape Change(움직이는 모양)에 대한 선택의 신체화에 도움을 줄 것이다. 전체를 통합하기 위해서 최종적인 선택들을 반영해서 움직임 독백을 세 번 이상 전력을 다해 반복해보자.

신체적인 매직 이프Magic-If를 사용해서 인물의 상황을 신체적으로 경험하게 될 때까지 움직임을 반복해보자.

이제 탐험을 마무리해보자. 먼저 움직임 독백Movement Monologue을 해보고, 바로 이어서 '사실적인' 연기를 해보자. 이때, 한 문장에서 다음 문장으로 넘어가는 과정을 인식해보자. 대사를 사실적으로 연기할 때 어떤 느낌이 드는지 인식해보자. 움직임 독백Movement Monologue에서 무엇이 남아있는가? 프레이징이 인물을 어떻게 다음으로 나아가게 하는가? 인물에 대해서 무엇을 새롭게 발견했는가? 대본에서 움직임으로, 움직임에서 대본으로 가는 서로 다른 접근 방식이 상호적으로 도움이 되었는가? 아니면 완전히 충돌했나? 당신은 어떤 방식을 더 선호하는가? 그 이유는?

노력Exertion과 회복Recuperation 주제에 대해 더 이야기해볼 질문들

1. 프레이즈Phrase가 무엇이고, 프레이징Phrasing은 무엇인가?

2. 단위Unit를 발견할 때 이 주제가 어떻게 도움이 되었는가?

3. 대본의 단위Unit를 나누었을 때, 목표를 찾고 모양Shape을 선택하는 데 도움이 되었는가?

4. 노력Exertion과 회복Recuperation의 주제가 하나의 의도에서 다음 의도로 전환될 때 어떻게 영향을 주는가?

5. 노력Exertion과 회복Recuperation 주제와 관련된 탐험이 독백, 관계성, 장면 안에서 변화가 언제 명확하고/필요해지는지 파악하는 데 도움이 되었는가?

안정성Stability과 이동성Mobility의 주제

안정적인 요소들과 이동하는 요소들은 끊임없이 상호작용하면서 효율적인 움직임을 만들어낸다. 어떤 움직임이나 행동도 이동성을 만들려면 몸의 일부는 안정적이어야 한다. 왼 다리를 땅에 안정적으로 지지하면 오른 다리는 가볍게 움직일 수 있다. 안정성과 이동성은 상호작용하면서 모든 움직임을 가능하게 한다.

안정성/이동성Stability/Mobility 탐험 1: 몸속의 안정성/이동성Stability/Mobility 탐구하기 (20-30분)

목표: 몸속에서 일어나는 안정성Stability과 이동성Mobility의 상호작용을 느낀다. 신체적 안정성Stability이 어떻게 자유로운 움직임을 만들어 내는지 인식한다.

바닥에 누워서 신체의 한 부분을 고정해보자. 그 부분이 바닥에 잘 그라운딩 되게 해보자.

- 예: 다음의 신체 부위를 고정해보고, 몸의 나머지 부분들이 만들어내는 자유로운 움직임들을 발견해보자.
  - 왼쪽 견갑골
  - 몸의 오른쪽 절반
  - 골반
  - 갈비뼈
- 바닥에 고정되지 않은 신체 부위에서 움직임의 가능성을 탐구해보자. 움직이는 신체 부위들은 무엇을 할 수 있는가?
- 몸의 다른 부분들로 옮겨가면서 놀아보자. 몸 내부에서 대화가 일어나게 해보자.
- 같은 주제를 다른 높이에서 해보자.
  - 이전과 똑같은 과정을 바닥에 앉아서 하면 무엇이 발생하는가?
  - 양손과 두 무릎을 바닥에 고정하고 있다면?
  - 무릎을 꿇고 있다면?

사진 4.5 안정성과 이동성

- 이번에는 같은 탐험을 일어서서 해보자. 다음의 신체 부위들을 고정해보자:

  −왼쪽 견갑골

  −몸의 한쪽 옆면 전체

  −골반

  −안정적인 신체 부위들이 움직이는 부분들을 어떻게 도와주는지 인식해보자.

동영상 19. 안정성/이동성 탐험 1
http://vimeo.com/channels/thelabanworkbook/200009370

- 이제 짧은 움직임 시퀀스를 만들어보자. 예시:

  −배낭을 들어서 방의 다른 곳으로 이동해보자.

- 걷다가 몸을 숙여서 신발 끈을 묶어보자.

- 친구에게 다가가서 포옹해주자.

- 위에 제시된 시퀀스를 선택하거나 직접 만들어도 좋다. 시퀀스를 수행해보고, 움직이기 위해서 신체 부위들이 어떻게 안정성을 유지해야 하는지 인식해보자.

안정성/이동성Stability/Mobility 탐험 2: 장면을 가지고 안정성/이동성 탐험하기 (20-30분)

목표: 한 장면 내에서 안정성Stability과 이동성Mobility이 인물 간의 관계에 미치는 영향을 인식해본다.

안정성/이동성Stability/Mobility의 주제를 장면에 적용해보자.

- 장면 1: 두 사람이 대화를 나눌 때, 둘 다 심하게 움직이면 어떻게 될까?

  - 둘 중 한 명이 몸으로 수행하는 과제를 선택해서 그 과제를 반복해보자. 이전에 제시한 예를 사용해도 되고, 새로운 상황을 가져와도 된다.

  - 이번에는 대화 주제를 골라보자. 시사 문제, 정치, 최근에 본 영화 등.

  - 신체적인 과제를 하면서 동시에 대화를 해보자. 움직임을 계속하면서, 파트너와의 대화도 멈추지 말자. 파트너가 말할 때 말이 맞물려서도 괜찮다. 진행자가 그만하라고 할 때까지 계속해보자.

—대화가 어떻게 흘러갔는가? 파트너가 말하는 것을 잘 들었나? 파트너는 당신이 하는 말을 잘 들은 것 같은가?

- 장면 2: 두 사람이 대화를 나누는데, 둘 다 극도로 안정적이면 어떻게 될까?

  —각자 방 안에서 공간을 찾아서 몸을 안정적으로 지면에 그라운딩 해보자. 둘 다 움직이지 않는다. 그 자리에 고정되어 있다고 느껴보자.

  —대화 주제를 골라보자. 시사 문제, 정치, 최근에 본 영화 등.

  —대화를 시작해보자. 진행자가 멈추라고 할 때까지 대화를 멈추거나 자리에 고정된 상태에서 벗어나면 안 된다.

  —대화가 어떻게 흘러갔나?

안정성/이동성Stability/Mobility 탐험 3: 안정성/이동성의 주제를 마이즈너의 행위에 완전히 몰두하기Doing Fully the Activity 훈련에 적용하기 (40-50분)

목표: 행위에 완전히 몰두하기Doing Fully the Activity 훈련을 위한 준비작업을 해보고, 한 명은 안정성Stability 나머지 한 명은 이동성Mobility을 가지고 놀아본다.

마이즈너의 세계에서:

연기는 하는 것Doing이다. 연기는 말하는 것이 아니다, 무언가를 행하는 것이며, 무대 위에서 실제로 하지 않을 때 우리는 연기를 멈추는 것이다.

(실버버그, 푸트, 스턴, 1994, p. 56)

다음의 탐험에서 배우는 구체적인 신체 행위에 완전히 몰두해야 한다. 배우가 행위에 참여한다는 것은 그 순간에 실제로 벌어지고 있는 것에 진실하게 반응하는 것이다.

파트너 작업:
움직임 대화Movement Conversation의 기본적인 틀을 가져와서, 이번에는 좀 더 발전된 형태로 해보자. 파트너 한 명이 한 자리에 고정되어 있고, 나머지 한 명만 움직여 보자.

- 두 사람 다 과장되게 움직이면서 움직임 대화를 시작해보자. — 한 명이 먼저 시작하고, 나머지 한 명은 이에 반응하자. (내부/외부 탐험 1 참고)

- 30초 뒤에, 진행자는 배우들이 소리를 낼 수 있게 안내한다.

- 배우들이 소리를 내는 것에 편안해졌으면, 신호를 줘서 그들이 움직이면서 간단한 즉흥 대사를 하게 한다.

- 배우들이 15초 동안 대사를 말하면서 움직이게 해보자. 그런 다음 한 사람은 자기 자리에 서서 안정된 상태로 머물고, 나머지 한 명은 계속해서 움직이라고 지시하자.

  — 움직이는 파트너가 자기 대사와 파트너의 대사에 맞춰서 움직이게 해보자.

- 파트너가 서로 시선을 맞추고 있을 필요는 없다. 움직이는 쪽이 방해받을 수 있기 때문이다.

  — 하지만 안정적인 파트너는 움직이는 파트너를 바라보고, 관계를 맺

고, 움직이는 파트너로부터 영향을 받아 반응할 수 있다. 안정적인 파트너는 제자리에서 파트너가 시야에 들어오도록 몸을 돌려도 좋다.

－각자 목소리와 자세가 상대의 움직이고/움직이지 않는 상태에 영향을 받아서 이에 반응하게 해보자.

탐험을 계속하면서, 안정적인 파트너가 움직이는 파트너에 영향을 주는 것을 인식해보고, 그 반대도 인식해보자. 움직이는 파트너는 어떻게 안정적인 파트너와 '놀아볼' 수 있을까? 안정적인 파트너는 제자리에서 방향만 바꾸면서 어떻게 움직이는 파트너와 놀아볼 수 있을까?

• 역할을 바꿔서 탐험해보자.

이제 마이즈너의 행위Activity 훈련으로 넘어 가보자. 신체적 행위를 골라보자. 이 탐험의 첫 번째 신체적 행위는 극단적이어야 하며, 배우는 여기에 완전히 몰두해야 한다. 이 행위는 몸 전체를 사용해서 해야 하며, 신체와 정신이 완전히, 충분히 집중해야 한다. 실제로 해낼 수 있는 행위여야 하지만, 너무 쉬우면 안 되고 충분히 어려워야 한다. 예를 들어, 모형 비행기 조립하기, 저글링하기, 연주해본 적 없는 악기로 노래 연주하기, 카드로 집 만들기가 있을 수 있다. 신체적 행위는 언제 완성되고 끝나는지 분명히 알 수 있어야 한다.

• 신체적 행위로 시작해서, 내부/외부 주제 탐험 3에서 소개된 마이즈너의 기계적인 반복Mechanical Repetition 훈련으로 넘어갈 텐데, 이번에

는 독백이 아니라 짧은 문장으로 해볼 것이다.

- 누가 먼저 신체적 행위를 할지 골라보자. 먼저 행위를 하는 사람이 움직이고, 나머지 한 명이 안정적인 상태가 된다. 안정적인 파트너는 앉거나 선 상태에서 다른 행동을 하지 않는다.

- 기계적인 반복Mechanical Repetition 훈련에 안정성/이동성Stability/Mobility 을 추가해보자. 파트너 한 명이 실제로 기계적인 반복 훈련Mechanical Repetition을 하면서 신체적 행위를 해보자. 움직이는 파트너는 멀티태스킹을 해야 한다. 몸으로 하는 행위에 집중하면서 동시에 파트너에게도 반응해야 한다. 다른 파트너는 안정적인 상태로 존재하면서, 파트너에게만 집중하면 된다.

- 반복 훈련을 10-15분 동안 계속해보자.

이 과정을 반복해보고, 역할을 바꿔보자. 두 사람이 다른 신체적 행위를 하면 좋다.

안정성/이동성Stability/Mobility 탐험 4: 라반의 신체 구성을 이용해서 안정성과 이동성의 주제를 체홉의 가상의 신체Imaginary Body에 적용하기 (40-50분)

목표: 안정적인 신체 부위와 움직이는 신체 부위에 대한 이해를 바탕으로 가상의 신체Imaginary Body를 만들어 본다. 이때 라반의 신체 구성의 도움을 받을 것이다.

체홉의 **가상의 신체**Imaginary Body 개념은 비교적 단순하다. 인물의 '몸'을 만드는 것이다. 배우는 인물이 어떻게 생겼는지 눈에 보일 수 있게 몸으로 표현한다. 물론, 배우는 절대로 자신의 신체적인 특징을 바꿀 수 없다. 하지만 상상력을 사용해서 배우는 더 키가 크고, 몸이 넓적하고, 가늘고, 둥근 느낌을 가질 수 있다. 배우는 상상을 통해서 자기 몸의 새로운 중심들을 만들고, 자신의 몸이 공간과 관계하는 방식을 인물과 동일하게 사용할 수 있다.

대본에 나와있는 인물의 성격적인 특징을 분석해서 다음의 질문에 답해보자. 인물이 공격적인가? 부끄러움을 타는가? 교활한가? 관능적인가? 복수심을 품고 있는가? 또 어떤 질문들이 가능할까? 이러한 질문들을 통해서 배우는 인물의 자세와 제스처를 상상해볼 수 있다. 체홉은 다음과 같이 믿었다.

가상의 신체Imaginary Body는 배우의 의지와 감정을 불러일으킨다. 가상의 신체는 개성적인 말하기와 움직임 방식과 조화를 이루면서 배우가 다른 사람으로 변신하게 한다!

(체홉과 캘로우, 2002, p. 79)

가상의 신체Imaginary Body는 배우가 인물의 의지적 충동Will-Impulse을 이해하고 살아나게 하는 데 도움을 주며, 심리 제스처PG를 발전시키는 과정에서 상호보완적인 역할을 한다.

신체 구성 Body Organization은 라반 움직임 분석LMA의 몸Body 카테고리에 들어간다. 신체 구성은 아기가 태어나서부터 걸을 때까지 경험하게 되는 신체적이고 심리적인 발달 단계와 관련이 있다. 여기에는 6개의 발달 및 인지 단계가 있다. **호흡**Breath, **중심부/말단부**Core/Distal, **척추**Spinal, **상체/하체**Upper/Lower, **몸의 반쪽**Body Half, **십자형**Cross Lateral이 그것이다. 신체 구성은 모든 몸의 자세─가상의 신체도 포함해서─를 지지해주고, 자세에 대한 심리적인 통찰을 준다.

- 희곡에서 당신이 가장 좋아하는 인물을 골라보자. 희곡을 읽고 인물의 신체적인 특징과 성격을 연구해보자.

  ─인물에게 어울리는 신체를 설명하는 단어를 찾아보자. 분위기, 의도, 기운을 묘사하는 단어를 찾아보자.

- 이러한 단어들에서 출발해서, 인물의 이미지를 머릿속에 그려보자.

  ─그 모습을 몸으로 표현해보자.

- 몸의 '중심'이 어디인지 인식해보자. 당신의 고유한 신체의 중심보다 높아지거나 낮아졌는가?

  ─당신보다 키가 더 큰가, 작은가, 더 뚱뚱한가, 날씬한가?

  ─몸의 6개의 가지들(팔, 다리, 머리, 꼬리뼈)이 새로운 신체 중심과 어떻게 관계하는가? 중심에서부터 어떻게 뻗어가는가?

  ─몸의 6개의 가지들이 공간 안에서 어떤 모양을 만드는가? 몸쪽 가까이에 있나, 아니면 독특한 방식으로 공간 쪽으로 뻗어가는가?

  ─머리가 척추 위에 편하게 자리하고 있는가? 기울어지거나 비틀어지지는 않았는가? 만약 그렇다면, 어떻게 자리하고 있는가?

  ─몸의 어떤 부분이 잘 고정되어 있고 안정적인지 인식해보자.

- 인물의 가상의 신체Imaginary Body를 가지고 일상적인 행동들을 하면서 희곡의 대사를 말해보자.

  ─가상의 신체Imaginary Body가 걸음걸이, 앉는 방식, 일어서는 방식, 제스처, 마음의 상태, 환경과 관계하는 방식에 어떻게 영향을 주는

가?

- 외향적인 자세가 내면의 분위기와 전반적인 정서에 어떻게 영향을 주는가?

동영상 20. 안정성/이동성 탐험 4－가상의 신체 표현하기
https://vimeo.com/channels/thelabanworkbook/200009480

사진 4.6 퍽의 가상의 신체－앉은 자세

다음 단계로, 라반 움직임 분석LMA의 **신체 구성**Body Organization을 탐험해 보자. 바닥에 누워서 하나씩 탐험해보자. 천천히 움직여서 일어서고, 걸어 보자. 각 신체 구성을 사용해서 다양한 제스처와 움직임을 시도해보자. 신체 구성마다 무언가를 찾기, 일어서기, 다른 사람에게 손 흔들기, 누군가를 위협하기, 쫓아내기 등의 행동을 해보고, 어떤 느낌이 드는지 관찰해보자. 각각의 신체 구성이 외적인 신체 자세와, 내적인 심리 상태에 어떤 영향을 주는지 인식해보자.

- **호흡**Breath: 바닥에 누워서 시작해보자. 들숨과 날숨을 느껴보자. 몸속에 드나드는 호흡을 강조해서 느껴보자. 몸이 매번 숨을 들이쉴 때마다 커지고, 숨을 내쉴 때마다 수축되는 것을 느껴보자. 실제로 숨이 몸의 각 부분에 생명을 불어넣게 하자. 바닥에서 일어서 보고 움직임들이 매번 들숨 또는 날숨의 자극으로 시작되게 해보자. 일어선 자세로 몸 전체가 호흡하고, 움직이고, 호흡에 반응하는 것을 느껴보자. 호흡Breath을 하면서 공간을 움직여보자. 이 탐험에서 당신이 선택한 인물과 관련된 움직임과 제스처를 찾아보자. 이 신체 구성이 당신이 인물에 대해서 상상한 것과 신체적으로 잘 어울리는가?

  − 호흡Breath 신체 구성은 믿음과 영향을 잘 받는 심리 요소와 관련이 있다. 희곡 <욕망이란 이름의 전차>의 블랑쉬는 호흡을 사용하는 좋은 예이다.

동영상 21. 안정성/이동성 탐험 4−호흡 신체 구성
https://vimeo.com/channels/thelabanworkbook/200009524

- **중심부/말단부**Core/Distal: 바닥에 누워서 불가사리처럼 움직여보자. 신체의 중심에서 몸의 6개의 가지들−두 팔, 두 다리, 머리, 꼬리뼈−을 쭉 뻗어서 발산해보자. 움직이는 과정에서 몸의 중심부와 6개 가지를 연결된 상태로 유지하고, 뻗는 제스처가 완성되면 6개 가지들을 다시 중심부로 가져오자. 같은 방식으로 바닥에서 일어서보자. 일어섰을 때, 중심에서 말단 부위(머리, 꼬리뼈, 손가락들, 발가락들)로 발산하는 감각을 가져보자. 중심부/말단부Core/Distal 신체 구성을 인

식하면서 공간을 걸어보자. 인물의 움직임과 제스처들을 몇 가지 찾아보자. 이 신체 구성이 당신이 인물에 대해 상상한 것과 잘 어울리는가?

─중심부/말단부Core/Distal 신체 구성은 세계를 향해 뻗어나갔다가, 정보를 다시 자신의 내부로 가져와서 내적인 이해와 탐구를 도모하는 심리 요소와 관련된다. 영화 <호빗>의 골룸이 중심부/말단부 Core/Distal를 이용한 좋은 예다.

동영상 22. 안정성/이동성 탐험 4─중심부/말단부Core/Distal 신체 구성
https://vimeo.com/channels/thelabanworkbook/200013244

- **척추Spinal**: 바닥에 누워서 시작해보자. 척추가 당신을 움직이게 해보자. 머리 끝에서부터 꼬리뼈까지 움직여보고, 척추를 회전해보고, 바닥을 굴러보고, 자벌레처럼 움직여보고, 휙휙 움직여보자. 당신이 생각할 수 있는 모든 방식으로 척추를 움직여보고, 몸의 나머지 부분들이 따라간다고 생각해보자. 척추가 유동적이고 유기적이라는 감각을 갖고 움직여보자. 그런 감각을 갖고 천천히 일어서보자. 일어섰을 때, 머리와 꼬리뼈를 과장된 방식으로 움직여보자. 머리부터 꼬리뼈 끝까지 척추 전체가 표현적인 기관이라고 느껴보자. 척추Spinal 신체 구성을 사용하여 공간을 움직여보자. 인물의 움직임과 제스처를 몇 가지 시도해보자. 이 신체 구성이 당신이 상상한 인물에 잘 어울리는가?

  ─척추Spinal 신체 구성은 개인적이고 독립적인 심리 요소와 관련이 있다. 자립적이라는 맥락에서, 영어에서 척추back bone는 관용적인 의미로 줏대, 기개를 뜻하는 말로 사용된다. 볼드모트와 해리포터 둘 다 신체적으로 척추 신체 구성의 도움을 받았다고 볼 수 있다.

동영상 23. 안정성/이동성 탐험 4 – 척추 신체 구성

https://vimeo.com/channels/thelabanworkbook/200009648

- **상체/하체**Upper/Lower: 배를 바닥에 대고 누워보자. 어깨 관절 바로 밑에 양손을 두고, 발등이 바닥에 닿게 해보자. 양손과 두 발이 바닥에 닿은 상태에서, 양손으로 바닥을 밀어서 점차 아기 자세로 움직여 가보자. 계속해서 손과 발을 바닥에 댄 상태를 유지하고, 엉덩이 부분이 접히면 엉덩이를 앞뒤로 움직여서 아기 자세를 만들어보자. 체중을 몸의 앞뒤로 움직이면서 상체와 하체 사이의 분리와 연결을 느껴보자. 바닥에 누워있는 동안, 하체를 바닥에 잘 고정시키고 상체를 움직여보자. 또는 상체를 지면에 고정한 상태로 하체를 움직여보자. 상체와 하체가 이런 관계를 맺은 상태로, 천천히 일어서보자. 일어선 자세가 되면, 골반부터 두 발까지 하체를 지면에 단단히 고정시키고, 상체를 공간으로 쭉 뻗어보자. 그런 다음 하체를 (위치를 고정하거나 이동하면서) 움직여보고, 상체는 완전히 고정되게 해보자. 상체/하체 Upper/Lower 신체 구성을 인식하면서 공간을 움직여보자. 얼마나 많은 움직임이 가능한가? 공간을 쉽게 이동할 수 있는가? 이 신체 구성이 당신을 어떻게 움직이게 하는가? 당신이 인물에 대해 상상한 신체에 적합한가?

  —상체/하체 Upper/Lower 신체 구성은 경계를 설정하는 것, 무언가 또는 누군가가 다가오는 것을 언제 받아들일지 아니면 밀어낼지를 결정하는 심리 요소와 관련된다. 무하마드 알리가 상체/하체라는 신체 구성을 활용한 좋은 예이다.

동영상 24. 안정성/이동성 탐험 4 – 상체/하체 신체 구성

https://vimeo.com/channels/thelabanworkbook/200012626

- **몸의 반쪽**Body Half: 바닥에 등을 대고 누워보자. 몸이 치골에서부터 위로는 상체를 통과해서 머리끝까지 두 부분으로 나뉘어 있다고 느껴보자. 몸의 왼쪽 절반과 오른쪽 절반이 완전히 분리되어 있다고 인식해보자. 몸의 가운데를 따라서 반으로 나눠서, 상체를 수직으로 왼쪽과 오른쪽으로 분리해보자. 배를 대고 누워서 이러한 구분을 인식하면서 움직여 보자. 오른쪽과 왼쪽이 분리된 감각을 유지한 채로, 천천히 움직여서 일어서보자. 몸의 오른쪽 면이 그라운딩된 상태로, 왼쪽 몸을 움직여보자. 그런 다음 왼쪽 면을 그라운딩한 상태로, 오른쪽 몸을 움직여보자. 등을 대고 누워서 다시 해보자. 천천히 일어나보고, 몸의 왼쪽과 오른쪽의 감각을 과장되게 강조하면서 걸어보자. 몸의 반쪽Boday Half 신체 구성을 인식하면서 공간을 걸어보자. 몸이 반으로 나뉜 것이 두 개의 욕망이나 두 개의 목표가 존재하는 것처럼 혼란스럽게 느껴지는가? 이 신체 구성이 당신이 상상한 인물의 신체성과 어울리는가?

  –몸의 반쪽Body Half 신체 구성은 결정을 내리거나 두 가지 대안을 저울질하는 심리 요소와 연결된다. 몸의 반쪽 신체 구성을 나타내는 고전적인 예는 햄릿이다. "죽느냐 사느냐, 그것이 문제로다."

동영상 25. 안정성/이동성 탐험 4 – 몸의 반쪽 신체 구성
https://vimeo.com/channels/thelabanworkbook/200009574

- **십자형**Cross Lateral: 바닥에 누워서 몸의 사분면을 인식해보자. 오른쪽 상체(배, 오른쪽 가슴, 오른팔, 오른쪽 머리), 왼쪽 하체(배, 왼쪽 골반, 왼 다리부터 발가락 끝까지), 왼쪽 상체(배, 왼쪽 가슴, 왼팔, 왼쪽 머리), 오른쪽 하체(배, 오른쪽 골반, 오른 다리부터 발가락 끝까

지). 오른쪽 상체가 왼쪽 하체에 연결된 대각선을 느껴보자. 왼쪽 상체가 오른쪽 하체에 연결된 대각선도 느껴보자. 몸을 비틀고 회전하거나, 나사 모양으로 움직여보자. 몸의 사분면들이 어떻게 서로 상호작용하는지 인식해보자. 몸을 비틀고 회전하는 움직임을 사용해서 천천히 일어나보자. 일어서는 동안, 몸의 사분면을 가지고 한 부분, 그다음에 또 다른 한 부분을 움직이면서 놀아보자. 몸을 비틀어서 만들수 있는 제스처를 해보자. 팔을 과장해서 비틀고 흔들면서 공간을 걸어보자. 인물이 만들 수 있을 만한 비틀림과 나사 움직임을 과장해서해보자. 십자형Cross Lateral 신체 구성이 당신이 상상한 인물의 신체성을 도와주거나 강화하는가?

　－십자형Cross Lateral 신체 구성은 복잡한 생각과 결정이라는 심리 요소와 관련이 깊다. 십자형Cross Lateral 구성과 관련해서 개인적으로 좋아하는 예시는 <지붕 위의 바이올린>의 테비에라는 인물이다. 영화 안에서 그는 끊임없이 전통적인 사고방식과 신식 사고방식 사이에서 갈등한다(이것은 전통적인 몸의 반쪽 신체 구성에 해당한다): 그가 마침내 한 걸음을 앞으로 내딛기로 결심했을 때, 그는 십자형Cross Lateral으로 옮겨가서 선언한다: "어쩔 수 없지!" 그는 결정을 내렸고, 이것이 이 영화에서 가장 중요한 순간이다.

동영상 26. 안정성/이동성 탐험 4－십자형 신체구성
https://vimeo.com/channels/thelabanworkbook/200009699

이 탐험의 시작 부분에서 만든 인물의 가상의 신체Imaginary Body를 다시 당신의 몸과 호흡에 불러 와보자. 여기에 어떤 신체 구성이 가장 잘 적용될 수 있는지 찾아보자: 호흡Breath, 중심부/말단부Core/Distal, 척추Spinal, 상체/하체Upper/Lower, 몸의 반쪽Body Half, 십자형Cross Lateral. 이 여섯 가지 신체 구성은 사람이 일어서고, 세상에서 기능적으로 움직이기 위해서 꼭 필요하며, 우리가 자세를 취할 때 한 개 이상의 신체 구성이 동시에 작용한다. 하지만 우리는 대부분 하나의 두드러지는 신체 구성을 갖고 있고, 그것은 우리가 다른 사람과 이 세계와 신체적으로 상호작용하는 방식과 관련되며, 우리의 심리-신체적인 특징이 된다.

- 어떤 신체 구성이 당신의 가상의 신체Imaginary Body에서 두드러지는 지, 그 신체 구성과 관련된 심리 요소가 인물의 성격과 목표에 어떻게 연결되는지 인식해보자.

- 가상의 신체Imaginary Body를 이리저리 움직여보자: 대사를 하면서 걷고, 서고, 앉고, 손을 흔들어보자.

- 가상의 신체Imaginary Body를 움직일 때 적절한 신체 구성(들)의 도움을 받아보자. 신체 구성을 적용하는 것이 어떻게 배우인 당신과 인물 사이의 심리-신체적인 연결을 강화하는지 인식해보자.

안정성Stability과 이동성Mobility의 주제를 적용해보자. 신체 구성 하나를 선택해보고, 지면에 잘 그라운딩 된 신체 부위를 골라보자. 이 선택을 바탕으로 인물의 가상의 신체Imaginary Body를 움직여보자.

- 예를 들어서, 상체/하체Upper/Lower를 선택했다면, 상체 또는 하체가 가장 안정적으로 그라운딩 되고, 나머지 신체 부위들을 움직이는 것을 인식해보자.

  −가슴과 어깨를 고정하고, 그 밑에 있는 나머지 신체를 자유롭게 움

직일 수도 있다.

  −또는 고관절이 단단하게 지면에 고정돼서, 상체를 자유롭게 움직이고 탐험하게 도울 수도 있다.

- 단순한 움직임을 가지고 인물의 가상의 신체Imaginary Body를 탐험해 보자(걷기, 앉기, 서기, 손 흔들기 등).

- 신체 구성의 도움을 받아서 가상의 신체Imagnary Body로 독백을 해보자.

  −안정적인 신체 부위가 움직이는 부분들을 잘 지탱하게 하자. 그렇게 했을 때, 당신은 가상의 신체Imaginary Body 안에서 편안하고 자유롭게 움직일 수 있을 것이다.

안정성Stability과 이동성Mobility의 주제와 관련하여 더 이야기해 볼 질문들

1. 안정성/이동성Stability/Mobility이 배우의 신체를 어떻게 도와주는가?

2. 안정성/이동성Stability/Mobility이 관계성과 소통 방식에 어떻게 영향을 주는가?

3. 가상의 신체Imaginary Body를 창조하고 사용할 때, 신체 구성과 관련해서 안정성/이동성Stability/Mobility이 어떻게 도움을 주는가?

맺음말

이 장의 주된 의도는 라반의 주제들을 통해서 스타니슬라브스키, 체홉, 마이즈너의 연기 방법론들을 탐구하는 것이다. 어떤 주제를 탐험해도 좋다. 기능/표현Function/Expression 탐험, 내부/외부Inner/Outer 탐험도 좋고, 안정성/이동성Stability/Mobility 탐험이나, 노력/회복Exertion/Recuperation 주제를 적용해봐도 좋다. 주제의 변화는 배우의 심리-신체적인 관점을 변화시키고 새로운 발견으로 이끈다.

모든 주제 중에서 내부/외부Inner/Outer의 주제가 모든 탐험에 관계된다고 느꼈을지도 모르겠다. 개인적으로 나는 그렇다고 느낀다. 내부/외부Inner/Outer의 주제가 모든 주제들의 *"뿌리"*라고 믿는다. 내부에서 발생한 것이 외부로 표출된다는 사실은 모든 움직임에 대해서 성립한다. 따라서 이 장에서 소개된 모든 움직임 개념과 탐험들은 내부에서 무슨 일이 발생하면, 이어서 외부에서 벌어지고 있는 일에 변화를 주며, 이것이 다시금 내부에서 벌어지고 있는 일을 변화시킨다. 이것은 다른 주제들에도 해당하지만, 특히 내부/외부Inner/Outer 주제에서 두드러지는 순환적인 본성이다. 또한 이러한 순환적인 접근은 인물의 심리-신체적인 접근 방법의 핵심이다.

스타니슬라브스키, 체홉, 마이즈너 등 이 장에서 소개된 각각의 연기 방법론들은 심리와 신체, 내부와 외부를 연결한다. '내부' 대 '외부'의 연기 접근법을 어떻게 규정할 수 있을까? 대사는 몸 밖으로 나오는 것이니까 외부적인 것이라고 할 수 있을까, 아니면 이성을 사용한 내적인 과정이 필요하므로 내부적인 것이라고 해야 할까? 몸의 움직임은 표현적이고 외적으로 눈에 보이니까 외부적인 것이라고 할 수 있을까, 아니면 근육,

힘줄, 내장 등을 포함한 모든 내부 조직들의 움직임이 필요하므로 내적인 것이라고 할 수 있을까? 이 질문들에 대해서 어떤 대답을 갖고 있든지, 중요한 것은 이 두 가지가 서로 연결되어 있다는 것이다; 한 가지가 다른 하나 없이 존재할 수 없으며, 내부/외부Inner/Outer의 순환이 심리-신체적인 인물 창조에 연결되었을 때 믿을 수 있고, 진실되며, 실존적인 연기를 할 수 있게 된다!

스타니슬라브스키, 체홉, 마이즈너의 연기 방법론들에 라반의 주제들을 적용하는 것은 특별한 접근법이다. 몸Body, 에포트Effort, 모양Shape 등 다양한 라반 움직임 분석LMA의 개념을 추가했을 때 이 작업이 더 풍부하고 깊어질 것이다. 이제 라반 움직임 분석LMA에 대한 이해를 바탕으로, 또 다른 연기 방법론을 가져와서 이 장에서 사용된 라반 움직임 분석LMA의 개념(몸, 에포트, 모양)을 선택적으로 적용해보자.

결국, 배우의 심리-심체적인 연결은 라반 움직임 분석LMA의 주제들을 적용했을 때 수많은 방식으로 가능해진다. 당신이 연기를 할 때 꺼내 쓸 수 있는 도구함이 확장되었길 바란다. 앞으로 당신이 연기라는 예술이자 기술을 탐구하는 과정에서 이 새로운 도구가 도움이 되길 바란다.

감사의 말

『배우를 위한 라반 워크북』에 참여하게 되어 영광이다. 이 책에 참여해서 힘을 보탤 수 있게 해준 카탸 블룸Katya Bloom에게 특별한 감사를 전한다. 또한 내 글을 읽어준 리즈 시프먼Liz Shipman, 다운 아놀드Dawn Arnold, 매튜 윌슨Matthew Wilson에게 감사하고, 공동 저자인 바바라 아드리안Barbara

Adrian, 톰 캐시에로Tom Cascicaro, 클레어 포터Claire Porter에게도 감사를 전하고 싶다. 그들의 통찰력과 지혜가 특별한 도움이 되었다. 그들과 함께 작업할 수 있어서 영광이었다.

더 읽어볼 자료들

다음의 목록에는 참고문헌에서 발췌한 자료들과 추가 자료들이 포함되어 있다. 라반 움직임 분석LMA을 스타니슬라브스키, 체홉, 마이즈너에 적용시키는 탐험을 심화하는 데 도움이 될 수 있을 것이다.

- Bartenieff, Irmgard with D. Lewis (1980). *Body Movement: Coping with the Environment.* London: Routledge.
- Bradley, Karen K. (2009). *Rudolf Laban.* New York: Routledge.
- Cerullo, Jessica and Sloan (2009). *MICHA Workbook.* Hudson, NY: The Michael Chekhov Association Inc.
- Chekhov, Michael and D. H. Du Prey (1985). *Lessons for the Professional Actor.* New York: Performing Arts Journal Publications.
- Chekhov, Michael, M. Gordon, and M. Pwers (1991). *On the Technique of Acting.* New York: Harper Collins Publishers, Inc.
  윤광진 역(미카엘 체홉). 『미카엘 체홉의 테크닉 연기』. 서울: 예니, 2000.
- Chekhov, Michael and S. Callow (2002). *To the Actor, On the Technique of Acting.* New York and London: Routledge.
  김선, 문혜인 역(미하일 체홉). 『미하일 체홉의 배우에게』. 서울: 동인, 2015.
- Daventry French, Stephanie and P. Bennet (2016). *Experiencing Stanislavsky Today, Traning and Rehearsal for the Psychophysical Actor.* New York:

Routledge.

- Hackney, Peggy (2002). *Making Connections, Total Body Integration Through Bartenieff Fundamentals*. London: Routledge.
- Hagen, Uta (1973). *Respect for Acting*. New York: Macmillan. 김윤철 역(우타 하겐). 『산 연기』. 서울: HS MEDIA, 2010.
- Laban, Rudolf von and L. Ullmann (1975). *Mastery of Movement (rev 3rd ed)*. London: Dance Books.
- McCaw, Dick (2011). *The Laban Sourcebook*. New York: Routledge.
- Meisner, Sanford and D. Longwell (1987). *On Acting*. New York: Random House.
- O'Brien, Nick (2011). *Stanislavski in Practice, Exercises for Students*. New York: Routledge.
- Potter, Nicole (2002). *Movement for Actors*. New York: Allworth Press.
- Silverberg, Larry, H. Foote, and S. Stern (1994). *The Sanford Meisner Approach, An Actor's Workbook*. Lyme, NH: Smith & Kraus.
- Stanislavski, Constantin (1989). *The Actor Prepares*. London and New York: Routledge/Theatre Arts Books. 신겸수 역(콘스탄틴 스타니슬랍스키). 『배우 수업』. 서울: 예니, 2014.
- Stanislavski, Konstantin and J. Benedetti(trans.) (2008). *An Actor's Work, A Student's Diary*. London and New York: Routledge.

주석

1   이 장에 나오는 모든 마이즈너 훈련은 래리 실버버그Larry Silverberg, 호톤 푸트 Horton Foote, 스튜어트 스턴Stewart Stern 공저의 <The Sanford Meisner Approach>(1994)에서 가져와서 변용하고 수정했다.

2　정지된 모양Still Shape에는 오랫동안 벽Wall, 공Ball, 핀Pin, 나사Screw 네 가지가 포함되어 있었는데, 최근 몇 년 사이에 라반 움직임 분석LMA 커뮤니티에서 피라미드Pyramid를 추가해서 사용하기 시작했다.

Note

5

움직임과 대사가 있는 공연 창작하고 구성하기

GENERATING AND STRUCTURING A MOVEMENT AND TEXT PERFORMANCE

클레어 포터 Claire Porter

시작할 수 있는 방법은 끝도 없이 많다.
일단 시작하면, 끝까지 가게 될 것이나.
― 클레어 포터

이 장의 목표는 움직임 공연의 창작 과정을 경험하는 것이다. 먼저, 하나의 아이디어에 집중해보고, 라반 움직임 분석LMA을 사용해서 이 아이디어를 다루고 가지고 놀면서 움직임과 대사를 창작해볼 것이다. 그런 다음, 움직임과 대사를 다양한 방식으로 통합해보게 될 것이다. 끝으로, 그 과정에서 얻게 된 재료들을 당신의 형태로 구성해볼 것이나. ☺

들어가며

라반 움직임 분석LMA은 창작을 위한 다양한 도구를 제공한다. 라반 움직임 분석LMA은 수많은 움직임의 특성을 구별함으로써 창작자가 자신의 아이디어를 신체적으로 다양하게 표현할 수 있게 해준다.

이 장에서는 5개의 꼭짓점을 가진 **별 모양 모델**이 제시된다. 별 모양 모델은 움직임 창작을 도와주는 확실하고 실용적인 도구다. 이 모델은 기본적으로 1979년 영국 런던의 골드스미스에서 열린 라반 100주년 기념 컨퍼런스에서 보니 버드Bonnie Bird 교수와 함께 세미나를 했던 루돌프 라반의 제자들 마리온 노스Marion North와 프레스톤 던롭Preston-Dunlop이 전수해준 것이다.

여기에 제시된 별 모양 모델은—라반 움직임 분석LMA의 특성이 그렇듯이—내가 자유롭게 변형한 버전이다. 기본적으로 라반 움직임 분석LMA을 깊게 탐구하기 위해서 라반 이론의 용어들을 구체적이고 정확하게 이해하고, 개념의 특성들을 신체적으로 익혀 보길 권한다. 하지만 공연을 위해서 창작할 때는 이야기가 조금 달라진다. 이처럼 느슨한 형태의 별 모양 모델은 라반 움직임 분석LMA에 익숙하지 않은 사람들에게—라반 움직임 분석LMA을 익숙하게 사용하는 사람들에게도—자신의 아이디어를 보다 쉽게 발전시키고 움직임 재료를 얻을 수 있는 도구가 된다.

주의사항

- 이 장의 모든 훈련과 탐험은 기본적으로 진행자(강사)와 다수의 참가자가 있는 워크샵(수업)을 위해서 고안되었다. 혼자 작업하고 싶다면

알맞게 수정해서 사용하길 바란다.

- 이 장을 탐험할 때 중요한 것은 움직임이 무엇을 *의미하는지* 해석하는 것이 아니라, 주어진 자극에 대한 반응으로 계속해서 움직임이 발생하게 하는 것이다. 즉, 창작이 주가 될 것이다. 의미에 대한 해석은 전체 과정의 후반부에서 이뤄질 것이다.

- 이 장에서는 옳고 그름은 중요하지 않다. 그보다는 창작을 위해 라반 움직임 분석LMA을 사용해서 끊임없이 아이디어를 확장시키고, 자유롭게 재료를 가지고 놀면서 새로운 것을 발생시키는 것이 중요하다. 정답을 찾지 말고, 모르는 세계에 뛰어들어 보자. 창작에 정답은 없다!

- 당신의 작업 과정을 파트너 및 그룹과 공유하면 당신이 발견한 재료가 당신의 몸 안에 단단히 자리 잡게 될 것이다. 다른 사람들과 한 번 공유한 재료는 이름을 부여하거나 정의될 수 있는 '특별한 것'이 된다. 그렇기 때문에 작업물을 공유하고 이야기할 수 있는 기회를 자주 마련하려 했다.

- 자신만의 시간적인 호흡에 맞춰서 탐험을 진행해보자. 이 장은 대학 한 학기 과정, 아니면 1~2주 정도의 워크샵에서 사용될 수도 있고, 여러 차례 반복해서 사용될 수도 있다. 자신의 호흡에 맞게 탐험 과정을 조절해보자.

- 이 장은 자극들에 대한 당신만의 고유하고 개인적인 반응을 이끌어 내는 것에 집중하고 있다. 당신의 반응들을 구성해서 솔로 공연/연기/독백을 만들 수도 있고, 또는 수정을 거쳐서 그룹 형태의 작품이 될 수도 있다. 필요에 맞게 사용해보자.

마음껏 자유롭게 즐겨보자. ☺

주제Theme, 내용Content, 구조Structure

먼저 주제, 내용, 구조를 조합했을 때 무엇이 창조될 수 있는지 살펴보자.

주제Theme(아이디어, 소재, 재료)는 작품이 탐구하고자 하는 대상이며, 작품에 담길 수 있는 의미, 또는 숨겨진 의미이다.

내용Content(움직임, 대사, 음악, 무대)은 우리가 무언가를 관찰할 때 보고 듣게 되는 것을 묘사하는 말이다. 라반 움직임 분석LMA은 내용을 설명할 때 가장 잘 사용된다. 라반 움직임 분석LMA은 생산된 재료를 명확하고 이해하기 쉽게 만들어준다. 또한 이야기하기 쉽게 만들어주며, 주제를 보조하고, 구조를 드러낸다. 별 모양 모델은 라반 움직임 분석LMA으로 설명된다.

구조Structure(공연 작품의 구성)는 재료가 통합되는 방식이며, 재료가 시작부터 끝까지 어떻게 흘러가는지에 관한 것이다. 예를 들어, 단순하게 시작해서 더 복잡해질 수도 있고, 반대로 복잡하게 시작해서 단순하게 끝날 수도 있다. 아니면 다수의 정점과 클라이맥스들 사이에 아주 고요한 순간들이 포함될 수도 있다. 또는 이러한 것을 전부 합친 형태가 될 수도 있다.

주제, 내용, 구조가 연결되고 짜임새를 가질 때, 공연은 응집된 힘을 갖게 되고, 그 자체로 진실성을 얻게 된다.

별 모양 모델

각 카테고리 안에는 무엇이 있을까?

수많은 움직임 훈련 과정에서 교육되어 온 라반 움직임 분석LMA 모델은 베스BESS 모델이며, 이는 몸Body, 에포트Effort, 모양Shape, 공간Space을 함께 부르는 약식 명칭이다. 모양Shape은 별 모양 모델의 다섯 꼭짓점 모두를 통합해주며, 그것 자체로 탐구할 거리가 풍부하다. 또한 당신의 작업에 크게 영향을 줄 텐데, 특히 당신의 몸과 호흡이 공간에 어떻게 적응을 하고, 또 공간 속에서 선이나 덩어리의 형태로 어떻게 뻗어나갈지 알려줄 것이다. 한편, 이번 장은 창작과 구성에 관계되기 때문에, 모양Shape은 다섯 개의 꼭짓점 중에서 한 개 이상의 꼭짓점에 포함된다.

몸Body은 *누가/어떤 신체 부분이 무엇을 하는지*와 관계된다. 예시: 팔, 다리, 전신, 몸통, 팔꿈치, 몸의 오른쪽 절반, 몸의 왼쪽 절반, 상체, 하체. 또한 여기에는 시작점, 자세, 제스처, 신체 정렬, 그라운딩, 대칭(몸의 오른쪽 부분이 몸의 왼쪽 부분과 같음), 비대칭(몸의 오른쪽 부분이 몸의 왼쪽 부분과 다름), 신체 구성(머리끝부터 발끝까지, 오른발부터 몸통을 지나 왼손까지)을 포함할 수도 있다.

행동Action은 (보통 동사로 드러나며) *무엇이 발생하고 있는가*를 의미한다. 예시: 점프하다, 구르다, 말하다, 안정을 유지하다, 도착하다, 균형 잡다, 기다리다, 고려하다, 짖다, 넘어지다, 웃다, 눈을 깜빡이다, 달리다, 반복하다, 행진하다, 들어 올리다.

에포트Effort는 (보통 형용사, 부사나 비유적인 표현으로 사용되며) *무언가가 언제/어떻게 일어나는지*를 의미하고, 여기에는 성질, 느낌, 색깔이 포함된다. 예시: 더운, 폭풍우가 휘몰아치는, 솜털 같은, 괴물 같은, 강력하게, 새처럼, 빠르게, 느슨하게, 바람처럼, 성난 사자처럼, 빨간, 조심스럽게, 파란, 즉시, 넓게. 에포트는 또한 *리듬*—빠름과 느림의 패턴과, *프레이징Phrasing*—움직임, 말, 소리의 준비, 강조, 후속 동작까지 포함된다.

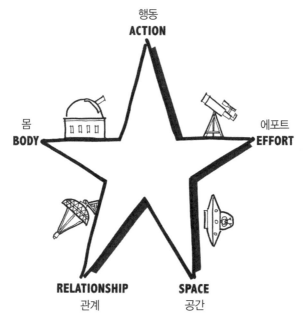

그림 5.1 별 모양 모델

공간Space은 무언가가 *어디에서* 일어나는지를 의미하며, 여기에는 지향성, 높낮이, 방향, 크기, 장소가 포함된다. 예시: 위, 아래, 큰, 작은, 8자 모양의, 앞을 바라보는, 벽을 바라보는, 대각선으로, 중심으로(신체의 중심을 이용하는 움직임), 주변으로(몸을 뻗어서 닿을 수 있는 공간의 가장자리를 이용하는 움직임), 축, 평면, 부피, 둥근, 납작한, 너비, 길이.

관계Relationship는 (종종 전치사로 드러나며) 무언가 또는 누군가와의 *관련성*을 의미한다. 예시: 그의 뒤에, 나를 통해서, 몸 주위로, 당신의 옆으로, 여기, 피아노 위에, 벽으로부터 멀리, 책을 보면서, 벽을 어루만지면서. 관계를 드러내는 일부 단어들은 다른 카테고리에도 포함시킬 수 있다. 예를 들어, '*초점*'*focus*이라는 단어는 두 눈(몸), 방향(공간)을 내포한다. '*어루만지다*'라는 단어에는 누군가 또는 무언가와의 관계가 드러나는데, 여기에는 무엇이 일어나는가(행동)와 어떻게 일어나는가가 포함될 수도 있고(에포트), 아마 부드럽게 행해질 것이다.

별 모양 모델을 이용해서 관찰 탐험하기

이어지는 그룹 탐험들로 별 모양 모델에 익숙해져 보자.

별 모양 탐험 1

참가자: 발표자(들), 기록자, 관찰자들
소품: 의자, 책

발표자들: (그들끼리 삼시 시간을 갖고서 주어진 지시사항을 어떻게 해석하고 연기할지 정해보자.) 먼저, 서로 가까이 의자에 앉아서 몸을 숙여 커다란 책 한 권을 같이 읽어보자. 그러다가 서서히 주위에 유령이 가득하다는 것을 눈치채기 시작한다. 책을 꼭 붙들고 아주 천천히 가까이로 모여보자. 조심스럽고 느리게, 일어서 보자. 방을 가로질러서 지그재그로 움

직이다가 또는 곧장 문밖으로 도망치자. 그런 다음 다시 책을 천천히 방 안으로 밀어 넣는다.

기록자: 커다란 칠판이나 종이에 별 모양의 각 요소에 해당한다고 생각되는 내용을 적어보자. 한 번에 한 요소씩 관찰자들이 본 것들을 기록해서 목록을 정리해보자. 어떤 단어들은 한 개 이상의 카테고리에 해당될 수도 있다.

관찰자들: 발표들이 어떤 상황을 지시받았는지 모르는 상태에서, 어떤 것들이 눈에 들어왔는가? 무엇이 중요하다고 느껴졌는가? 관찰자들이 말하는 단어는 이 장면을 발표자들이 어떻게 연기했는지에 따라 얼마든지 달라질 것이다. 절대로 똑같은 연기가 나올 수 없다. 다음은 관찰자 그룹이 *봤음직한* 내용들을 적어보았다.

몸Body: 세 배우들, 머리들, 눈들, 팔들.

행동Action: 구부정하게 서다, 읽다, 보다, 웅크리다, 모이다, 일어서다, 포옹하다, 달리다, 나가다, 미끄러지다.

공간Space: 아래로, 위로, 주위로, 바깥으로, 직선으로, 지그재그로.

에포트Effort: 느리게, 단호하게, 빠르게, 비열하게, 겁에 질려서, 몰래.

관계Relationship: 가까이 뭉쳐서, 책 쪽으로, 의자에서, 방을 가로질러서, 문 밖으로.

심화하기

- 인물들 안에서 어떤 일이 진행되고 있었을지, 왜 그런 결론을 냈는지 이야기해보자.

- **구조**Struction/**구성**Organization에 대해서 말해보자. 이 장면은 어떻게 구성되었는가? 처음에는 궁금증을 자극했다가 끝에 가서 긴장감이 해소되었는가? 놀람으로 시작해서 계속 놀람이 이어졌나? 이야기 구조를 발견할 수 있었나? 그렇다면, 그게 무엇이었는가? 또 그렇다면, 그 이야기 구조가 어떻게 드러나고 해결되었는가?

- 발표자들을 바꿔가면서 이 탐험을 반복해보고, 할 때마다 관찰되는 것들을 기록해보자. 발표되는 장면들의 차이점에 주목해보자.

별 모양 탐험 2

참가자: 발표자(들), 기록자, 관찰자들
소품: 벤치

발표자들: (그룹끼리 잠시 시간을 갖고서 주어진 지시사항을 어떻게 해석하고 연기할지 정해보자.) 먼저, 각자 벤치에 흩어져서 나무늘보처럼 축 늘어진 상태로 시작해보자. 몇 차례 위치를 바꿔가며 편안한 자세를 취해보자. 서서히 아주, 아주, 아주 편안해지고자 하는 마음을 점점 더 키워보자. 그런 다음, 벤치 아래에서 무언가가 내는 소리를 '들어보자.' 마치 뱀처럼, 먼저 머리를 움직이고 이어서 몸을 머리가 이끄는 대로 움직여서, 몸 전체가 벤치 밑으로 내려가게 해보자. 잠시 멈춰보자. 이제 거기서 잠

시 편안함을 느껴보자. 잠깐 멈춰보자. 그런 다음 벤치 위에서 무언가가 내는 소리를 '들어보자.' 벤치 위로 머리만 내밀어보자. 아주 천천히 고개를 돌려서 한 사람을 쳐다보고, 무언가를 요구해보자: "저기요?"

기록자: 관찰자들이 본 것을 모아보자. 커다란 칠판이나 종이에 별 모양의 각 요소들에 대해서 어떤 단어들이 나오는지 한 번에 한 요소씩 적어보자. 어떤 단어들은 한 개 이상의 카테고리에 해당될 수도 있다.

관찰자들: 카테고리별로 어떤 것을 관찰했는가? 장면이 어떻게 발표되었는지에 맞게, 그에 적합한 언어를 사용하여 다음과 같이 분석해볼 수 있을 것이다.

몸Body: 세 사람, 머리들, 척추 관절을 차례로 움직이기.
행동Action: 잠자다, 축 늘어지다, 위치를 옮기다, 모양을 만들다, 코를 골다, 가리키다.
공간Space: 주위로, 납작하게, 가로로.
에포트Effort: 쌀자루처럼, 엉성하게, 미끄러지듯이 움직이는, 느린, 뱀 같은.
관계Relationship: 벤치 위로, 벤치 아래로, 벤치 주위로, 한 사람을 향해서.

심화하기

- 인물들 사이에서 무슨 일이 일어나고 있었는지, 왜 그런 결론에 이르렀는지 토론해보자.
- **구조**Structure에 대해서 말해보자. 이 사건이 어떻게 구성되어 있는가?

모든 참가자들이 동시에 움직였는가? 아니면 한 번에 한 명씩 움직였나? 무엇이 그들을 움직이게 했는가?

- 발표자들을 바꿔가면서 이 탐험을 반복해보고, 매번 할 때마다 무엇이 관찰되었는지 기록해보자. 차이점에 주목해보자.

별 모양 탐험 3

참가자: 발표자들, 기록자, 관찰자들

발표자들: (다음 내용을 어떻게 시연할지 그룹끼리 상의해보자. 세 개의 관점이 필요하다. 목소리는 최대한 낮춰서 관찰자들이 움직임에 집중할 수 있게 하자.) 친구들 몇 명이서 저녁을 어디서 먹을지 의논하고 있다. 한 명은 시간을 아끼기 위해 가장 가까운 곳(여기)을 선호하고, 다른 한 명은 멀리 있는 근사한 프랑스식 레스토랑에 가서 최고급 요리, 최고급 와인, 최고의 서비스를 즐기고 싶다. 그런데 점점 이 논쟁이 심해져서 싸움이 된다. 끝에 가서는 격하게 흥분해서 서로 얼굴을 맞대고, 몸짓이 격해지고 언성을 높여가며, 서로를 방 멀리로 밀쳐낸다. 세 번째 참가자가 끼어들어서 어떻게든 이 다툼을 해결한다.

기록자: 관찰자들이 본 것을 취합해보자. 커다란 칠판이나 종이에 별 모양의 각 요소들과 관련해서, 한 번에 한 요소씩 어떤 단어들이 나왔는지 적어보자. 어떤 말들은 한 개 이상의 카테고리에 적용될 수 있다는 사실을 기억하자.

관찰자들: 카테고리마다, 무엇을 (듣지 않고) 보았는가? 시연된 방식에 따라서, 그에 적합한 말을 사용해서 다음과 같이 분석해볼 수 있을 것이다:

몸Body: 다섯 사람, 두 팔, 얼굴.

행동Action: 말하다, 가리키다, 삿대질하다, 소리 지르다, 밀다.

공간Space: 저쪽으로, 바로 여기, 멀리, 뒤로, 앞으로.

에포트Effort: 친근하게, 광분해서, 맹렬히, 화를 내며.

관계Relationship: 옆에, 얼굴을 맞대고, 방 멀리로.

심화하기

- 인물들 안에서 어떤 일이 진행되고 있었을지, 왜 그런 결론을 냈는지 이야기해보자. 어떤 움직임 인물이 원하는 것을 드러냈는가?

- **구조**Structure에 대해서 말해보자. 발표자들이 이 사건을 어떻게 구성했는가? 이야기가 있었는가? 과정이 어떻게 진행되었나? 하나의 사건이 또다른 사건을 발생시켰는가?

- 발표자들을 바꿔가면서 이 탐험을 반복해보고, 할 때마다 관찰한 것을 기록해보자. 차이점에 주목해보자.

별 모양 탐험 4

참가자: 발표자들, 기록자, 관찰자들

소품: 의자들, 스툴들 또는 벤치

발표자들: (다음을 어떻게 연기할지 그룹끼리 상의해보자.) 관객에게 등을 보인 상태로, 이동 중인 지하철/버스/자동차에 앉아 있는 상황에서 시작해보자. 지하철/버스/자동차가 동시에 몇 번 멈췄다가 출발한다(모두가 함께 멈췄다가 다시 움직여보자). 잠시 후에 멀리서 음악 소리가 들려오다가, 그 음악이 점점 커진다고 상상해보자. 음악의 박자에 맞춰 움직여보자. 이제 같이 춤추기 시작해보자. 일어서서 미친 듯이 춤춰보자. 당신이 '듣고' 있던 소리가 점점 작아지다가 멈추면 당신도 속도를 늦추고 앉은 상태로 돌아오자. 혼자 있는 것처럼, 차의 흔들림에만 반응해보자.

기록자: 관찰자들이 본 것을 모아보자. 커다란 칠판이나 종이에 별 모양의 각 요소들과 관련해서, 어떤 단어들이 나왔는지 한 번에 한 요소씩 적어보자. 어떤 단어늘은 한 개 이상의 카테고리에 적용될 수 있다.

관찰자들: 카테고리마다, 무엇이 관찰되었나? 발표된 장면에 맞게 적절한 단어를 기록해보면 같이 분석할 수 있을 것이다.

몸Body: 다섯 사람, 키가 큰 사람, 등과 척추.
행동Action: 앉아 있는, 이동하는, 차례로 움직이는, 피식 웃는, 몸짓하는, 격렬하게 춤추는.
공간Space: 비좁은, 좌우로, 일어나 돌아다니는.
에포트Effort: 조심스럽게, 리듬감 있게, 자유롭게, 넓게.
관계Relationship: 나란히, 서로 가까이, 한데 얽혀서, 따로따로.

심화하기

- 인물들 안에서 어떤 일이 진행되고 있었을지, 왜 그런 결론을 냈는지 이야기해보자.
- **구조**Structure에 대해서 말해보자. 이 사건이 어떻게 구성되었는가? 이야기가 있는가? 패턴이 있었는가? 과정이 어떻게 진행되었는가?
- 발표자들을 바꿔가면서 이 탐험을 반복해보고, 할 때마다 관찰한 것을 기록해보자. 차이점에 주목해보자.

별 모양 탐험 5

각자 하나의 움직임 시퀀스를 만들어 보자.

- 작은 그룹을 만들어보자. 각자 자신만의 시퀀스를 만들어보자(대사가 있어도, 없어도 좋다).
- 관찰자들 앞에서 발표해보자.
- 관찰자들: 이전의 탐험에서 했던 것처럼, 관찰한 것을 분석해보자.
- 인물들 안에서 어떤 일이 일어났는지, 어떤 움직임을 보고 그런 결론을 내렸는지, 어떻게 구성되어 있는지 토론해보자.

파트 1: 시작하는 방법

주제를 찾고,
주제에 관한 움직임을 만들어보자.

그림 5.2 주제에 포커스 맞추기

공연을 창작할 때, 시작할 수 있는 방법은 끝도 없이 많다. 어디서부터 어떻게 시작할지에 대해서 정해진 규칙은 없다. (제인, 주어진 시간이 너무 짧다면, **탐험 3**부터 시작해도 된다.) 일단 시작해보자.

탐험 1: 최초의 아이디어 찾기

스스로에게 질문해보자. 당신이 탐구하고/조사하고 싶은 것이 무엇인가?

그것은 반드시 당신에게 충분히 흥미롭고, 탐구할 시간을 들일 만한 가치가 있어야 한다. 예를 들어, 연극의 특정한 인물일 수도 있다. 또는 '열고 닫기'와 같이 아주 단순한 움직임 단위일 수도 있다. 날씨나 문법, 주식 시장이 될 수도 있고, 또는 윤리, 가십, 역사적 인물, 시조, 신문 기사, 그리스 비극, 이야기, 시, 음식의 종류도 좋다. 비, 바다, 쓰레기가 될 수도 있다. 아니면 친구 관계에서 발생한 개인적인 갈등이나 정치, 평등권이 될 수도 있다. 어떤 주제도 가능하다! 당신에게 흥미로운 하나의 주제를 골라보자. 제안: 만약에 당신이 평화, 사랑, 희망, 영혼, 천사와 같은 추상적인 주제를 고르고 싶다면, 그 안에서도 실생활과 연결될 수 있는 구체적인 예시를 찾아보자. 예를 들어서, 당신이 *희망*을 골랐다면 문밖에 있는 누군가가 문을 두드리고 들어올 것이라고 희망하면서 문가에 서서 소리를 들으며 기다리는 상황이 될 수 있다. 당신이 고른 주제가 *평화*라면, 구체적인 예로 한 가족이 명절에 먹을 음식을 정하면서 언쟁을 하다가 합의점에 이르는 상황일 수도 있다.

탐험 2: 이름 정하기

당신이 고른 **아이디어**에 집중해서 자료를 조사해보자. 주제에 대한 당신의 생각을 다듬어보고, 기록해보자. 주제와 관련된 사진, 소품, 옷 등을 모아보자. 기록을 위한 노트를 만들어보자. 이와 관련된 물건들, 사진과 소품을 담을 **아이디어 상자**를 준비하자. 머릿속에서 아이디어를 자유롭게 펼쳐보자. 당신이 고른 주제의 사전적인 정의가 무엇인가? 같은 의미를 가진 다른 단어들이 있는가? 주제에 대해 당신이 들은 이야기들을 떠올려보자. 다른 사람과 토론을 해보자. 주제를 가지고 사람들을 인터뷰해 보자. 백과사전, 위키피디아, 책의 인용문, 지도를 찾아보자. 동일한 주제를 다루는 시를 찾아보자. 같은 주제의 음악을 들어보자. 예를 들어서, 당신의 주제가 *심해*라면, 당신은 해조류, 조개껍데기, 불가사리를 수집할 수 있다. 이 물건들이 무엇을 불러일으키는지 지켜보자. 전부 기록해보자. 그리고 마지막으로, 이 주제, 이 아이디어에 이름을 붙여보자. 가령, 이름은 다음과 같을 수 있다. *홍채, 교차로, 배달음식, 밤새 뒤척이기, 나일강, 거울, 뼈대, 쓰나미, 댐, 귀리, 가족과 캠핑하기, 애플파이 만들기, 나이아가라 폭포에서 뛰어내리기, 폭염, 문으로 들어갔다가 창문으로 탈출하기.*

이것을 당신의 **최초의 아이디어**라고 부르자.

탐험 3: 엽서

- 다양한 종류의 엽서들을 준비해보자. 또는 당신의 아이디어 상자를 사용해도 좋다.

- 최초의 아이디어를 정했으면, 그 아이디어를 연상시키는 엽서나 아이디어 상자 속 물건을 골라보자. 작성 중인 대본이 있다면, 대본과 관련된 엽서를 골라보자. 아직 출발점이 되는 아이디어가 없다면, 좋아하는 엽서를 골라보자.

- 엽서의 이미지에 대해 자유롭게 기록해보자. 충분히 시간을 갖고 종이를 채워 넣자. 일단 써 보자. 자기검열을 하지 말자. 다음은 당신이 던져볼 수 있는 몇 가지 질문들이다.

  - 당신이 만약에 엽서 속에 들어간다면, 어디에 있고 싶은가? 무엇을 하고 있을까? 무엇을 원하고 있을까?

  - 엽서에 담겨있는 에포트Effort, 색깔, 성질, 느낌, 이미지, 기억, 감정, 역동성은 무엇인가?

- 엽서에 담긴 행동Action은 무엇인가?
- 만약에 그 이미지에 몸Body 요소가 있다면, 그것을 어떻게 묘사할수 있을까?
- 사물들, 사람들, 색깔들 사이에서 어떤 관계Relationship를 발견할 수있는가?
- 이미지가 역사적인 사건 또는 환경과 맺고 있는 관계Relationship를발견할 수 있는가?
- 공간Space, 모양, 선, 바닥의 패턴, 방향, 높낮이를 묘사할 수 있는가?
- 당신의 모든 생각/글에 제목을 붙여보자. 이것이, **첫 번째 글**이 된다.

탐험 4: 행동에 기반한 움직임

- **행동 찾기**

  - 당신이 쓴 글을 읽어보고, 적혀있는 모든 행동에 동그라미 쳐보자. 행동을 드러내는 동사나 단어를 찾아보자. 행동인지 아닌지 확실하지 않을 때는 주저하지 말고 행동으로 간주하자. 그런 다음, 그중에서 가장 좋아하는 세 개의 행동을 골라보자. 그 행동들을 당신의 글 밑에 적어보자. 이를테면, 좋아하는 행동으로 '돕는다', '지지받는', '건조기에 돌려라'를 골라볼 수 있을 것이다.

  - 세 가지 행동Action 중에서, 가장 좋아하는 행동Action을 하나만 골라보자. 가령, '돕는다'를 고를 수 있다.

- 움직이기

  - 일어서서 마지막에 고른 행동Action을 몸으로 해보자. 몇 번 더 해보자. 거기에 익숙해져 보자. 예를 들어서, 다른 사람이 앉는 것을 '돕는다', 가상의 새가 날아가게 '돕는다', 누군가 입으로 단어를 말하게 '돕는다', 다리 꼬는 것을 '돕는다', 또는 자기 자신이나 다른 사람이 바닥에 눕는 것을 '돕는다.' '돕는다'의 신체적인 표현은 무엇인가?

  - 가장 좋아하는 표현을 기억해두자. 그것들이 **행동**Action이 된다.

- **몸의 다양한 부분들을 사용해서 행동**Action**하기**

  - 몸의 다양한 부분들을 사용해서 행동을 탐구해보자. 돕는 행동을 두 손과 팔을 이용하는 대신에, 예를 들어 다리를 사용해서 '도와'보자. 계속해서 다른 신체 부위들을 사용해서 '돕기'를 해보자. 골반, 가슴, 얼굴, 견갑골, 척추, 몸 전체 등. 누군가가 앉는 것을 이마로 '도와'줄 수도 있고, 양 팔꿈치가 서로 닿게 양 무릎이 '도울' 수도 있으며, 파트너가 방을 가로질러 움직이는 것을 등으로 '도울' 수도 있고, 가상의 새가 날아가는 것을 코로 '도와'줄 수 있고, 파트너가 자신의 몸을 지탱할 때 발로 '도와'줄 수도 있을 것이다. '돕는다'라는 행동의 의미를 몸의 모든 부위를 사용해서 발견/발명해보아라.

  - 이 탐험을 하면서 가장 마음에 들었던 행동을 골라보고, 하나로 연결해서 구성해보자. 구성한 것을 탐험하고 기억하자. 이것이 행동 프레이즈Action Phrase가 된다.

- **보여주고 이야기 나누기**

  −파트너에게 당신의 행동 프레이즈Action Phrase를 보여주자.

  −같이 이야기해보자. 당신이 본 것 중에서 무엇이 가장 인상적이었나? 그것이 표현된 방식에 관심을 가져보자. 좋아함/싫어함, 좋음/나쁨, 옳음/그름을 말하는 대신에, 호기심을 갖고 보게 된 것과 느낀 것을 설명해보자.

  −당신이 가진 엽서들을 공유해보자. 움직임이 엽서와, 즉 최초의 아이디어와 어떻게 연관되는지 인식해보자.

탐험 5: 공간에 기반한 움직임

- **엽서를 선과 모양의 요소로 해석해서 보이는 것을 그려보기**

  −엽서에 보이는 선들을 그려보자. 실제 선과 선으로 암시된 부분들을 찾아보자.

  −당신이 본 모양들과 형태들을 그려보자.

- **몸의 다양한 부분을 사용해서 공간에서 움직이기**

  −양손으로 자신을 둘러싼 공간에 위의 탐험에서 찾은 선들을 그려보자.

  −몸 전체를 사용해서 선과 모양들을 그려보자.

  −머리, 다리, 팔, 골반 등 신체의 다양한 부위를 사용해서 선과 모양들을 만들어보자.

  −이 탐험에서 좋았던 부분을 골라보고, 당신이 고른 것을 구성해보고 기억해보자. 이것이 당신의 **공간 프레이즈**Space Phrase다.

- **파트너에게 공간 프레이즈 보여주기**

  −당신의 엽서들을 공유해보자.

  −공간이 어떻게 하나의 매체(인쇄된 엽서)에서 다른 매체(움직임)로 전환되었는지 같이 이야기해보자.

탐험 6: 에포트에 기반한 움직임

- **움직여보자.**

  −엽서에 담겨있는 **에포트**Effort, 성질들, 색깔들, 느낌들을 움직임으로 재창조해보자. 예를 들어서, 엽서 안에는 뜨거움, 힘이 넘침, 야생적임, 고요함, 유쾌함, 안개 낌, 어둑함이 표현되어 있을 수 있다. 또는 슬픔, 화, 역겨움, 두려움이 담겨있을 수도 있다. 엽서에서 드러나는 느낌들을 당신의 몸으로 어떻게 표현해 볼 수 있을까?

  −당신이 만들어낸 몇 가지 움직임들을 모아서 함께 엮어보고, 똑같이 반복할 수 있을 때까지 탐험해보자. 이 재료는 당신의 **에포트 프레이즈**Effort Phrase다.

- **당신의 에포트 프레이즈**Effort Phrase**를 파트너에게 보여주자.**

  −당신의 엽서들을 공유하자.

  −이미지의 성질들이 어떻게 하나의 매체(엽서)에서 다른 매체(움직임)로 전환되었는지 같이 이야기해보자.

탐험 7: 당신이 가진 재료들을 구성해보자.

- 선택하기

  -앞의 탐험을 하면서 얻은 재료들 중에서 일부 또는 전부를 선택해 보자. 정리해보면 다음과 같다:

  -행동들Actions

  -행동 프레이즈Action Phrase

  -공간 프레이즈Space Phrase

  -에포트 프레이즈Effort Phrase

- 구성해보기

  -당신이 가진 재료를 원하는 방식으로 **구성해보자.** 전체 재료를 단순하게 순서대로 연결해 볼 수도 있을 것이다. 또는 당신이 좋아하는 부분들만 골라서 구성해볼 수도 있다.

  -**에포트**Effort**에 집중해보자:** 에너지/흥분의 정도가 가장 고조된 부분이 어디이고, 어디에서 내려가기 시작하는지, 어디에서 평이해지고, 어디에서 고요해지는 살펴보자.

  -**에포트 프레이즈**Effort Phrase**에 집중해보자:** 움직임에 맞춰 소리를 내면서, 리듬이 발생하는 것을 인지해보자. 이 리듬들을 인식해보고 과장해서 드러내보자. 충동과 세기, 고요함을 강조해보자.

- 탐험하고, 보여주고, 상의하기

  -당신이 선택해서 구성한 것을 탐험해보자. 이것을 **시범 런**Trial Run 이라고 부르자.

  -**시범 런**Trial Run을 파트너에게 보여주자.

─같이 이야기해보자.

보는 사람들: 어떤 요소가 창작자에게 중요하게 보였는가? 가장 중요하다고 느껴진 순간들은 어디였나? 무엇이 눈길을 끌었나? 어떻게 구성되었는가? 발전된 모습을 보고 싶은 부분이 있었나?

공연자에게: 노트를 꺼내서 보는 사람들이 시범 런Trial Run을 어떻게 받아들였는지 적어보자. 당신의 선택들을 방어하지 말고, 사람들에게 얻은 반응들을 수집하는 것에 더 집중해보자.

탐험 8: 되돌아보기

움직임으로 몇 가지 아이디어를 탐구해본 다음, 사람들에게서 받은 피드백을 바탕으로 당신이 발견한 것, 발견하지 못한 것, 깨달은 것, 만들어낸 것과 최초의 아이디어에 대해서 되돌아보고 적어보자. 이러한 발견들이 주제를 더 깊어지게 해주었나? 다음과 같은 질문을 해볼 수도 있을 것이다: 지금까지 발견한 것은 무엇인가? 주제가 바뀌었는가? 그렇다면 어떻게 바뀌었는가? 더 알고 싶은 것은 무엇인가? 이것이 어디를 향해 가고 있는가?

탐험 9: 쉬어가기

쉬어가면서, 다른 사람들과 각자의 프로젝트에 대해 같이 이야기해보고, 그들이 만든 것을 관찰해보자. 당신이 본 것에 대해 코멘트 해보자. 아이디어를 나눠보자.

파트 2: 움직임에서 대본으로

그림 5.3 글쓰기

탐험 10: 제목의 형태로 피드백하기

- 파트너의 시범 런Trial Run을 관찰해보자.

- 당신이 본 것에 대한 반응으로 제목을 붙여보자. 바로 그 *제목*에 당신이 본 내용이 담기게 해보자. 제목은 아주 평범할 수도 있고, 시적일 수도 있으며, 글자 수도 자유롭게 정해도 된다. 뭐든지 좋다.

- 당신의 파트너가 당신이 지어준 제목을 적게 하자.

- 역할을 바꿔서, 파트너에게 제목을 받아보자.
- 다른 파트너와 이 과정을 반복해보자. (이제 당신은 제목을 두 개 갖게 되었다.)
- 세 번째 파트너와 한 번 더 반복해보자. (당신은 제목을 세 개 갖게 되었다.)

탐험 11: 제약을 두고 작업하기

당신이 모은 제목들은 말하자면 당신이 창작하고 시연한 것에 대한 피드백이라고 볼 수 있다.

다음 탐험은 제약이 있는 상태로 진행되며, 이것이 대본 작업의 시작이다. 제약(이 탐험에서는 주어진 제목만 단어로 사용할 수 있다는 것이다)이 놀라운 자유를 경험하게 해줄 것이다.

- 당신이 가진 세 개의 제목에 포함된 단어만 사용해서, 열 개의 새로운 제목을 만들어보자. 단어는 얼마든지 반복해서 사용해도 좋다. 동사를 명사로 바꿔도 되고, 형용사를 부사로 바꿔도 된다. 복수 표현을 단수 표현으로 바꿔도 좋다. 이런 방식으로 새로운 제목 목록을 얻게 되는 것을 **제목 놀이**Title Play라고 부를 것이다. 예를 들어서, 당신이 '강 너머에', '깊고 어두운', '파란 달'이라는 제목들을 갖고 있을 때, 새로운 제목들은 '깊은 곳 너머에', '어두운 달 너머에', '강과 파란 달', '어둠 너머 어둠', '파랑', '어둡게 깊고도 깊어지는 파랑'이 될 수 있다.
- 새로 지은 제목들을 그룹 앞에서 소리 내서 읽어보자. 경우에 따라

이 목록 자체가 대본의 일부가 될 수도 있다. 그렇지 않을 수도 있다. 때로는 이 목록이 시적으로 느껴질 수도 있고, 그렇지 않을 수도 있다.

- 제약을 두었을 때, 어떻게 가능성이 열리는지 살펴보자.

- 새로 발견한 것은 무엇인가? 제목 놀이Title Play로 얻게 된 목록이 (탐험 1의) 최초의 아이디어를 드러내는가? 정말로 그렇다면, 어떻게 드러내는가?

- 파트너와 함께 또는 그룹으로, 제약을 두었을 때 얻게 되는 것에 대해 같이 이야기해보자.

탐험 12: 되돌아보기

- 글을 더해보자. 최초의 아이디어에 대한 반응으로 당신이 만들어낸 움직임이 무엇을 표현하는가? 제목 놀이Title Play의 목록은 무엇을 표현하는가? 새로 발견한 것이 있나? 지금까지의 탐험에서 무엇을 얻게 되었는가? 인물이 떠오르는가? 상황이 떠오르나?

탐험 13: 단어 선택하기

- 엽서에 대한 묘사, 당신이 받은 제목들, (탐험 11에서 만들어진) 제목 놀이Title Play, 탐험 12에서 추가된 내용 등 지금까지 당신이 쓴 글들을 전부 다시 보자.

- 당신에게 흥미로운 단어들과 구절들을 표시해보자.

- 표시한 단어들과 구절들을 말이 되게 임의로 엮어보자. 정해진 방법

은 없다! 개인적으로 좋아하는 방식은 선택들을 다른 종이에 쭉 써 보는 것이다. 이것을 **가장 좋아하는 것들**Favorites이라고 하자.

- 더하고 싶은 것이 있는가? 빠진 것은 없나? 이것을 당신의 글에 추가해보자.

- 빼고 싶은 것이 있는가? 불필요한 것이 있나? 이런 것들은 **휴지통** 목록을 만들어서 빼두었다가, 나중을 위해 저장해두자. 아이디어를 얻기 위해 언제든지 **휴지통** 목록으로 돌아올 수 있다.

- 동사의 시제를 연구해보자. 과거 시제를 쓰고 있나?(그가 갔다.) 현재 시제인가?(그가 간다.) 현재 진행형인가?(그가 가고 있다.) 미래 시제인가?(그가 갈 것이다.) 과거 완료 시제인가?(그가 이미 떠나버렸다.) 미래 완료 시제인가?(그는 가버리고 없을 것이다.) 더 많은 시제를 찾아서 동사의 시제 목록을 조사해보자.

- 문장의 형식을 연구해보자. 평서문 형식인가?(그가 간다.) 가정문 형식인가?(그가 가버리면 어쩌지?) 의문문 형식인가?(그가 가고 있나?) 명령문 형식인가?(가! 가버려!)

- 동사의 시제나 형태를 바꿨을 때, 당신의 글이 주는 인상에 어떤 영향을 주는지 인식해보자. 당신이 좋았던 글을 골라보자.

- 파트너에게 당신이 가장 좋아하는 것들Favorites을 읽어주자. 무엇이 인상적이었나? 무엇이 표현되었는가? 주제가 드러나는가? 같이 이야기해보자. 파트너의 가장 좋아하는 것들Favorites에 대해서 들어보자. 같이 이야기해보자.

탐험 14: 정리해보기

지금까지 한 것들을 노트에 적어보고, 복습해보자.
지금까지 얻은 재료들은 다음과 같다.

움직임:

행동들

행동 프레이즈

공간 프레이즈

에포트 프레이즈

시범 런

텍스트:

최초의 아이디어

글쓰기

제목 놀이

가장 좋아하는 것들

파트 3. 구조 만들기: 내적 구조에 대한 작업

탐험 15: 구조 만들기 탐험

- **구조 만들기 탐험 1 (5개의 사물로 작업)**

  모든 참가자들이 각자 방 안에 있는 5개의 사물들을 골라서, 5개의 사물들로 이루어진 조각상을 하나씩 만들어보자. 조각상이 전부 완성되면 방을 돌아다니면서 모든 조각상들을 관찰해보자. 각 조각상이 어떻게 구성되어 있는지 이야기해보자. 예를 들어서, 한 물건은 기울어져 있고, 커다란 물건이 맨 밑에 있고, 작은 물건들이 위에 있을 수 있다(에포트, 관계 중심으로 구조화됨). 어떤 조각상은 빨간 색깔로만 이루어져 있거나, 나란히 술지어 있거나(에포트, 공간, 관계 중심으로 구조화됨), 또는 물건들이 전체적으로 원을 이루고 있을 수 있다(공간, 관계 중심으로 구조화됨). 서랍장에서 삐죽 튀어나온 양말처럼 구성되어 있다고 관찰할 수도 있다(행동, 관계 중심으로 구조화됨).

- **구조 만들기 탐험 2 (한 사람 추가)**

  두 개의 그룹이 구조 만들기 탐험 1을 반복하는데 이번에는 하나의 사물을 대신해서 한 사람을 들어가게 하자. 실제 사람이 들어갔을 때, 구조에 어떤 영향을 주는가? 조각상이 어떻게 구성되는가?

- **구조 만들기 탐험 3 (움직임 추가)**

  구조 만들기 탐험 2를 반복하는데 이번에는 조각상에 포함된 사람이 단순한 방식으로 천천히 움직여보자(일어서거나 내려가는 움직임도 좋다). 움직임이 어떤 영향을 주는가? 조각상이 어떻게 구성되는가?

- **구조 만들기 탐험 4 (더 많은 신체와 하나의 사물)**

  세 사람과 한 개의 사물로 구조 만들기 탐험 2를 반복해보자. 물건이 단순하고 느리게 움직이게 해보자(에포트). 그랬을 때 어떤 영향이 발생하는가? 조각이 어떻게 구성되는가?

- **구조 만들기 탐험 5 (다섯 사람)**

  다섯 사람으로 탐험 2를 반복해보자. 시작과 끝은 정적인 움직임으로 하고(행동), 하나의 단순한 움직임을 아주 아주 느리게 해보자(에포트). 모두 같은 움직임을 할 수도 있고, 각자 다른 움직임을 해도 좋다. 관찰한 것을 이야기해보자. 이것이 어떻게 구성되었는가?

탐험 16: 반복의 구조와 움직임 모티프 소개

반복Repetition은 무언가를 똑같은 방식으로 여러 번 되풀이하는 것이다.

- 행동 프레이즈Action Phrase에서 당신이 핵심적이라고 생각하는 *하나의 움직임*을 골라보자. 이것을 모티프Motif라고 하며, 주요한 아이디어를 뜻한다. 예를 들면, 가슴을 웅크리면서 몸을 돌리는 것이 될 수 있다. 또는 몸 전체를 바닥에 늘어뜨리는 것일 수도 있다. 급작스럽게 땅 위로 점프하는 것일 수도 있고, 사랑하는 사람에게 손을 흔들어 작별 인사를 하는 것일 수도 있다.

- 이 모티프Motif를 파트너에게 열 번 반복해보자.

- 반복의 구조로 인해서 무엇이 발생하는지 인식해보고 같이 이야기해보자. 당신이 갖고 있는 여러 가지 재료들을 살펴보자. 또 무엇이 있나? 그것이 당신에게 흥미로운가? 그 이유는?

탐험 17: 움직임의 발전과 구조 만들기

발전Development은 무언가를 반복하면서 어떤 방식으로든 성장시키는 것이다.

- **공간**: 모티프를 10번 반복해보자. 처음에는 아주 작은 크기로 시작했다가 반복할 때마다 점점 커지게 해서, 도달할 수 있는 최대한의 크기가 되게 해보자. 거대하게 움직여보자. 이것을 **모티프의 크기 발전**이라고 한다.

- **에포트**: 이 모티프를 10번 반복해보자. 처음에는 아주 느린 속도로 하다가, 반복할 때마다 점점 더 빠르게 해보자. 이것을 **모티프의 속도 발전**이라고 한다.

- **에포트**: 이 모티프를 10번 반복해보자. 처음에는 중립적으로 시작했다가, 반복할 때마다 보다 강하고 힘차게 해보자. 이것을 **모티프의 강함 발전**이라고 한다.

- **에포트**: 이 모티프를 10번 반복해보자. 처음에는 중립적으로 시작해서 반복할 때마다 점점 더 가볍고 부드럽게 해보자. 이것을 **모티프의 가벼움 발전**이라고 한다.

- **몸**: 이 모티프를 10번 반복해보자. 처음에는 몸의 한 부분만 사용하고, 반복할 때마다 더 많은 신체 부위를 참여시켜서, 점점 더 몸 전체가 움직이게 해보자. 이것을 **모티프의 몸 발전**이라고 한다.

- **행동**: 이 모티프를 10번 반복해보자. 처음에는 중립적으로 시작해서, 반복할 때마다 행동을 하나씩 추가해보자. 예를 들어서, 당신의 모티프가 점프하기라고 했을 때, 점프를 하고, 그런 다음 점프를 하고 나

서 몸을 쫙 펼치고, 그런 다음 점프를 하고 몸을 쫙 펼친 후 노래를 하고, 그다음에 점프를 하고 몸을 쫙 펼치고 노래를 한 후 몸을 흔든다. 이것을 **모티프의 행동 발전**이라고 한다.

- 위의 발전 방식들을 돌아보고 당신이 가장 좋았던 것들을 골라보자. 이것을 **움직임 발전**이라고 부른다. 소규모 그룹으로 돌아가면서 이를 시연해보자. 흥미로웠던 부분들을 공유해보자.

탐험 18: 반복의 구조와 대사 모티프 소개

앞서 탐험 16에서 움직임 재료를 확장시키기 위해 반복을 사용했던 것처럼, **반복**을 사용해서 대사를 확장시켜보자.

- 당신의 첫 번째 글First Writing에서, 당신이 가장 좋아하는 두세 단어 정도의 짧은 문장을 골라보자. 이것을 당신의 **대사 모티프**라고 한다.
- 스스로 반복할 이유를 만들어서, 파트너에게 대사 모티프를 10번 반복해서 말해보자. 대사를 반복하기 위한 이유를 예로 들어보면, 당신이 무언가를 기억해내기 위해서일 수 있고, 또는 상대가 당신이 한 말을 충분히 알아들었다고 확신이 들지 않았을 수도 있다.

탐험 19: 대사의 발전과 구조 만들기

앞서 탐험 17에서 움직임 재료를 확장시키기 위해 움직임 발전시키기를 사용했던 것처럼, 대사를 확장시키기 위해서 대사의 **발전**Development을 사용해보자. 같거나 다른 짧은 문장들을 자유롭게 선택해보자. 다음과 같이

해보자:

- **에포트**: 대사 모티프를 10번 말해보자. 소리가 점점 더 커지고, 강해지고, 더 확신에 차서, 상대방을 설득하는 것처럼 말해보자.

- **에포트**: 대사 모티프를 10번 말해보자. 소리가 점점 더 빨라지고, 거칠어져서, 폭풍을 만들고 있는 것처럼 해보자.

- **에포트**: 대사 모티프를 10번 말해보자. 소리가 점점 더 느려지고, 조용해져서, 아기를 잠재우려고 다독이는 것처럼 해보자.

- **공간**: 대사 모티프를 10번 말해보자. 소리가 공간을 점점 더 많이 차지하게 해서, 상대방을 점차 공간 너머로 밀어내는 것처럼 해보자.

- **공간**: 대사 모티프를 10번 반복해서, 소리가 공간을 점점 덜 차지하게 해서, 마치 상대방이 점차 가까이 다가와서 당신 바로 앞에 있는 것처럼 해보자.

- 대사 발전의 과정을 돌아보고, 당신이 가장 좋아했던 것을 골라보자. 이것을 **대사 발전**이라고 한다. 소규모 그룹으로 돌아가면서 이를 시연해보자. 인상적인 부분들을 같이 이야기해보자.

탐험 20: 움직임 주제와 변주로 구조 만들기

주제Theme와 **변주**Variation 역시 재료의 구조적인 확장을 도와주는 도구인데, 이는 발전Development과 달리 *주제Theme*라는 보다 긴 시퀀스에 변주를 줌으로써 재료를 확장시킨다. 여기에는 끝없는 가능성이 존재한다. 다음과 같이 해보자.

첫 번째 움직임에서 짧은 움직임 구간을 골라보자(5-8개 정도의 움직임). 이것을 **프레이즈 1**이라고 하자.

- **공간의 변주**를 만들기 위해서 프레이즈 1을 다음과 같이 발표해보자:
  움직임의 방향을 몇 차례 바꿔보자. 모든 움직임을 이동하면서 해보
  자. 전체 움직임을 뒤를 보고 해보자. 높낮이에 변화를 줘보자. 위아
  래를 뒤집어서 움직여보자(이것이 개인적으로 항상 가장 좋아하는
  움직임이 된다). '안팎을 뒤집어서' 움직여보자(이것 역시 아주 좋아
  하는데, 아무도 '안팎을 뒤집는다'는 의미를 모르기 때문에, 얼마든
  지 자유롭게 해볼 수 있다!). 엄청나게 작아지거나 엄청나게 거대하
  게 움직여보자. 당신이 가장 좋아하는 방식을 골라보자. 이것을 **공간
  의 변주**라고 한다.

  ―파트너에게 보여주자. 공간이 당신의 움직임과 경험에 어떻게 영향
  을 주는지 인식해보고, 같이 이야기해보자.

- 공간의 변주들 중 하나를 골라서 에포트를 바꿔봄으로써, **에포트의
  변주**를 만들어보자. 다음과 같이 해보자: 엽서의 성질에 맞춰서 공간
  의 변주를 발표해보자. 엽서의 리듬에 맞춰서 해보자(탐험 3). 속도
  를 과장해서 해보자(엄청나게 빠르거나 엄청나게 느린 속도만 선택
  할 수 있다). 한 가지 에포트 성질을 정해서 움직여보고, 반대되는
  성질로 끝내보자(무소와 같은 강함으로 시작해서 깃털과 같은 가벼
  움으로 끝나거나, 고양이처럼 직접적인 방향으로 시작해서 나방처럼
  간접적인 방향으로 끝날 수도 있다. 다람쥐처럼 갑작스럽게 시작해서
  녹아내리는 얼음 조각처럼 느리게 끝날 수도 있고, 놀이터에서 노는
  아이처럼 자유롭게 시작해서 좁은 자루에 갇힌 것처럼 통제되어서
  끝날 수도 있다). 당신이 좋다고 느낀 움직임을 저장해두자. 이것을

에포트의 변주라고 한다.

　－파트너에게 보여주자. 에포트가 당신의 움직임과 경험에 어떻게 영향을 주는지 인식해보고, 이야기 나눠보자.

- 당신의 신체 부위 중에서 특별히 강조되는 부분들에 변화를 줌으로써 **신체 부위의 변주**를 만들어보자. 에포트의 변주나 공간의 변주 중에서 하나를 골라서 시작해보자. 다음에 제시하는 내용 중에서 한 가지, 또는 전부를 시도해보자. 당신이 발로 하던 움직임을 머리로 해보자. 머리로 하던 움직임을 골반으로 해보자. 두 다리로 하던 움직임을 양팔로 해보자. 양팔이 하던 움직임을 두 다리가 하게 해보자. 전체 변주의 과정을 양손으로 해보고, 그런 다음 얼굴, 그다음은 가슴으로 해보자. 당신이 좋아했던 것을 기억해서 저장해보자. 이것을 **신체 부위의 변주**라고 한다.

　－이것을 파트너에게 보여주자. 강조되는 신체 부위의 변화가 당신의 움직임과 경험에 어떻게 영향을 주는지 인식해보고, 같이 이야기해보자.

- **행동**을 추가함으로써 **행동의 변주**를 만들어보자. 지금까지의 변주들 중에서 행동 하나를 골라보자. 다음과 같이 해보자. 선택한 행동을 점프하거나 달리면서, 또는 넘어지면서 해보자. 당신의 행동들(탐험 4) 주에서, 아니면 옆서에 제시된 행동 하기를 추기케니 밀표메고지. 좋았던 것을 저장해보자. 이것을 **행동의 변주**라고 한다.

　－파트너에게 보여주자. 행동을 추가하는 것이 당신의 움직임과 경험에 어떻게 영향을 주는지 인식해보고, 같이 이야기해보자.

- 사물과의 관계성에 변화를 줌으로써 **관계의 변주**를 만들어보자. 당신

이 가장 좋아하는 변주를 하나 골라보자. 다음과 같이 해보자: 의자에 연결된 상태로 움직여보자. 의자 위 또는 아래에, 의자를 통과하면서 움직여보자. 책이나 물병, 안경, 또는 다른 사물들을 가지고 움직여보자. 좋아하는 것을 저장해보자. 이것을 **관계의 변주** 1이라고 하자.

   —파트너에게 보여주자. 대상과의 관계성을 추가하는 것이 당신의 움직임과 경험에 어떻게 영향을 주는지 인식해보고, 같이 이야기해보자.

- 파트너와의 관계성을 추가함으로써 또 다른 **관계의 변주**를 만들어보자. 둘 다 각자 자신의 변주를 선택해보자. 다음과 같이 시도해보자: 이 변주들을 서로 빙글빙글 돌면서 해보자. 서로 등을 맞대고 해보자. 서로에게 계속해서 연결된 상태로 해보고, 서로의 위로, 아래로, 통과하면서 뒤엉켜보자. 당신이 좋아한 것을 저장해보자. 이것을 **관계의 변주** 2라고 한다.

   —소규모 그룹에게 보여주자. 다른 사람과의 **관계**를 추가하는 것이 당신의 움직임과 경험에 어떻게 영향을 주는지 인식해보고, 같이 이야기해보자.

탐험 21: 주제와 변주로 대사의 구조 만들기

탐험 20에서 움직임 재료를 확장하기 위해 주제와 변주를 사용했던 것처럼, 이와 비슷하게 **주제와 변주**를 가지고 대사를 확장해보자. 당신이 가진 대사에서 5-8개 정도의 단어로 이루어진 짧은 구간을 골라보자. 이것을 **대사 프레이즈**라고 한다.

- **공간**: 공간에 대한 주의집중을 바꿔 봄으로써 **대사의 공간 변주**를 만들어 보자. 다음과 같이 해보자. 당신의 목소리를 다양한 공간으로 보내보자. 가까운 데로도 보내보고, 멀리로도 보내보자. 목소리의 볼륨을 바꿔보자. 자그마한 소리를 내보자. 그런 다음 엄청나게 큰 소리를 내보자. 자신의 내부를 향해 말해보고, 외부로 다른 사람들을 향해 말해보자. 대사가 마치 8자를 그리면서 움직이는 것처럼 대사를 말해보자. 당신이 좋아했던 것을 저장해보자. 이것을 **대사의 공간 변주**라고 한다.

  −파트너에게 보여주자. 공간이 대사와 당신의 경험에 어떻게 영향을 주는지 인식해보고, 같이 이야기해보자.

- **에포트**: 대사가 전달되는 성질을 바꿔봄으로써 **대사의 에포트 변주**를 만들어 보자. 다음과 같이 해보자. 엽서의 성질에 따라 대사를 해보자(탐험 3). 엽서의 리듬대로 대사를 말해보자. 속도를 과장해서, 예를 들어 아주 빠르게 말하거나, 아주 느리게 말해보자. 대사를 하나의 에포트 성질로 시작했다가, 반대되는 성질로 끝내보자. 속삭였다가, 웅얼거렸다가, 비아냥거렸다가, 웃으면서 말해보자. 매끄럽게, 버벅거리면서, 단조롭게 전달해보자. 뱀처럼, 꾀꼬리처럼, 독수리처럼 전달해보자. 당신이 좋아했던 것을 저장해보자. 이것을 **대사의 에포트 변주**라고 부른다.

  −파트너에게 보여주자. 에포트가 대사와 당신의 경험에 어떻게 영향을 주는지 인식해보고, 같이 이야기해보자.

- **몸**: 몸에서 소리가 발생하는 부분을 강조해서 **대사의 신체 부위 변주**를 만들어보자. 다음과 같이 시도해보자. 혀의 움직임을 강조해서 대사를 전달해보자. 그다음 두 입, 호흡, 아랫입술, 입의 뒷공간을 강조

해보자. 골반, 척추, 정수리, 가슴으로 말해보자. 당신이 좋아했던 것을 저장하자. 이것을 **대사의 신체 부위 변주**라고 한다.

－파트너에게 보여주자. 몸이 대사와 당신의 경험에 어떻게 영향을 주는지 인식해보고, 같이 이야기해보자.

- **행동**: 대사를 전달하는 방식에 행동을 더함으로써 **대사의 행동 변주**를 만들어보자. 다음과 같이 해보자. 목소리가 점프하게 해보자. 목소리가 미끄러지듯 나아가게 해보자. 목소리가 당신의 온몸 위로 떨어지고, 계단을 따라 내려가게 해보자. 대사를 던지고, 잡고, 불고, 씹어보자. 대사가 당신의 입을 떠나서 어떻게 움직여 가는지 지켜보자. 목소리가 당신의 행동 중 하나에 영향을 받거나(탐험 4), 엽서가 제시하는 행동에 영향을 받게 해보자. 당신이 좋아한 것을 저장해보자. 이것을 **대사의 행동 변주**라고 한다.

  －파트너에게 보여주자. 행동이 대사와 당신의 경험에 어떻게 영향을 주는지 인식해보고, 같이 이야기해보자.

- **관계**: 사물과의 관계성을 더해서 **대사의 관계 변주 1**을 만들어보자. 다음과 같이 해보자. 의자에 대고 말해보자. 의자 위, 의자 아래에 대고 말해보자. 벽, 의자, 전화, 돌, 분필 조각에 말을 걸면서 대사해보자. 고급스러운 음식의 향을 음미하면서, 또는 칼의 길이나 (자신이나 다른 사람의) 다리 길이를 감각하면서 말해보자. 사물을 고정된 상태로 두거나, 사물을 움직이면서 당신도 움직여보자. 당신이 좋아했던 것을 기억하자. 이것을 **대사의 관계 변주 1**이라고 한다.

  －파트너에게 보여주자. 무언가와의 관계가 대사와 당신의 경험에 어떻게 영향을 주는지 인식해보고, 같이 이야기해보자.

- **관계**: 파트너와의 관계성을 더해서 **대사의 관계 변주 2**를 만들어보자. 다음과 같이 해보자: 순서를 정해서 각자의 대사를 서로에게, 마주 보고, 서로의 주위로, 뒤에서, 지나서, 이래로, 위로 밀해보자. 각자의 대사를 동시에 말하면서 대사가 맞물리게 해보자. 좋았던 부분을 기억해보자. 이것을 **대사의 관계 변주** 2라고 한다.

  ―소규모 그룹에게 보여주자. 파트너와 관계하면서 원래는 아무 관련 없던 대사가 서로 어떻게 영향을 주는지 인식해보고, 같이 이야기 해보자. 관계성이 생겼는가? 만약 그렇다면 어떻게 연결되었는가?

탐험 22: 정리해보기

노트를 꺼내서 지금까지 했던 것을 돌이켜보자. 이것은 당신의 작품을 건축하기 위한 벽돌이 된다. 이 목록을 열린 상태로 두고, 점차 발전시켜 가는 과정에서 생겨나는 새로운 발견과 재료를 추가해보자.

지금까지 한 것:

움직임:

행동 프레이즈

공간 프레이즈

에포트 프레이즈

시범 런

움직임 모티프

움직임 모티프 발전

(크기, 속도, 강함, 가벼움, 몸 발전)

주제와 변주

(공간, 에포트, 행동, 몸, 사물과의 관계, 다른 사람과의 관계)

대사:

최초의 아이디어

글쓰기

제목 놀이

가장 좋아하는 것들

대사 모티프

대사 모티프 발전

(에포트, 관계, 공간 발전)

주제와 변주

(공간, 에포트, 행동, 몸, 사물과의 관계, 다른 사람과의 관계)

파트 4: 생각하면서 놀아보기

생각하기

조금 더 생각해보기

다시 조금 더 생각해보기

그림 5.4 확장하기

탐험 23: 생각하기

당신은 지금까지 움직임과 대사를 만들었고, 재료를 가지고 놀았고, 이를 발표해보았다. 그렇다면 이제 무엇을 하면 좋을까? 충분히 시간을 갖고, 글을 쓰고, 생각하면서 당신의 반응들이 깊어지게 해보자. 새로 떠오르는 것이 있는가? 무엇이 당신에게 흥미로웠나? 당신의 주제를 계속해서 정의하고 묘사해보자. 주제에 관해 자료를 조사하고 연구하는 데 시간을 들여보자. 주제에 관한 다큐멘터리를 보자. 관련된 책도 읽어보자. 관련된 시를 읽어보자. 관련된 사람들의 인터뷰를 해보자. 주제를 이해해보고, 애정을 가져보자. 아이디어를 종이나 문서 파일에 적어보자. 어쩌면 당신은 최초의 아이디어를 다듬어서, 정말로 집중해야 할 지점으로 좁혀 들어가게 될지도 모른다. 혹은 작업 중인 키워드들을 탐구해보자. 키워드들은 각각 무엇을 의미하는가? 유의어가 무엇이고, 반대어가 무엇인가? 각각의 키워드들을 유의어 사전에서 찾아보고, 두꺼운 어원학 사전도 찾아보자.

탐험 24: 보편성에서 구체성으로

보편적인 것을 구체적인 것으로 만들 때 어떤 일이 발생하는가?

- 자신의 글들을 살펴보자. 그 안에서 보편적인 단어를 하나 골라보고 이것을 구체적으로 만들어보자. 이러한 과정이 당신을 어디로 데려가는지 지켜보자. 다음에 제시한 예시를 통해서 보편적인 것이 점점 구체화되는 과정을 이해해보자.
- **사랑**(보편적인 단어). 더 구체적인 말: 어루만지다. 이상화하다. 포옹하다. 알로하. 큐피드. 불타는. 인기 있는. 키스. 아모레. 프렌치 키스

아이가 길을 건너게 도와주기. 친구에게 샌드위치 주기. 할머니가 본인의 삼촌에 대해서 하는 이야기 들어주기.

- **성치**(보편적인 단어). 더 구체적인 말: 투표. 투표권. 선거함. 직권 남용. 우두머리. 의회. 학생회. 왕당 정치. 진보당. 노동당. 국가. 싸움.

- **관계**(보편적인 단어). 더 구체적인 말: 친척. 이모. 불륜. 대칭. 피. 조직. 금요일에 만난 친구들. 우월의식. 포커 게임. 논쟁.

- 당신의 글쓰기를 살펴보고, 짧은 문단 하나를 골라보자. 보편적인 표현들을 전부 더 구체적인 언어로 바꿔보자. 둘 다 파트너에게 읽어주자. 그 효과를 인식해보자. 무엇이 당신에게 흥미로웠는지 기억해보자. 이것이 당신을 어디로 데려가는지 지켜보자.

파트 5: 전부 합치기

움직임과 대사를 통합하는 데 정답은 없다.
일단 뛰어들어서, 마음껏 실험하고, 놀아보자.

그림 5.5 구성하기

탐험 25: 움직임과 대사 합치기

움직임과 대사를 합칠 때, 기본적으로 네 가지 선택을 할 수 있다. 움직임 없이 말할 수 있다. 움직이면서 말하지 않을 수 있다. 정지된 상태로 움직임도 말도 하지 않을 수 있다. 동시에 말하고 움직일 수 있다.

말하기와 움직임을 동시에 할 때, 다음과 같은 가능성들을 시도해보자:

- 대사의 일부분과 움직임의 일부를 **선택해서** 같이 해보자.
- 대사와 움직임이 **맞물리게 해보자**: 대사를 먼저 말하고 움직임을 더 해보고, 말하기를 멈추고, 계속해서 움직여보자.
- 대사와 움직임이 **반대로 맞물리게 해보자**. 움직임을 먼저 시작하고, 그런 다음 말하기를 하고, 움직임을 멈추고, 계속해서 말해보자.
- 대사를 **강조하고** 움직임을 최소화해보자. 움직임은 배경에 깔리는 것처럼 아주 작게 만들어보고, 대사를 확대해보자.
- 이와 **반대로 강조해보자**. 대사의 일부분을 부드럽게 말하거나 없애보고, 움직임을 확대해보자.
- 당신을 흥미롭게 하는 방식을 **탐험해보고** 이것을 그룹에게 보여주자. 관찰자로서 흥미와 호기심을 자극하는 것에 반응해보자. 왜 그것이 당신의 호기심을 자극하고 인상적이었는지 말해보자.

탐험 26: 움직임을 구조화하기

갖고 놀기 좋은 7개의 구조들이 있다. 다음을 시도해보고, 당신이 가진 움직임 재료들에 이 구조들을 적용해보자. 당신이 좋아하는 것을 기억해보자.

- **ABA** 구조는 같은 재료로 시작하고 끝나며, 중간에 다른 무언가가 들어간다. 예를 들면, *점프하기, 내려가기, 점프하기*의 움직임 시퀀스가 있다. 일상생활에서의 예를 찾아보면, *휴대폰 확인하기, 컴퓨터 하기, 휴대폰 확인하기*가 있을 수 있다. ABA 구조를 당신의 대사 일부에 적용해보자. 움직임에도 적용해보자.

- **원형** 구조는 하나의 모티프가 규칙적으로 나타나는 일련의 움직임이다. 달리기라는 모티프를 예로 들어보자. *달리기, 내려가기, 달리기, 위로 점프하기, 달리기, 나선형으로 움직이기, 달리기.* 일상생활에서의 예를 들면, *휴대폰 확인하기, 컴퓨터 하기, 휴대폰 확인하기, 노래 듣기, 휴대폰 확인하기, 조깅하기, 휴대폰 확인하기*가 될 수 있다. 원형 구조를 당신의 대사 일부에 적용해보자. 움직임 일부에도 원형 구조를 적용해보자.

- **축적하기**는 매번 똑같은 시작점으로 돌아오되, 새로운 움직임을 한 개씩 계속해서 쌓아가는 것이다. 그 예로 다음을 시도해보자. 그런 다음 당신의 대사와 움직임으로 새로 만들어보자.

  −점프하기

  −점프하기, 내려가기

  −점프하기, 내려가기, 달리기

  −점프하기, 내려가기, 달리기, 마구 흔들기

  −점프하기, 내려가기, 달리기, 마구 흔들기, 멈추기

- **제거하기**는 축적하기의 반대다. 마지막 움직임을 하나씩 빼면서 다음을 시도해보자.

  −점프하기, 내려가기, 달리기, 마구 흔들기, 멈추기

  −점프하기, 내려가기, 달리기, 마구 흔들기

  −점프하기, 내려가기, 달리기

  −점프하기, 내려가기

  −점프하기

- 또는 **제거하기**를 첫 번째 움직임을 빼는 방식으로 해볼 수도 있다.

  −점프하기, 내려가기, 달리기, 마구 흔들기, 멈추기

  −내려가기, 달리기, 마구 흔들기, 멈추기

  −달리기, 마구 흔들기, 멈추기

  −마구 흔들기, 멈추기

  −멈추기

- 이제, 당신의 대사와 움직임을 사용해서 제거하기 구조를 만들어보자.

- **우연** 구조는 우연에 기대서 구성해 보는 것이다. 우연은 주사위 던지기나, 움직임을 적은 쪽지를 모자에 넣고 뽑기를 해서 순서를 정할 수도 있고, 또는 마구잡이식으로 정할 수도 있다. 우연 구조를 적용할 수 있는 시도를 해보고, 이를 당신의 대사와 움직임에 적용해보자.

탐험 27: 대사의 구조 만들기

처음, 중간, 끝이 있는 **내러티브 구조**에, 앞서 설명한 **움직임 구조**를 실험해봄으로써 새로운 것을 창조해볼 수 있다. 다음의 움직임 구조들을 대사에 적용해보자.

- **ABA** 구조: 대사 시퀀스의 예시는 다음과 같을 수 있다.

  ―나는 일하러 가야 한다.

  ―어쩌면 밥을 먹을 수도 있다.

  ―나는 일하러 가야 한다.

- **원형** 구조: 대사 시퀀스의 예시는 다음과 같을 수 있다.

  ―해야 한다.

  ―하지 않을 것이다.

  ―해야 한다.

  ―절대로 안 할 것이다.

  ―해야 한다.

  ―생각도 하지 말자.

  ―해야 한다.

- **축적**은 새로운 단어 하나를 추가한 다음 다시 시작으로 돌아간다. 대사 시퀀스의 예시는 다음과 같을 수 있다.

  ―절대로

  ―절대로 안 돼.

　　　　－절대로 안 돼, 일요일에는!

　　　　－절대로 안 돼, 일요일이나 월요일에는!

　　　　－절대로 안 돼, 일요일이나 월요일이나 화요일에는!

●　**제거**는 한 단어로 줄이는 것이다.

　　　　－절대로 안 돼, 일요일이나 월요일이나 화요일에는!

　　　　－절대로 안 돼, 일요일이나 월요일에는!

　　　　－절대로 안 돼, 일요일에는!

　　　　－절대로 안 돼.

　　　　－절대로

●　이제 당신의 대사를 가지고 하나 혹은 더 많은 구조를 시도해보자. 당신이 좋아했던 것을 기억하자.

탐험 28: 주제의 구조와 대사의 구조 만들기

당신의 주제가 하나의 구조를 제시하는가? 만약에 당신이 *게임*이라는 주제를 가지고 작업하고 있다면, 테니스 게임에서처럼 말을 앞뒤로 맞받아치는 방식의 구조를 고려해볼 수도 있을 것이다. *깊은 바다로 내려가기*를 주제로 작업하고 있다면, 물의 무게가 증가하는 구조를 고려해볼 수 있을 것이다. 당신이 *이야기*라는 주제로 작업하고 있다면 발단, 전개, 위기, 절정, 결말의 서사 구조를 고려해볼 수 있다. 당신의 주제에 내재된 구조를 조사해보고, 당신이 그러한 구조를 대사에 적용할 때 어떤 일이 발생하는지 지켜보자.

탐험 29: 대사의 구조 만들기의 예시

조지가 나한테 추잡한 도둑질 계획에 어떻게 끼어들 수 있는지 가르쳐줬다. 우리는 웃어 재꼈다. 라는 문장을 사용해보자.

ABA 구조: 조지가 나한테 가르쳐줬다. 추잡한 도둑질 계획에 어떻게 끼어들 수 있는지. 우리는 웃어 재꼈다. 조지가 나한테 가르쳐줬다.

임의로 뒤섞기: 우리는 웃었다. 우리는 그런 것들을 좋아했다. 그런 도둑질, 그런 계획, 그런 추잡한 뒷방, 뒷담화, 뒷통수 치기...

반복(비슷한 의미): 우리는 거짓말을 했고, 조작했고, 왜곡했고, 지어냈고, 가장했고, 위조했고, 꾸며냈고, 날조했다... 아주 많은... 뭐랄까... 사실들을.

보편성에서 구체성으로: 조지는 나에게 거래를 비밀로 하라고 알려줬다. 심지어 샐리의 이메일로 50만 달러를 빼냈다. 얼마나 웃었는지. 배가 아플 지경이었다! 그게 지속되는 동안에는... 그리고 우리는 물론 거짓말을 했다. 항상. 모두가 그랬다. 인터뷰에서, 리포터들에게, 심지어 조지의 아내에게도, 그러니까, 모두에게. 그러다 걸렸다, 하지만...

반복, 축적, ABA 구조: 웃고, 웃고, 웃고, 좀 더 웃었다. 사실 장난이었다. 하지만 해냈다. 좋았다. 우리가 붙잡히기 전까지는! 그리고 우린 울었다. 울었다! 그리고 울었다. 흐느꼈다. 엉엉 울었다. 눈물이

우리의 볼을 타고 흘렀지만... 하지만 웃었다!

당신의 대사를 가지고 이 구조들 중 몇 가지를 사용해서 작업해보자. 가장 좋아하는 것들을 기억하자.

탐험 30: 대사와 움직임을 하나로 통합해서 구성하기

이제 전체를 통합해보자. 정답이 없다는 사실을 잊지 말자. 당신이 대사를 만들었고, 움직임을 만들었다. 아이디어를 좁혀 들어가 보았고, 구성하기를 탐험했다. 다시 탐험 25로 돌아가서 대사와 움직임을 통합하는 방법에 대한 힌트를 얻어보자. 이제 하나로 합쳐보고 발표해보자. 가지고 놀아보자. 좀 더 놀아보자.

탐험 31: 엄청나게 많은 질문들과 더 많은 질문들

잠시 쉬어 갈 타이밍에, 다음의 질문들 중 몇 가지를 가지고 놀면서 탐구해보자.

- 당신의 아이디어와 주제에 관한 질문
  - 어떻게 더 깊이 투답할 수 있은까?
  - 무엇이 빠져있나?
  - 무엇이 떠오르는가? 숨겨진 의미, 즉 서브텍스트가 있는가?
  - 필요 없는 것은 무엇인가? 이걸 빼면 어떻게 되는가?
  - 아이디어가 하나의 아이디어에서 다른 아이디어로 어떻게 전개되

는가? 그 과정을 종이 위에 도식화해서 그려볼 수 있는가?

−당신이 삭제한 재료들 중에서, 지금의 방향성에 도움이 되는 게 있을까?

−당신의 작품은 관객에서 생각할 거리를 던져주는가, 아니면 발견의 즐거움을 주는가?

- **몸과 행동에 대한 질문**

  −작품이 진행되는 동안 당신의 자세가 어떻게 변화하는가?

  −상체가 하체에 비해서 더 강조되는가?

  −당신의 척추에 아이디어가 반영되고 있나? 수축하고, 확장하고, 비틀리거나 비틀리지 않는가?

  −두 다리가 계속 같은 상태를 유지하는가? 대칭적인 자세를 유지하고, 안정성을 보여주는가? 두 다리를 비대칭으로 움직여서 운동성을 드러낼 수 있는가? 두 팔은 어떤가? 대칭적인가? 비대칭적인가?

  −머리가 척추와 일직선상에 있는가? 고개를 돌릴 수 있는가?

- **공간에 대한 질문**

  −당신이 발표할 때 사용하는 공간을 종이 위에 대략적으로 그려보자. 공간을 전체적으로 사용하고 있는가? 무대 앞쪽만 사용하고 있는가? 당신의 위 공간은 어떤가? 천장에 매달리거나, 책상이나 의자 위에 올라갈 수 있는가? 퇴장하고 등장하는가, 한 공간에 머물고 있는가?

  −방향을 살펴보자. 무대 앞쪽만 바라보고 있는가? 방향을 바꿔볼 수 있는가? 사선 방향을 바라볼 수 있는가? 무대 뒤쪽을 향할 수 있

는가? 바닥에 누워서 위를 향할 수 있는가?

－몸 주위의 공간인 키네스피어를 어떻게 사용하고 있는가? 상체 앞
쪽의 가까운 공간만 사용하고 있는가? 당신 뒤쪽 공간은 어떤가?
아래 공간은? 오른쪽으로 움직이나? 왼쪽으로? 공간을 빙 둘러서
움직이는가? 먼 거리까지 움직이는가? 공간의 크기를 다양하게 사
용하는가?

－몸을 숙여서 대사를 말할 수 있는가? 관객을 등지고 대사를 전달
할 수 있는가?

● **에포트에 관한 질문**

－특별히 인상적인 부분들은 무엇인가?

－전반적인 리듬은 어떠한가? 내적인 리듬은 어떠한가?

－당신의 아이디어가 대조적인 반대 아이디어를 가져왔을 때 더 잘
드러낼 수 있을까? 예를 들어서, 힘을 탐구한다고 했을 때, 순간적
으로 가벼운 새와 같은 움직임이 들어간다면 힘이 더 선명하게 드
러날 수 있을까?

－말하기의 리듬이 움직임의 리듬과 항상 일정하게 가는가? 어떤 때
는 리듬이 어긋날 때 더 흥미로운 순간이 발생하기도 한다. 때로는
움직임과 대사가 정확히 함께 갈 필요도 있다. 당신의 리듬들은 항
상 일정한가 아니면 다양한가?

－클라이맥스가 있다면 어디인가? 평범하게 흘러가는 부분은 어디인
가?

－대사의 전달 방식을 다양하게 할 수 있는가? 어떤 때는 소리가 컸
다가, 부드러웠다가, 속삭이거나 웅얼거릴 수 있는가?

—대사와 움직임의 프레이즈들을 다양하게 구성할 수 있는가? 예를 들어, 대사의 한 프레이즈 안에서의 강조점이 에포트의 크기가 상대적으로 더 큰 곳에서 드러날 수 있다(이 에포트는 마치 권투선수처럼 강할 수도 있고, 아니면 반대로 아기 고양이처럼 아주 부드러울 수도 있다. 아니면 이 에포트가 벌처럼 아주 **빠를** 수도 있고, 반대로 해가 지는 속도처럼 아주 느릴 수도 있다). 이와 같이 다양한 종류의 에포트 강조법들을 시도해보자.

—**강조하는 프레이징**. 강조점이 끝부분에 온다.

　　너, 지금 **못 가!**

—**충동적인 프레이징**. 강조점이 시작 부분에 온다.

　　너, **지금** *못 가!*

—**중간 프레이징**. 강조점이 중간에 온다.

　　너, **지금** *못 가!*

—**일정한 프레이징**. 강조점이 균등하다. 모든 단어에 강조점이 올 수도 있다.

　　너 지금 못 가! 또는 **너! 지금! 못 가!**

—**시작/끝 프레이징**. 강조점이 시작 부분과 끝부분에 온다.

　　너, *지금* **못 가!**

- **대사에 대한 질문**

　당신의 문장들은: 평서문인가? 질문이 포함되어 있는가(의문문)? '만약'이 들어가는가(가정문)? 요구하는가(명령문)?

　—**예시 1:** *이 문장은 짧다.* (평서문)

　　　　　이 문장은 짧은가? (의문문)

문장이 짧은 것이 바람직한 선택일까? (의문문)

짧은 문장이었다면 좋았을 텐데. (가정문)

이 문장을 길게 늘려봐! (명령문)

─**예시 2:** *너를 사랑해.* (평서문)

너를 사랑하는 걸까? (의문문)

너를 사랑했다면 어땠을까? (가정문)

너를 사랑했다면 귀여운 연애를 했을지도 몰라. (가정문)

사랑하라면 하라고! (명령문)

─**예시 3:** *정치는 엉망진창이다.* (평서문)

정치가 엉망진창인가? (의문문)

정치가 엉망진창이었다면 어땠을까? (가정문)

내가 정치인이었다면, 정치가 나를 망쳤을까? (가정문, 의문문)

엉망진창인 상태를 바로잡아! (명령문)

- **대사에 대한 더 많은 질문들**

말을 듣는 것과 읽는 것 사이에는 아주 큰 차이가 존재한다. 우리는 지금 관객에게 공연을 하기 위한 대사를 쓰고 있다. 이 사실을 염두에 두고, 몇 가지 질문을 더 해보자:

─당신의 대사와 움직임에서 중요한 부분들이 어디인지 인식해보기. 대사가 움직임보다 더 중요한가? 움직임을 더 강화하거나 줄일 필요가 있을까? 아니면 움직임을 키우고, 대사의 중요성을 줄여야 할까? 탐험을 하고 자신의 선택을 실행해보면서, 대사와 움직임 사이에서 균형을 찾을 수 있는 대답들을 갖게 될 것이다.

─특정한 단어와 움직임을 반복하면 어떨까?

—어떤 구간이 전체적으로 반복될 수 있는가?

—대사에서 "그", "그런", "어떤"과 같은 단어들을 제거할 수 있는가? 그랬을 때 어떻게 되는가?

—어떤 아이디어들에서 시간을 갖고 충분히 머물러야 하고, 어디에서 속도를 늦춰야 하는가?

- **음악을 포함시킬 것인가에 관한 질문**

  —당신의 작업을 생각해보았을 때, 음악이나 소리를 입혔을 때 도움을 받을 수 있을까? 라이브 연주가 좋을까, 녹음된 소리가 좋을까? 음악은 관객에게 직접적으로 전달되는 에포트를 제공해준다. 당신의 음악적인 선택들이 작품 속에서 발생하고 있는 무언가를 돕거나, 아니면 반작용을 할 수도 있다. 이로써 긴장감, 위기, 유머가 더해질 것이다. 관객들에게 작품 속에 빼곡히 채워진 언어와 움직임으로부터 휴식하게 해줄 것이다. 음악이 어느 지점에서 필요한 변화를 가져올까?

  —음악/소리를 언제, 어디에 삽입하는 게 좋을까? 분위기가 특히 중요한 부분에서, 당신의 음악적인 선택이 의도를 강화해줄까? 언어가 있는 부분에서 음악을 추가하는 것이 분위기를 증폭시키고, 당신의 아이디어를 표현하는 데 도움이 될까?

- **무대장치, 의상, 소품을 포함시킬 것인가에 관한 질문**

  —어떤 무대장치, 의상, 소품이 당신이 탐구하고 있는 주제를 보조해줄 수 있을까? 이들을 추가함으로써, 당신의 작업은 변화할 것이다. 일단 선택을 했다면, 지금까지 했던 탐험으로 돌아가서 기존에 해온 작업이 새로운 요소를 받아들였을 때 어떻게 조정될 수 있을

지 살펴보자. 예를 들어서, 주머니가 달린 의상을 추가했다면, 주머니를 가지고 무엇을 할 수 있을까? 주머니를 밖으로 뺄 것인가? 두 손을 주머니에 넣을 것인가? 어떤 쪽이든, 자신의 아이디어를 탐구해보고 거기에 잘 연결될 수 있도록 생각해보자. 이러한 장치들은 단순히 표면적으로 추가되는 것이 아니라, 작품에 잘 통합되어야 하고 작품을 보조할 수 있어야 한다.

― 과장되어야 하는 부분이 있을까? 어느 부분에서? 소품/무대/의상이 이런 과장을 도와주는가?

― 섬세함이 필요한가? 어느 부분에서? 의상이 무언가를 더 신비롭게 만들어 줄 수 있을까?

● **다른 사람들을 포함시키는 것에 관한 질문들**

― 파트너와 짝을 지어 작업하거나, 소규모 그룹으로 작업한다면, 당신이 지금까지 만든 것들을 되돌아보고 이전의 **관계**Relationship 탐험으로 돌아가서 생각해보자. 동료 관계인가? 연인인가? 적인가? 가족인가? 친구인가? 세상에 함께 대적하는 동지인가? 제삼자를 같이 헐뜯는 사이인가? 먼 사이인가, 가까운 사이인가? 행동이 비슷할까, 대조적일까? 똑같은 것을 동시에 하고 있을까(일치)? 아니면 한 명이 다른 사람을 따라 하는가(돌림노래 같은 구조로)? 공간적으로 반대되는가? 예를 들어서, 한 명은 항상 위에 있고, 다른 한 사람은 항상 아래에 있나? 아니면 한 명은 앞에, 다른 사람은 뒤에 있나? 한 명이 리드하고, 나머지는 따라오는가?

탐험 32: 재충전하기, 숨 고르기, 휴식을 위해 라반 움직임 분석LMA을 사용하기

별 모양의 한 꼭짓점에서 다른 꼭짓점으로 넘어가 보면서, 당신에게 필요한 휴식을 얻고 에너지를 되찾아보자. 실제로 도움이 되는지 지켜보자.

- 재충전을 위해 별 모양 모델을 사용해서 다양한 활동들을 해보자. 예를 들면 다음과 같다.

  - **몸**: 몸에 변화를 줘보자: 마사지를 받아보고, 요가를 해보고, 스낵을 먹어보자.

  - **행동**: 행동을 바꿔보자: 산책을 해보자. 수영을 하자. 관련 없는 책을 읽어보자. 설거지를 해보자.

  - **공간**: 공간을 바꿔보자: 카페에 가거나, 시장에 가보고, 박물관, 슈퍼마켓에 가보자. 창문 밖을 보자.

  - **에포트**: 에포트를 바꿔보자.
    - 웃긴 영화를 보자. (가벼움)
    - 장작을 패보자. (강함)
    - 스릴러 영화를 보자. (통제된)
    - 롤러코스터를 타자. (자유로운)
    - 떨어진 단추를 달아보자. (직접적인)
    - 공원에서 정처 없이 걸어보자. (간접적인)
    - 숲에서 자전거를 타보자. (가벼운/강한, 자유로운/통제된, 직접적인/간접적인)

- 관계를 바꿔보자: 개와 놀아보고, 자동차 정비사와 대화해보자. 가족, 친구, 이웃들을 찾아가 보자.

파트 6: 시험해보기/편집하기/다시 시험해보기

공연하기, 반영하기, 공연하기.

그림 5.6 시험해보기

탐험 33: 제목을 붙여보자.

이제 한 걸음 떨어져 있는 상태에서, 아직 제목이 없다면 작품의 본질을 담고 있는 제목을 지어보자. 사람들에게 말해보자. 어떻게 받아들여지는가?

탐험 *34: 마지막 노트*

- 자신의 작업을 더 잘 이해하기 위해서, 당신의 작업을 친구들, 동료들, 같이 수업을 듣는 학생들에게 보여주자. 발표의 형태로 수업에서, 워크숍에서, 쇼케이스에서, 거실에서 발표해보자. 새로운 형태로 발전시키기 위해서는 실제로 공연을 해보는 것이 중요하다.

- 피드백을 모아보자. 당신의 작품이 어떻게 받아들여지는지 살펴보는 것은 아주 가치 있는 일이다. 피드백은 가능성들을 제시해준다. 당신이 가진 원래 의도를 잃지 않고, 피드백을 통해서 당신의 선택지를 확장해보자.

- 당신이 의도한 것을 관객들이 알아채지 못한다면, 그들이 *실제로* 어떻게 받아들이고 있는지를 알아보자. 어쩌면 그들은 당신이 처음 가졌던 생각보다 더 흥미로운 방식으로 받아들이고 있을 수도 있다. 당신은 그것을 수용할 수도 있고, 아니면 원래의 의도대로 더 분명하게 소통될 수 있도록 다시 작업해볼 수도 있다.

- 당신의 재료 그 자체가 갖고 있는 생명력을 믿어보자. 그것을 따라가보자. 그렇게 했을 때, 당신의 생각과 믿음을 관객에게 전달해야 한다는 강박으로부터 자유로워질 수 있을 것이다. 당신이 만들어낸 작업물에서 관객이 스스로 발견하게 하자.

- 편집은 창작과 다르다. 창작을 할 때는, 모든 가능성이 열려 있어야 한다. 판단을 억제해야 한다. 편집을 할 때는 정확하고, 엄격해야 하며, 계속해서 따져봐야 한다.

- 성장하기 위해서 어떻게 해야 할까. 공부하고, 작품들을 보자! 자신의 작업을 위한 영감을 받아라. 공연을 보러 가자. 창작자들에 대해,

또한 그들의 작업들에 대해서 조사해보자. 당신의 작업을 모든 형태의 쇼케이스들로 풀어내보자. 자신에게 몰입해보자! 공부하라! 뭐든지 읽어보자. 당신이 하기 나름이다. 당신을 위한 처방전이 따로 있는 것이 아니다. 직접 실험해보고, 선택해보자.

탐험 35: 결론

당신은 아이디어를 선택하고, 반응하여, 움직임을 만들고, 대사를 만들었다. 구성을 하고, 공유하고, 공연을 했다. 당신의 작품을 공연하면서, 가능성을 계속해서 열어두자. 피드백을 받아들이되, 그것에 이끌려가지는 말자. 끝으로, 당신이 창작하고 표현하는 과정에서 당신의 작품을 발견해보자. 나에게도 보여줄 수 있다면 고마울 것 같나!

감사의 말

이 프로젝트에 초대해준 카탸 블룸Katya Bloom에게 고마움을 전한다. 공동집필자인 바바라 아드리안Barbara Adrian, 카탸 블룸Katya Bloom, 톰 캐시에로 Tom Casciero, 제니퍼 미젠코Jennifer Mizenko에게, 시종일관 사려 깊은 피드백을 전해수어 감사하다. 마크 암스트롱Mark Armstrong, markarmstrongillustration.com의 재미있는 그림들에 고마움을 전한다. 친절하고 구체적인 피드백과 통찰력 있는 제안을 해준 사랑하는 동료들에게 고맙다. 또한, 존 피에트로스키John Pietrowski(뉴저지 극장의 극작 감독)에게 그가 제공해준 글과 워크숍에 감사함을 전한다. 트레이시 패티슨Tracy

Pattison(무용수, 안무가, 움직임/춤 교육자)에게 번스토우 캠프에서 함께했던 작업에 대해 감사하다. 러스티 쿠르시오Tusty Curcio(안무가, 배우를 위한 움직임 교육자, 와그너 대학교)의 격려에 감사함을 전한다. 신시아 윌리엄스Cynthia Williams(안무가, 교육자, 호바트 앤 윌리엄 스미스 대학)가 보여준 언어적인 표현에 대한 구체적이고 세심한 관심에 감사하며, 메리 엘렌 차일즈Mary Ellen Childs(작곡가)의 훌륭한 협업에도 감사하다. 내 유투브 채널에 *기금 모음 행사*Fund Raiser, *뉴스 속보*Breaking News, *말하자면*Namely, *근육들*Muscles, *소소한 이야기*Small Stories 등이 포함된 공연 영상이 올라가 있으니, 원한다면 감상하길 바란다.

더 읽어볼 자료들

- Ashton, Kevin (2015). *How to Fly a Horse: The Secret History of Creation, Invention, and Discovery*. New York: Anchor Books.
- Barron, Frank (ed.) (1997). *Creators on Creating: Awakening and Cultivating the Imaginative Mind*. New York: Penguin Group.
- Bogart, Anne and Tina Landau (2004). *The Viewpoints Book: A Practical Guide to Viewpoints and Composition*. New York: Theatre Communications Group, Inc.
  이곤 역(앤 보가트, 티나 란다우). 『뷰포인트 연기 훈련—뷰포인트 콤포지션 메소드에 대한 가이드』. 서울: 비즈앤비즈, 2014.
- Bono, Edward de (1970). *Lateral Thinking, Creativity Step by Step*. New York: Harper & Row.
- Brook, Peter (1995). *The Open Door: Thoughts on Acting and Theater*. New York: Theatre Communications Group, Inc.

허순자 역(피터 브룩). 『열린 문』. 서울: 평민사, 1996.

- Chicago, Judy (1975). *Through the Flower: My Struggles as a Woman Artist*. New York: Doubleday & Co.

- Ciardi, John (1959). *How Does a Poem Mean*. Boston, MA: Houghton Mifflin Company.

- Cummings, e.e (1923). *six nonlectures*. Cambridge, MA: Harvard University Press.

- Dewey, John (1934). *Art as Experience*. New York: The Berkley Publishing Group.
  박철홍 역(존 듀이). 『경험으로서의 예술 1, 2』. 서울: 나남, 2016.

- Edwards, Betty (1979). *Drawing on the Right Side of the Brain*. New York: the Penguin Group.

- Ghiselin, Brewster (ed.) (1952). *The Creative Process*. California: University of California Press.

- Henri, Robert (1923). *The art Spirit*. New York: J. B. Lippincott Co.

- Mamet, David (1997). *True and False: Heresy and Common Sense for the Actor*. New York: Pantheon Books.

- Mamet, David (1986). *Writing in Restaurants*. New York: Viking Penguin Inc.

- Petrovich, Dushko and Roger White (eds.) (2012). *Draw It With Your Eyes Closed: The Art of the Art Assignment*. New York: Paper Monument.

- Provost, Gary (1985). *100 Ways to Improve Your Writing*. New York: New American Library.

- Ristad, Eloise (1982). *A Soprano on Her Head: Right-Side-Up Reflections on Life and Other Performances*. Utah: Real People Press.

- Shahn, Ben (1962). *The Shape of Content*. Cambridge, MA: Harvard University Press.

- Shekerjian, Denise (1990). *Uncommon Genius: How Great Ideas are Born.* New York: Viking Penguin.
- Tharp, Twyla (2003). *The Creative Habit: Learn it and Use it for Life.* New York: Simon & Schuster.

Note

부록 A

라반 움직임 분석 용어 정리

베스BESS - **몸**Body, **에포트**Effort, **모양**Shape, **공간**Space

몸Body: 바르테니에프 기초 원리BF를 포함하며, 호흡 지지, 그라운딩, 동적인 신체 정렬, 움직임의 시작점, 진행 과정, 신체의 연결과 구성, 공간적 의지, 무게 이동을 구별함으로써 몸에 대한 인식과 움직임의 범위를 확장한다.

에포트Effort: 움직임에 포함된 에너지와 역동성을 의미한다. 에포트는 움직이기 위한 내적인 태도와 동기를 드러낸다. 라반 움직임 분석LMA에서, 우리는 **무게**Weight, **공간**Space, **시간**Time, **흐름**Flow의 에포트 요인들이 움직임 안에서 어떻게 발생하는지를 관찰함으로써 내적 태도를 보거나 느낄 수 있게 된다. 각 에포트 요인들은 에포트를 구성하는 양극단의 성질(예: 가벼운/강한)로 표현된다.

- **흐름 에포트**(*통제하는* ↔ *자유로운*)는 움직임의 유동성을 의미한다.

- **무게 에포트**(*강한* ↔ *가벼운*)는 신체의 무게 사용에 대한 적극적인 태도를 말한다.

- **시간 에포트**(*갑작스러운/빠른 ↔ 지속적인*)는 행동이 진행되는 시간에 대해 움직이는 사람이 갖는 내적 태도를 뜻한다.
- **공간 에포트**(*직접적인 ↔ 간접적인*)는 개인이 주위 환경에 관심을 갖는 방식이나 성질을 말해준다.

위의 움직임의 성질들은 아래와 같이 관찰하거나 경험할 수 있다.

- **단일 에포트**Single Effort: **무게**Weight－**강한**strong과 같이 하나의 에포트 요인에 포함된 하나의 요소로 이루어진다. (단일 에포트들은 앞의 목록을 참고하자.)
- **에포트 상태**Effort State/**마음의 상태**State of Mind: **깨어있는 상태**를 구성하는 **공간**Space－**직접적인**과 **시간**Time－**갑작스러운**과 같이 두 가지의 다른 에포트 요인에서 나온 두 가지의 구성요소들이 결합된 것이다. 상태에는 여섯 가지가 있다. **깨어있는, 꿈꾸는 듯한, 멀리 떨어진, 가까운, 안정된, 이동하는**. 각 상태를 이루는 요소들을 가지고 각각 네 가지 조합을 만들 수 있다.
- **에포트 드라이브**Effort Drive: 세 가지 에포트 요인의 세 가지 요소들이 결합된 것이다. 예를 들어, **무게**Weight－**가벼운, 시간**Time－**지속적인, 공간**Space－**간접적인**과 같은 세 가지 요소의 결합은 행동 드라이브의 떠오르다를 설명해준다. **에포트 드라이브**에는 네 가지가 있다. **열정, 주문, 환영, 행동 드라이브**. 각 드라이브는 요소들을 구성해서 여덟 가지 조합을 만들 수 있다. 기본 드라이브인 행동 드라이브의 여덟 가지 조합에만 특별하게 이름이 붙여진다: **떠오르다, 펀치를 날리다, 미끄러지듯이 움직이다, 베다/후려치다, 가볍게 두드리다, 비틀다/짜다,**

털어 날리다/튕겨내다, 누르다.

모양Shape은 우리가 다른 사람들과 주위 환경, 자기 자신과 관계 맺으면서 끊임없이 변화하는 몸의 모양을 설명한다. 모양은 두 가지로 구분된다. 첫 번째는 **정지된 모양의 형태**Still Shape Form이며, 특히 **핀, 공, 벽, 나사, 피라미드**라고 불리는 모양들을 포함한다. 두 번째는 **모양 변화의 방식**Modes of Shape Change이다. 이는 때때로 **움직이는 모양의 형태**Moving Shape Form라고 불리기도 하며, 다음과 같이 구분된다.

- **모양의 흐름**Shape Flow: 자기 자신과의 소통을 의미한다. 신체와 호흡에 중심을 두며, 내부를 향하는 지향성을 갖는다.

- **방향 지향성**Directional(**직선 지향/곡선 지향**)은 목적 지향적인 움직임이다. 다른 사람 또는 사물의 위치를 파악함으로써 자신과 다른 사람들과 구별하기도 하고 자신을 주위 환경과 연결하기도 한다.

- **조각하기/모양 만들기**Carving/Shaping는 과정 지향적인 움직임이다. 주위 환경과의 복잡하고, 상호적이고, 창조적인 관계를 표현할 수 있다.

공간Space은 자신을 둘러싼 주변의 모든 공간에 대한 인식과 관계를 포함한다.

- **키네스피어**Kinesphere는 몸 주변을 둘러싸고 있는 입체적인 영역이다. 이것은 종종 개인의 사적인 공간을 의미하기도 한다.

- **운동 영역**Reach Space은 개인의 키네스피어 안에 포함되며, 몸 주위로 팔다리를 뻗었을 때 닿을 수 있는 거리를 의미한다. 몸으로부터 *가까운 거리, 중간 거리, 먼 거리*로 나눌 수 있다.

- **축**Dimensions은 1차원적인 공간을 형성한다: 수직축, 수평축, 시상축.

- **면**Planes은 2차원적인 공간을 형성한다: 수직면(문 모양), 수평면(탁자 모양), 시상면(바퀴 모양).

- **입체**Volume는 3차원에서 차지하게 되는 공간의 부피감을 설명한다: 정8면체(다이아몬드), 정6면체, 정20면체, 기타 정다면체들.

- **공간적 지향**Spatial Orientation은 몸이 향하고 있는 방향과 더불어서 몸의 앞/뒤, 위/아래, 양 옆에 무엇이 있는지를 인식하는 것을 의미한다.

- **공간의 경로**Spatial Pathway는 개인의 공간에서 발생하는 움직임의 이동을 설명한다. 중심 경로Central Pathway는 자신의 신체 중심을 가로질러 움직인다. 주위 경로Peripheral Pathway는 키네스피어 바깥으로 멀리 떨어진 곳을 향해 움직인다. 횡단 경로Transverse Pathway는 중심 경로와 주위 경로 사이에 있는 공간에서 움직인다.

부록 B

몸, 에포트, 모양, 공간의 도표

베스BESS 도표 1-신체, 에포트, 형체, 공간의 관계

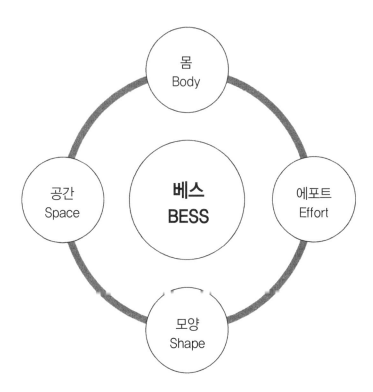

베스_{BESS} 도표 2 – 베스_{BESS}와 라반의 주제들

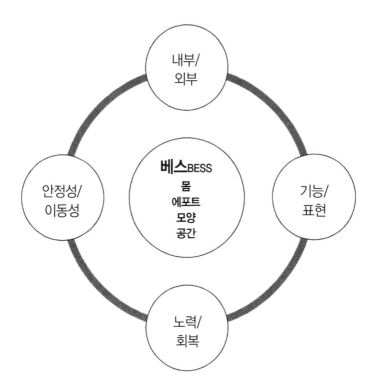

베스BESS 도표 3 - 에포트

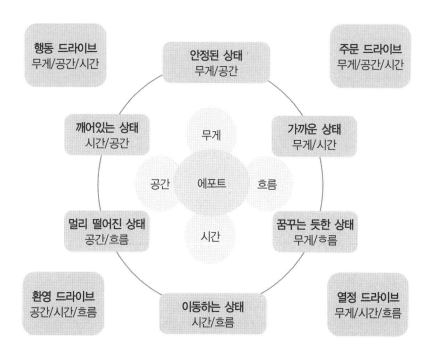

베스BESS 도표 4-행동 드라이브Action Drive의 8가지 에포트 행동들

* 기본 에포트 행동Bacis Effort Action-B.E.A

행동 드라이브Action Drive
떠오르다 가벼운/간접적인/지속적인
펀치 날리다 강한/직접적인/갑작스러운
미끄러지듯이 움직이다 가벼운/직접적인/지속적인
베다/후려치다 강한/간접적인/갑작스러운
가볍게 두드리다 가벼운/직접적인/갑작스러운
비틀다/짜다 강한/간접적인/지속적인
털어 날리다/튕겨내다 가벼운/간접적인/갑작스러운
누르다 강한/직접적인/지속적인

베스BESS 도표 5 - 모양

모양Shape		
정지된 모양		**모양 변화의 방식/움직이는 모양**
핀	벽	모양의 흐름
공	나사	방향 지향(곡선 지향/직선 지향)
피라미드		조각하기/모양 만들기

베스BESS 도표 6 - 공간

공간Space		
축	**면**	**입체**
위/아래	수직(문)	정12면체
옆/옆	수평(탁자)	정6면체
앞/뒤	시상(바퀴)	정20면체

부록 C

근육과 뼈

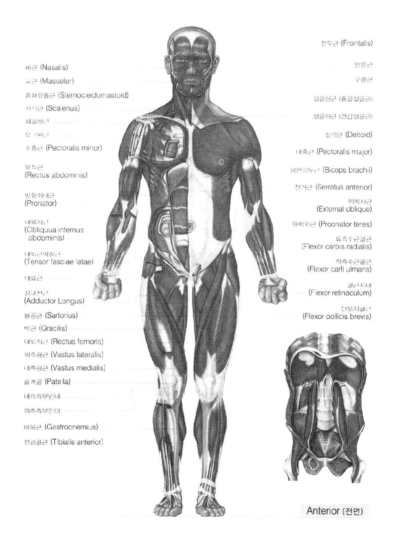

비근 (Nasalis)
교근 (Masseter)
흉쇄유돌근 (Sternocleidomastoid)
사각근 (Scalenus)
쇄골하근
오구완근
소흉근 (Pectoralis minor)
복직근
(Rectus abdominis)
방형회내근
(Pronator)
내복사근
(Obliquua internus
abdominis)
대퇴근막장근
(Tensor fasciae latae)
대요근
장내전근
(Adductor Longus)
봉공근 (Sartorius)
박근 (Gracilis)
대퇴직근 (Rectus femoris)
외측광근 (Vastus lateralis)
내측광근 (Vastus medialis)
슬개골 (Patella)
내측측부인대
외측측부인대
비복근 (Gastrocnemius)
전경골근 (Tibialis anterior)

전두근 (Frontalis)
안륜근
구륜근
설골상근 (흉골설골근)
설골하근 (견갑설골근)
삼각근 (Deltoid)
대흉근 (Pectoralis major)
상완이두근 (Biceps brachii)
전거근 (Serratus anterior)
외복사근
(External oblique)
원회내근 (Proonator teres)
요측수근굴근
(Flexor carpis radialis)
척측수근굴근
(Flexor carfi ulmaris)
굴근지대
(Flexor retinaculum)
단모지굴근
(Flexor pollicis brevis)

Anterior (전면)

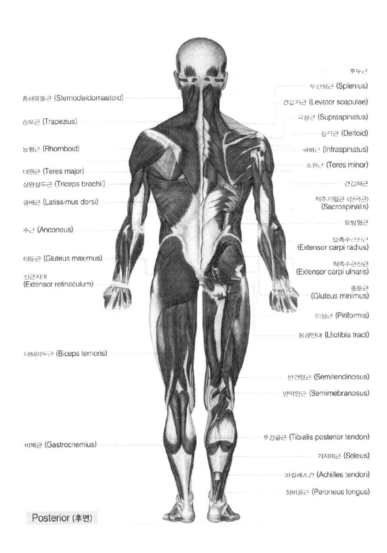

흉쇄유돌근 (Sternocleidomastoid)

승모근 (Trapezius)

능형근 (Rhomboid)

대원근 (Teres major)
상완삼두근 (Triceps brachii)
광배근 (Latissimus dorsi)

수근 (Anconeus)

대둔근 (Gluteus maximus)

신근지대
(Extensor retinaculum)

대퇴이두근 (Biceps femoris)

비복근 (Gastrocnemius)

후두근

두판상근 (Splenius)

견갑거근 (Levator scapulae)

극상근 (Supraspinatus)

삼각근 (Deltoid)

극하근 (Infraspinatus)

소원근 (Teres minor)

견갑하근

척주기립근 (선극근)
(Sacrospinalis)

요방형근

요측수근신근
(Extensor carpi radius)

척측수근신근
(Extensor carpi ulnaris)

종둔근
(Gluteus minimus)

이상근 (Piriformis)

장경인대 (Iliotibia tract)

반건양근 (Semitendinosus)

반막양근 (Semimebranosus)

후강골근 (Tibialis posterior tendon)

가자미근 (Soleus)

아킬레스건 (Achilles tendon)

장비골근 (Peroneus longus)

Posterior (후면)

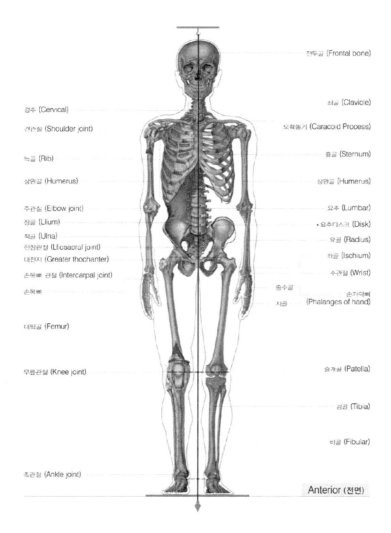

전두골 (Frontal bone)

경추 (Cervical)

쇄골 (Clavicle)

견관절 (Shoulder joint)

오훼돌기 (Caracoid Process)

늑골 (Rib)

흉골 (Sternum)

상완골 (Humerus)

상완골 (Humerus)

주관절 (Elbow joint)

요추 (Lumbar)

장골 (Llium)

•요추디스크 (Disk)

척골 (Ulna)

요골 (Radius)

신장관절 (Lliosacral joint)

좌골 (Ischium)

대전자 (Greater thochanter)

수관절 (Wrist)

손목뼈 관절 (Intercarpal joint)

중수골

손가락뼈

손목뼈

자골
(Phalanges of hand)

대퇴골 (Femur)

무릎관절 (Knee joint)

슬개골 (Patella)

경골 (Tibia)

비골 (Fibular)

족관절 (Ankle joint)

Anterior (전면)

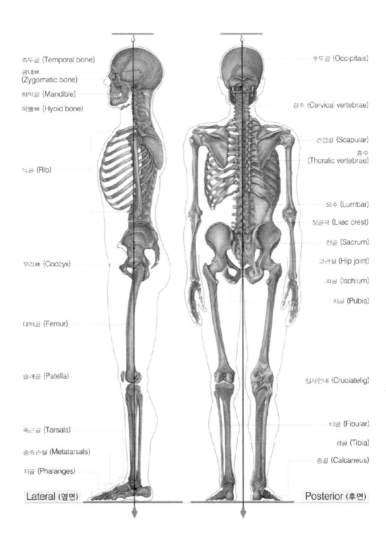

측두골 (Temporal bone)
광대뼈 (Zygomatic bone)
하악골 (Mandible)
목뿔뼈 (Hyoid bone)

늑골 (Rib)

꼬리뼈 (Coccyx)

대퇴골 (Femur)

슬개골 (Patella)

속근골 (Tarsals)

숫숫관절 (Metatarsals)

지골 (Phalanges)

Lateral (옆면)

후두골 (Occipitais)

경추 (Cervical vertebrae)

견갑골 (Scapular)
흉추 (Thoralic vertebrae)

요추 (Lumbar)
장골극 (Lliac crest)
천골 (Sacrum)
고관절 (Hip joint)
좌골 (Ischium)
치골 (Pubis)

십사인대 (Cruciatelig)

비골 (Fibular)
경골 (Tibia)
종골 (Calcaneus)

Posterior (후면)

라반 교육 프로그램들

1 Laban/Bartenieff Institute of Movement Studies:
http://www.limsonline.org/ Belgium, China, Israel, Scotland, U.S.A

2 Integrated Movement Studies: http://www.imsmovement.com/ U.S.A

3 Laban-Eurolab:
http://www.laban-bartenieff-berlin.de/programs/ Germany

4 Laban Guild: http://www.labanguild.org.uk/ London

5 Giles Foreman Center For Acting-Movement Psychology:
Yat Malmgren/Laban Technique
http://www.gilesforeman.com/character-analysis-movement-psychology/
Europe, U.S.A

6 Trinity Laban Conservatoire of Music and Dance:
http://www.trinitylaban.ac.uk/study/dance/professional-development
/specialist-diploma-choreological-studies/ U.K.

참고문헌과 더 읽어볼 자료들

Adrian, Barbara (2008). *Actor Training the Laban Way: An Integrated Approach to Voice, Speech, and Movement*. New York: Allworth Press.

Adrian, Barbara (2017). "An Introduction to Laban Movement Analysis for Actors: A Historical, Theoretical, and Practical Perspective," in N. Potter, M. Fleischer, and B. Adrian (eds), *Movement for Actors* (rev. edn). New York: Allworth Press, 92-104.

Bainbridge-Cohen, Bonnie (1993). *Sensing, Feeling and Action*. Northampton, MA: Contact Quarterly.

Bartenieff, Imgard with D. Lewis (1980). *Body Movement: Coping with the Environment*. London: Routledge.

Bloom, K. and R, Shreeves (1998). *Moves: A Sourcebook of Ideas for Body Awareness and Creative Movement*. London: Routledge.

Bloom, Katya (2003). "Moving Actors: Laban Movement Analysis as the Basis for a Psychophysical Movement Practice." *Contact Quarterly* 28: 11-17.

Bloom, Katya (2006). *The Embodies Self: Movement and Psychoanalysis*. London: Karnac.

Brook, Peter (1987). *The Shifting Point: 1946-1987*. New York: Theatre Communication Group.

Casciero, Thomas (1996). "Laban Movement Studies and Actor Training: An Experiential and Theoretical Course for Training Actors in Physical Awareness and Expressivity." Doctoral Thesis, Union Institute, NY.

Casciero, Thomas (2000). *Laban Movement Studies for Actors*. Course Booklet.

Cerullo, Jessica and F. Sloan (2009). *MICHA Workbook*. Hudson, NY: The Michael Chekhov Association Inc.

Chekhov, Michael and D. H. Du Prey (1985). *Lessons for the Professional Actor*. New York: Performing Arts Journal Publications.

Chekhov, Michael and S. Callow (2002). *To the Actor, On The Technique of Acting*. New York and London: Routledge.
김선, 문혜인 역(미하일 체홉). 『미하일 체홉의 배우에게』. 서울: 동인, 2015.

Chekhov, Michael, M Gordon, and M. Powers (1991). *On the Technique of Acting*. New York: HarperCollins Publishers, Inc.
윤광진 역(미카엘 체홉). 『미카엘 체홉의 테크닉 연기』. 서울: 예니, 2000.

Esper, William and D. DiMarco (2008). *The Actor's Art and Craft, William Esper Teaches The Meisner Technique*. New York: Anchors Books.

Goldman, Ellen (1994). *As Others See Us: Body Movement and the Art of Successful Communication*. Lausanne, Switzerland: Gordon and Breach.

Hackney, Peggy (2002). *Making Connections, Total Body Integration Through Bartenieff Fundamentals*. London: Routledge.

Hagen, Uta (1973). *Respect for Acting*. New York: Macmillan.

김윤철 역(우타 하겐). 『산 연기』. 서울: HS MEDIA, 2010.

Hodgson, John and V. Preston Dunlop (1990). *Rudolf Laban: An Introduction to his Work and Influence*. Plymouth: Norcete House Publishers Ltd, 1 England.

Inspirees Institute for Creative Arts Therapy (n.d.). "Introduction to Bartenieff Fundametals." Available online: www.dancetherapy.cn/content/en-us/p1687.aspx (accessed 10 May 2017).

Jung, C. G. (1971). *Psychological Types, Collected Works of C. G. Jung, Volume 6*. Princeton, NJ: Princeton University Press.

Kawalski, Juan Pablo (2013). "Using Alba Emoting to work with Emotions in Psychotherapy." *Clinical Psychology and Psychotherapy* 20: 180-7.

Laban, Rudolf (1975). *A Life for Dance*, trans. and ed. Lisa Ullmann. New York: Theatre Arts Books.

Laban, Rudolf (1950). *The Mastery of Movement on the Stage*. London: Macdonald and Evans.

Laban, Rudolf von and L. Ullmann (1975). *Mastery of Movement* (rev 3rd edn). London: Dance Books.

Labanarium (2017). Available online: www.labanarium.com (accessed 28 April 2017). (The focus of the website and network is to explore human movement in all forms, in all forms, in the tradition of Rudolf Laban.)

Lamb, Warren and E. Watson (1979). *Body Code: The Meaning of Movement*. London: Routledge.

Lessac, Arthur (1978). *Body Wisdom: The Use and Training of the Human Body*. New York: Drama Book Specialists.

Maletic, Vera (1987). *Body, Space, Expression*. Berlin, New York, and Amsterdam: Mouton de Gruyter.

Meisner, Sanford and D. Longwell (1987). *On Acting*. New York: Random House.

Moore, Carol-Lynne and K. Yamamoto (2012). *Beyond Words: Movement Observation and Analysis*. London: Routledge.

Newlove, Jean (1993). *Laban for Actors and Dancers*. Reading: Cox & Wyman Ltd.

Newlove, Jean and J. Dalby (2004). *Laban For All*. New York: Routledge. 심상미 역(뉴러브 진, 존 달비). 『움직임 표현 기하학』. 서울: 대한미디어, 2006.

Porter, Claire (2008). *Dynamic in a Bag*. Self-published cards.

Preston-Dunlop, Valerie (1980). *Modern Education Dance*. London: Macdonald & Evans Ltd.

Richards, Thomas (1995). *At Work with Grotowski on Physical Actions*. London and New York: Routledge.

Silverberg, Larry, H. Foote, and S. Stern (1994). *The Sanford Meisner Approach, An Actor's Workbook*. Lyme, NH: Smith&Kraus.

Stanislavski, Constantin (1989). *The Actor Prepares*. London and New York: Routledge/Theatre Arts Books. 신겸수 역(콘스탄틴 스타니슬랍스키). 『배우 수업』. 서울: 예니, 2014.

Stanislavski, Konstantin and J. Benedetti (trans.) (2008). *An Actor's Work, A Student's Diary*. London and New York. Routledge.

Studd. Karen and L. Cox (2013). *EveryBody is a Body*. Indianapolis, IN: Dog Ear Publishing.

Tipton, Charles M. (2014). "The History of 'Exercise is Medicine' in

Ancient Civilizations." *The American Physiological Society* 28: 109-17.

Toporov, V. S. (1998). *Stanislavski in Rehearsal: The Final Years*. New York and London: Routledge.

Woodruff, Diane (1986). "Somatic Patterns in the Performing Artist." Dialogs, *ALMA NEWS* 2.4 19. Conference.

워크북 동영상 링크들

1장: 배우를 위한 신체 기본 훈련, 톰 캐시에로

1   나선형의 설명
    https://vimeo.com/channels/thelabanworkbook/199987581

2   허벅지 들어 올리기의 설명
    http://vimeo.com/channels/thelabanworkbook/199996287

3   "C-커브" 쭈그려 앉기의 설명
    https://vimeo.com/channels/thelabanworkbook/199987680

4   팔 돌리면서 앉기의 설명
    https://vimeo.com/channels/thelabanworkbook/199987606

3장: 목소리의 움직임: 리반 움직임 분석LMA으로 목소리의 창조적 가능성 확장하기, 바바라 아드리안

5   연습 2, 3, 4: 모양의 흐름Shape Flow → 모양의 형태Shape Forms →
    추상적인 소리 내며 일어서기
    https://vimeo.com/channels/thelabanworkbook/199996417

6   연습 9: 발음 모양 반복하기 = 소리 반복하기 = 캘리번의 독백으로
     감정 드러내기
     https://vimeo.com/channels/thelabanworkbook/200001763

7   연습 12, 13, 14: 추상적인 소리와 말로 모양 변화의 모드와 경로 탐험하기
     https://vimeo.com/channels/thelabanworkbook/199997315

8   연습 18: 파트너 작업: 추상적인 소리로 만드는 음성 제스처
     https://vimeo.com/channels/thelabanworkbook/200002743

9   연습 20: 모양 변화의 모드와 경로에 따라 추상적인 소리로 캘리번
     독백하기
     https://vimeo.com/channels/thelabanworkbook/199998212

10   연습 22: 에포트의 구성요소들에 따른 추상적인 소리와 몸
     https://vimeo.com/channels/thelabanworkbook/199999450

11   연습 27: 캘리번과 행동 드라이브들: 펀치를 날리다Punch, 찌르다Dab,
     비틀다Wring
     https://vimeo.com/channels/thelabanworkbook/200000784

4장: 라반 움직임 분석LMA과 주요 연기 방법론들 연결하기,
제니퍼 미젠코

12   내부/외부 연습 1
     https://vimeo.com/channels/thelabanworkbook/200008928

13   내부/외부 연습 3
     https://vimeo.com/channels/thelabanworkbook/200009017

14   내부/외부 연습 4
     https://vimeo.com/channels/thelabanworkbook/200009069

15 내부/외부 연습 4−암기한 대사에 심리 제스처PG 적용하기
https://vimeo.com/channels/thelabanworkbook/200009176

16 기능/표현 연습 1
https://vimeo.com/channels/thelabanworkbook/200009209

17 노력/회복exertion/recuperation 연습 1
https://vimeo.com/channels/thelabanworkbook/200009254

18 노력/회복 연습 3
https://vimeo.com/channels/thelabanworkbook/200009315

19 안정성/이동성 연습 1
http://vimeo.com/channels/thelabanworkbook/200009370

20 안정성/이동성 연습 4−가상의 신체를 신체화하기
https://vimeo.com/channels/thelabanworkbook/200009480

21 안정성/이동성 연습 4−신체 구성Body Organization−호흡Breath
https://vimeo.com/channels/thelabanworkbook/200009524

22 안정성/이동성 연습 4−신체 구성Body Organization−중심부/말단부Core/Distal
https://vimeo.com/channels/thelabanworkbook/200013244

23 안정성/이동성 연습 4−신체 구성Body Organization−척추Spinal
https://vimeo.com/channels/thelabanworkbook/200009648

24 안정성/이동성 연습 4−신체 구성Body Organization−상체/하체Upper/Lower
https://vimeo.com/channels/thelabanworkbook/200012626

25 안정성/이동성 연습 4−신체 구성Body Organization−몸의 절반Body Half
https://vimeo.com/channels/thelabanworkbook/200009574

26 안정성/이동성 연습 4−신체 구성Body Organization−십자형Cross Lateral
https://vimeo.com/channels/thelabanworkbook/200009699

저자 소개

바바라 아드리안은 MFA, CMA 학위 소지자이며, 매리마운트 맨하탄 대학교 공연예술학과 교수로서 배우를 위한 음성, 말하기, 움직임을 가르치고 있다. 바바라 아드리안은 런던, 글래스고, 베를린에서 움직임 및 말하기 통합 워크샵을 진행했다. 뉴욕 클래시길 씨어디의 교류 예술기이며, TV, 영화, 연극분야에서 활동 중인 전문 배우들을 코칭하고 있다. 그녀는 로버트 브루스타인Robert Brustein, 데이비드 레이브David Rabe, 엘리자베스 스와도스Elizabeth Swados, 티나 란다우Tina Landau, 스티븐 버드먼Stephen Burdman 등 유명 연출가들의 프로덕션에서 코칭을 해왔다. 저서로 <Actor Training the Laban Way: An Integrated Approach to Voice, Speech, and Movement>(2008)가 있고, 브루클린 대학교에서 연기 전공 MFA 학위를 취득했다.

카탸 블룸은 PhD, CMA 학위 소지자이며, 움직임 창작자이자 작가, 강사, 테라피스트이다. 그녀는 1989년부터 2009년까지 20년간 로열 연극 아카데미RADA의 핵심 배우 트레이닝 과정에서 라반 기반 움직임을 가르쳤다. 카탸 블룸은 <The Embodied Self: Movement and Psychoanalysis>(2006)를 저술했고, <Moves: A Sourcebook of Ideas for Body

Awareness and Creative Movement>(1998)를 공동 저술했으며, <Embodied Lives>(2014)를 공동 편집했다. 그녀는 뉴욕과 런던에서 세 편의 희곡을 쓰고 공연했다. 2010년부터 카탸 블룸은 캘리포니아 산타 바바라에 살고 있다. 그녀는 미국과 전 세계를 무대로 자신의 작업 뎁스 무브먼트Depth Movement, www.depthmovement.com를 극장과 다양한 공간에서 발표하고 있다.

톰 캐시에로는 PhD, CMA 학위 소지자이며, 토슨 대학교 연극학과 교수이다. 그는 라반 움직임과 캐릭터 구체화, 창작에 대한 신 초현실주의 접근법으로 전문 배우들과 연기 전공 학생들을 트레이닝 하고 있다. 그는 라반/바르테니에프 움직임 연구소의 준 연구원이고, 'Laban Movement Studies and Actor Training'(PhD 논문)의 저자이며, 프레토리아 대학의 해외 선임연구원이자 객원 연구원이다. 톰 캐시에로는 40개 이상의 대학 프로덕션에서 움직임을 지도했으며, 코메디 및 피지컬 씨어터 솔로 공연으로 국내외에서 투어 공연을 했다. 그는 미국, 브라질, 코스타리카, 슬로바키아, 남아프리카 공화국의 여러 대학교와 학회에서 강의하고 발표했다.

제니퍼 미젠코는 MA, CMA 학위 소지자이며, 미시시피 대학교의 교수로서 배우를 위한 무용 및 움직임 수업을 담당하고 있다. 제니퍼 미젠코는 연구 범위를 넓혀 웬디 힐튼Wendy Hilton과 리처드 파워스Richard Powers, 매기 뉴먼Maggie Newman의 태극권을 익혔고, 폴란드의 피에슨 코즐라 극단 Teatre Piesn Kozla에서 예지 그로토프스키Jerzy Growtowski의 작업에 참여했고, 미하일 체홉 협회MICHA에서 미하일 체홉 연기 테크닉을 습득했다. 라반 움직임 분석LMA 자격증과 더불어서, 알렉산더 테크닉과 요가 자격증을 취득하기도 했다. 그녀는 라반과 알렉산더 테크닉 학회에 발표자로 참여했고, 무용, 라반 움직임 분석LMA, 미하일 체홉의 연기 테크닉, 알렉산더 테크닉을 통합한 캐릭터 신체화를 전문적으로 가르친다. 그녀는 캐년 대학에서 심리학 BA 학위, 오하이오 주립대학에서 무용 MA 학위를 취득했다.

클레어 포터는 MA, CMA 학위 소지자이며, 클레어 포터/포터블스 www.cportables.com에서 활동하는 창작자이다. 클레어 포터가 작가이자 배우, 무용수로 참여한 공연이 유럽, 아시아 및 미국의 아메리칸 댄스 페스티벌, 루실 볼 코메디 페스티벌, 제이콥스 필로우 댄스 페스티벌, 조이스 극장, 케네디 센터에서 발표되었다. 그녀는 구겐하임의 지원 예술가이며, 미국 국립예술기금 위원회, 뉴서지주 예술회와 미드애틀랜틱 예술재단의 지원을 받았다. 그녀는 다수의 대학으로부터 의뢰를 받았으며, 오하이오 주립대학에서 무용 MA 학위를 취득했고, 뉴욕 대학교에서 수학 BA 학위를 취득했으며 뉴욕 대학교에서 움직임 분석을 가르친다.

옮긴이

이호영

한국예술종합학교 연극원 연기과 졸업
Guildford School of Acting MA(Actor Training)
C.M.A(Certified Movement Analyst) 라반/바르테니에프 움직임 연구소의 공인 움직임 분석가
현 한국예술종합학교 강사

문혜인

한국예술종합학교 연기과 전문사 재학

배우를 위한 라반 워크북

초판 1쇄 발행일 ● 2020년 7월 24일
옮긴이 ● 이호영 · 문혜인 / 발행인 ● 이성모 / 발행처 ● 도서출판 동인
주소 ● 서울시 종로구 혜화로3길 5 118호 / 등록 ● 제1-1599호
Tel ● (02) 765-7145~55 / Fax ● (02) 765-7165
E-mail ● dongin60@chol.com

ISBN   978-89-5506-829-0
정가 23,000원